武田祐樹著

# 林羅山の学問形成とその特質

## ――古典注釈書と編纂事業――

研文出版

# 林羅山の学問形成とその特質

## ――古典注釈書と編纂事業――

目次

## 後篇　寛永末年からの林羅山と編纂事業

# 林羅山の学問形成とその特質

——古典注釈書と編纂事業——

# 序論



本書は、林羅山（一五八三〜一六五七）の学問形成とその特質の実態解明を目的とする。これにあたり、林羅山が作成した古典注釈書と彼が主導した徳川幕府による修史事業に着目し、清原宣賢（一四七五〜一五五〇）や藤原惺窩（一五六一〜一六一九）および林鵞峯（一六一八〜一六八〇）との比較検討を行うことにより、林羅山が先学の問題点を如何に認識し、自身は如何に超克したのか、また林羅山自身の問題点は何処にあり、それは如何に克服されたのかを、現存する林羅山資料の個別の性格に十分な配慮をしつつ、具体的な証拠に基づいて論じる。

如上の目的と方法を掲げる理由は左の通り。林羅山が遺した足跡を辿り、そこから問題の所在を抽出したい。

## （1）林羅山の事跡と問題の所在

第一の理由は、林羅山の学問が五山・博士家・藤原惺窩との交渉のなかで形成された点にある。

林羅山は幼少の頃から記憶力に優れていたが、(1)文禄四年（一五九五）に一三歳で建仁寺に入るとその能力を存分に生かして益々読書に励み、(2)主に詩文を学ぶ。やがて、将来を嘱望され出家を勧められるが拒絶し、慶長二年（一五九七）に一五歳で下山する。(3)建仁寺を出た後も林羅山の読書は続き、同四年（一五九九）にあらゆる書物の記述は究極的には五経に基づくことを確信し、経学を志す(4)。ここに至り、禅林における唐宋詩文の学は否定される。

この間、林羅山が博士家にも出入していたことは、明経家清原秀賢（一五七五～一六一四）の『慶長日件録』から窺える。しかしながら、その清原家の学もまた退けられることになる。その理由は、『大学』と『中庸』を新注で読み、『論語』と『孟子』および五経を古注で読む点にあった(5)。

清原家に学ぶ一方で、林羅山は藤原惺窩に接近する。書簡のやり取りの後(6)、慶長九年（一六〇四）に両者の会見は成ったものの(7)、彼らの意見は常に一致するわけではなかった。当初、林羅山は藤原惺窩に度々異見を唱え、藤原惺窩も林羅山の人品を疑っていた節がある。ところが、林羅山から経学を志す理由を聞くと、藤原惺窩は大いに感嘆したという(8)。

結局、藤原惺窩は林羅山を認め(9)、深衣道服を貸して複製を許し、林羅山も藤原惺窩に敬服し、二二歳までの読書目録（『既見書目』(10)）を提出した。林羅山は藤原惺窩の門下でたちまち頭角を現し(11)、その人脈を利用して徳川幕府に仕える機会を摑むのである。

このように、林羅山は定められたカリキュラムに沿って、システマティックに学んだわけでは決してない。しかし、この無軌道にも見える道程で林羅山は他者に学び、また他者との差異を明確にすることで自らの学問を形成して行く。したがって、林羅山の学問形成を解明するには、五山・博士家・藤原惺窩との比較検討が必須である。

第二の理由は、林羅山の著述が徳川幕府の動向や彼自身の置かれた状況と密に関連する点にある。

慶長一〇年（一六〇五）、林羅山は徳川幕府の初代征夷大将軍徳川家康（一五四二～一六一六）の知遇を得る(12)。その後、清原秀賢らが同席する中で知識を試されるも、林羅山はその博学ぶりを示す。[13]この試しの後、林羅山は伏見の徳川家康にしばしば拝謁し、同一一年（一六〇六）には駿府帯同の命をうける。林羅山の博学が評価されたのである。

翌一二年（一六〇七）三月、林羅山は京を発ち、同月中に駿府に到着するも、翌四月に駿府を出て江戸に向かう。江戸では二代将軍徳川秀忠（一五七九〜一六三二）に拝謁し、「漢書」と「三略」を講じる。[14]こうして林羅山は徳川秀忠の面識を得ると共に、上級武士への古典講釈を経験した。以降、林羅山は武士に古典の講釈を幾度となく行うこととなる。

江戸から駿府に戻ると、林羅山は休暇を賜り、帰洛と剃髪を命じられる。[15]翌一三年（一六〇八）、再び駿府に戻ると、徳川家康に「三略」や「論語」の講釈を行うと共に、駿河文庫の鍵を預かり、[16]宅地および年俸三〇〇俵を得る。[17]慶長年間（一五九六〜一六一四）から元和の初年（一六一五・一六一六）にかけて、林羅山の仕事は駿河文庫の管理と徳川家康の話し相手であった。林羅山存命中は「お儒者」という役目もなかったため、[18]何の背景も持たぬ林羅山は僧形をとることで徳川家康に侍るに足る社会的ステータスを獲得した。その後、林羅山は京都で結婚する。相手の荒川亀（一五九八〜一六五六）は医師の家系の娘であった。[19]

慶長一五年（一六一〇）、林羅山は外交上の案件を処理するものの、その後しばらくは以心崇伝（一五六九〜一六三三）の風下に立つこととなる。

翌一六年（一六一一）以降、豊臣氏対策が進行するなか、徳川幕府による公武ならびに寺社勢力への統制が進む。[20]この間、林羅山は京都周辺に采地三一〇石余を賜り、[21]また様々な仕事を割り振られる。各種法制を作るための準備や、[22]「群書治要」および「大蔵一覧」の開版を受け持ち、[23]また林羅山の監督の下、公家衆から徴収した古記録を五山僧に筆写させた。[24] これらはみな古典や古記録の収集・整理・校訂に関わる仕事である。もっとも、この時期の林羅山は以心崇伝を補佐する立場にあり、当の以心崇伝は豊臣氏対策の中枢に参画していた。

元和二年（一六一六）、徳川家康が没すると、林羅山は駿河文庫の蔵書処分を取り仕切る。[25] 翌三年（一六一七）以降、徳川家康の祭祀をめぐる以心崇伝と天海（生年未詳～一六四三）の対立や徳川家康に近しい重臣の失脚など、世代交代による動揺が起こるものの、立場の軽い林羅山には累が及ばず、翌四年（一六一八）には江戸に宅地を賜る。[26] この間、林羅山は日光山の縁起撰文に勤める一方、[27] 勅版本「皇宋事宝類苑」の誤字脱字の訂正および加点を行い朝廷に献じ、[28] また「漢書」を数本手に入れ、加点及び顔師古注の校勘を行っている。[29] 朝幕関係の緊張という背景もあり、江戸と京とを往復する日々の中で、林羅山は時間と忍耐を要する国史と古典の研究に精勤する。

転機は寛永元年（一六二四）に訪れる。徳川秀忠の命により、林羅山は三代将軍徳川家光（一六〇四～一六五一）の御伽衆に加わり、[30] 日夜近侍することになる。[31] この徳川家光の下で林羅山は、同六年（一六二九）に民部卿法印に叙され、[32] 翌七年（一六三〇）に上野の別墅を賜わり、[33] 同九年（一六三二）に三〇〇俵加増される。[34] 法印は法眼・法橋と共に僧侶の官位であるが、仏師定朝（生年未詳～一〇五七）の法橋叙位以来、外才の者（仏師・絵師・連歌師・医師など）も叙されるようになる。林羅山も一藝に秀でた特殊技術の保有者として御伽衆に列し、法印に叙されたものと推察される。

この間、林羅山は寛永三年（一六二六）に「孫子諺解」・「三略諺解」・「大學和字抄」・「経書要語解」を、[35] 同七年に「大學諺解」を、そして同一六年（一六三九）に「性理字義諺解」を著す。出仕以降も、林羅山は古典の研究と講釈を続けてきた。「孫子諺解」以下の古典注釈書群はその結実であり、林羅山による古典研究の到達点と言える。また、この時期に以心崇伝に代わって外交を掌り、重要な式典に参加して記録係を務めるようになる。

寛永の末年（一六三八〜）以降、林羅山はスケールの大きな編纂事業を主導する立場となる。寛永一八年（一六四一）からは「寛永諸家系図伝」の編纂が開始し[36]、同二〇年（一六四三）に完成する[37]。傍ら、「鎌倉将軍家譜」を始めとする「将軍家譜」四部や「神代系図」[38]、また「中朝帝王譜」の編纂が並行して行われ、全国の神社を次序した「本朝神社考」も同一五年（一六三八）から正保二年（一六四五）までの成立とされる[39]。さらに、正保元年（一六四四）からは「本朝編年録」の編纂が始まり、漢文による編年体の通史が完成するかと思われたが、途絶する[40]。

これに先立ち、徳川幕府は勅許紫衣法度制定・徳川和子（一六〇七〜一六七八）入内・東照大権現号下賜・勅許紫衣事件・伊勢内宮外宮問題への介入などを通じて、朝廷へ掣肘を加え、これに寄生しつつも新たな秩序（幕藩体制）を確立するために暗躍していた。こうした動きは正保年間（一六四四〜一六四八）における幕府主導の元号制定・東照社の宮号授与・日光例幣使実現という形で結実する。

林羅山が担った寛永末年からの編纂事業はその谷間にあって、徳川幕府による幕藩体制確立運動の一角を占め、政局に一役買っていたものと推察される。すなわち、武家を格付けした「寛永諸家系図伝」や歴代武家政権の得失を総括した「将軍家譜」を始めとして、この時期の編纂物はその性質上みな朝廷主導で編まれなければならない。にもかかわらず、この編纂事業は徳川幕府子飼いの学者＝林羅山によって推進された。寛永末年以降の編纂事業が持つ歴史的意義は、ここにある。

このように、林羅山が背負った仕事は徳川幕府の動向と密に関わっており、またその時々に林羅山が置かれた状況は一定ではない。したがって、現存する林羅山資料もまた多岐にわたり、またそれら資料が各々独自の性格を有し、決して一様でない。このために、それらを貫通する林羅山の学問も見出し難い。だからこそ、林羅山の学問を論じるためには、まず徳川幕府の動向や林羅山が置かれた状況との関連を念頭に置き、扱う資料固有の性格に十分配慮する必要がある。

第三の理由は、林羅山の学問が林鵞峯によって継承されたことにある。

寛永末年以降の編纂事業は、幕藩体制確立の上での一つの到達点と言える。しかし、慶長から正保へ至る徳川幕府の新秩序構想に限界があったように、この時期の編纂事業にも自ずと限界があった。京都の治安維持や朝廷との折衝あるいは西国大名の監視、果ては天皇や上皇の資産管理など、重要任務を兼ねる京都所司代に万難を排して板倉勝重（一五四五～一六二四）・板倉重宗（一五八六～一六五七）親子が挙用されるものの、彼らにさえ政仁（いわゆる後水尾天皇、一五九六～一六八〇）の突発的な行動を制止できなかった。背後から手を回しはすれども、究極的には徳川幕府は政仁の意志と行動を封じる術を持たなかったのである。また、徳川家光の肝いりで行われた東照社の大造替や宮号授与という布石の後、満を持しての実現となった日光例幣使は、応仁の乱以降絶えて行われていなかった伊勢神宮への奉幣復活という対価なしには成し得なかった。[41] これと同様に、寛永末年以降の編纂事業も「本朝編年録」という最後の一画を欠くこととなり、停滞を余儀なくされる。

そして、この停滞を破った人物こそが林羅山の後継者林鵞峯である。林鵞峯は林家私塾の規則を明文化し、教え子をその学習達成度に基づいて次序することで組織の整備を行い、なおかつ徳川幕府から賜る九五人扶持を運用して、国史編纂に従事する人員を育成・管理することにより、プライベートスクールに過ぎなかった家塾を徳川幕府公認機関の国史館へと再編したのである。この林鵞峯の下で、「本朝編年録」は「本朝通鑑」と名を改め、寛文一〇年（一六七〇）に完成する。林羅山に達成できなかった国史編纂は、林鵞峯の宿願となり、二〇年以上の歳月を経て完結するのである。

このように、林羅山の学問は彼一人の人生では完結せず、林鵞峯による発展なくして完成しなかった。したがって、林羅山の何処に不足があり、林鵞峯はそれを如何に満たしたのかについて、比較検討を通じて明らかにする必要がある。

（2）　従来の日本漢学研究における林羅山

従来、林羅山への言及は決して少なくない。むしろ、汗牛充棟の様相を呈する。しかし、管見によれば、それらに問題が無くもない。

戦後の日本漢学研究を牽引してきたのは、やはり日本思想史であろう。特に、丸山真男の「日本政治思想史研究」は、徳川時代の学術史を近代への連続という観点で描いた、画期となる著述である。

丸山真男は、林羅山を典型的な朱子学者と捉え、その学術上の特色を封建的社会秩序の承認であると論じた。[42]その後、丸山真男は大いに批判されたが、林羅山に対する斯かる理解は、いまなお陰に陽に影響を及ぼしている。丸山真男を批判した者は数多いが、本書では、特に尾藤正英の功績に注目したい。尾藤正英は、徳川時代の日本社会と外来思想である朱子学との乖離を強調した。また、徳川幕府による林羅山の待遇から考えて、丸山真男が見出そうとした役割など、林羅山にはなかったと説いた。[43]尾藤正英は津田左右吉の言を評価しつつ、[44]丸山真男を難じる。

尾藤正英の批判により、その後の林羅山研究の大勢は決した。続く渡辺浩は、林羅山に思想史的な意義を積極的に見出そうとしない。[45]

要するに、政治と学問との関係という観点から、林羅山の存在を如何に評価するのかが問題となっており、丸山真男はこれを積極的に認める立場をとり、尾藤正英と渡辺浩は消極的な立場をとる、という構図になっているわけである。

しかし、後者の尾藤正英と渡辺浩の間にも差異が存在することには、注意を払わねばなるまい。つまり、「文筆の能力」を要する「政治上の事務」、すなわち「寺社行政」・「外交文書の解読と作成」・「法案の起草」・「古書の蒐集や出版」・「学問文芸の講釈」といった、林羅山の事跡に留意した記述を行う尾藤正英と、「博識と文筆能力を利用される以外、特別な影響力を持っていない」という表現を用いる渡辺浩(46)とでは、自ずと立場も異なろう。そして、まさに尾藤正英が林羅山による関与を慎重に認めた「文筆の能力」を要する「政治上の事務」こそが、林羅山の生涯を見渡した時に大きな比重を占めた職務ではなかったか。林羅山が五山僧や清原家から斯かる職務を奪い取ったという事実をこそ重んじてしかるべきなのであって、林羅山の人生と関係のない「特別な影響力」を強いて見出そうとする必要などあるまい。

なぜならば、それは、林羅山の生涯を後世の基準で無価値と断じる横暴だからである。現在われわれは、渡辺浩が「表見的相対的「盛行」(47)」と評した事柄の内実を考究することを、迫られているのではないだろうか。

しかし、それは同時に、丸山真男への単純な回帰であってはなるまい。というのも、やはり林羅山の業績は体制擁護のイデオロギーなどと言えるものではなく、また渡辺浩が言う通り、林羅山存命時に朱子学が広く大衆に至るまで受容されたなどという事実は存在しないからである。

ならば、問われるべきは、体制擁護のイデオロギーでなければ何であるのか、そして大衆への啓蒙でなければ誰のための何を目的とするのか、であろう。

現今の研究状況の問題は、林羅山存命時に徳川幕府のイデオローグとして遇された事実はなく、また朱子学が広く万民に享受された事実はなくとも、それでも林羅山が徳川家康に挙用され、様々な仕事にたずさわった事実を、如何に歴史的に位置づけるかに存する。

近年、林羅山研究あるいは林家研究が盛んとなりつつある。それは、先行研究の斯かる問題が、徳川時代を対象とした日本漢学研究の蓄積と共に、認識され始めているからではないだろうか。

ところが、すでに前節で触れたように、林羅山は博士家や五山禅林の学を意識しながら自己の立場を打ち出した。であれば、林羅山より以前に遡って林羅山との連続と断絶という問題を考える必要がある。とはいえ、博士家や五山禅林の学に対する言及が、右の問題の早急な解決を望むが故の、結論ありきの議論であってはなるまい。林羅山を研究対象とするからには、日本中世の学術について、概説的・教科書的な記述に甘んじぬ態度を持って臨まねばならない。

かくの如き林羅山研究の現状にあって、鈴木健一は自身の専門である堂上歌壇の研究を背景に、林羅山の年譜研究という地道な仕事に取り組んだ。

もっとも、鈴木健一の論考には、清原家の抄物に対する言及が不十分である。鈴木健一は、応仁の乱によって断絶した古典文化が復権して行くという見通しを立てる(48)。この見通しは長大な射程を備え、且つ魅力に富んでいる。しかし、詳細は本論にて自ずと明らかになるが、実際に清原家の抄物を具に検討して気付くことは、むしろ大乱を前後に挟みながらも、またその時々で新たな要素を付け加えながらも、自家の伝統を絶やさず守り続けた学問の連続性なのである。

そして、この清原家こそ、若き日の林羅山が強く意識して超克しようとした対象に他ならない。したがって、林羅山に焦点を当てた論述を行う上では、この清原家の存在にどれだけ注意を払っても足りはしない。

また、次節で研究手法について触れる中で再度言及するが、鈴木健一は和漢や雅俗と言ったキーワードを用いて、中世から近世へと続く文化を説明する。しかし、実際に清原家の抄物や林羅山に関する資料を扱う中で直面するのは、こうした和漢・雅俗と言った切り口で処理し難い、個々の資料の多様な性格である。

そして管見によれば、斯かる如何ともしがたい説明の難しさにこそ、清原家の抄物や林羅山に関する資料の魅力が潜んでいる。

とはいえ、鈴木健一が立てた見通しが誤っているわけではない。ただ、設定された枠組の中に収まらぬ要素が存在することは、指摘しておかねばならない。また、鈴木健一が立てた見通しと、その見通しに収まらぬ要素を如何に止揚し、総体として如何なる歴史的位置付けを行うかという問題が存在することを、指摘しておかねばならない。

いずれにせよ、林羅山の学問形成と発展および特質に関する、一次資料に基づく具体的な検討は甚だ不足している。

他方、安井小太郎は林羅山の学問を古典と国史の研究と捉え、(49) なおかつ林鵞峯について林羅山の学問を継承・発展させた人物として評価した。(50) 続いて、宇野茂彦が安井小太郎の見解を下敷きにして林羅山から林鵞峯への継承について触れると共に、(51) 林鵞峯の事業における「本朝通鑑」編纂の重要性を強調した。(52) さらに、大島晃は林羅山の古典研究に着目し、その特質を資料の性格に配慮して具体的かつ詳細に論じた。(53) また、大島晃によれば、林羅山は無秩序に舶載される書物とそこに記された知識に盲従するのではなく、自身の判断に基づいて整理し、消化していたのである。大島晃はそこに林羅山の「『読書』に確信をおく自律性の体現」への「志向」と「実践」を見る一方で、林鵞峯については「篤実な学問」ではあるものの「林羅山が「諺解」全篇に漲らせる「読書」の学の規模と奥行は感じさせない」と述べた(54)。大島晃は、古典研究という点から林羅山と林鵞峯の学問に質的な相違があると指摘したのである。

整理すると、この三者の言は林羅山の学問の特質と発展に関わるものと言えよう。安井小太郎が枠組みを設定し、宇野茂彦が国史研究の側面から、大島晃が古典研究の側面から、各々林羅山の学問と林鵞峯への展開に言及した。一方で、国語学の領域からは、博士家の訓点語と林羅山の訓点語を比較検討する、実証的な研究も現れている。目下、林羅山の学問形成に関する検討を行う土壌が整いつつあると言えよう。

とはいえ、古典研究における五山や博士家あるいは藤原惺窩と林羅山の比較検討や、国史研究における林羅山と林鵞峯の比較検討は未だ十分とは言い難い。また、林羅山の古典研究に関しても、彼の資料が備える性格を念頭に置いた、さらなる議論の余地がある。

（3）　研究手法と資料の選定について

先行研究に不足している点は、林羅山の学問の歴史的位置づけと言える。本書では、先行する学者の欠点と自身が優越する点について、林羅山が如何なる認識を持っていたのかを確認する。しかるのちに、林羅山と先行する学者の著述を比較検討することにより、両者の差異を明確にする。さらに、先に確認した林羅山自身の認識と照合することにより、林羅山の達成と限界を見極める。また、林羅山の後継者林鵞峯との比較検討を行うことで、林羅山の限界が如何に克服されたのかを窺う。

以上の作業を通じて、林羅山の学問が持つ特質を先学・後学の業績との先後関係の中で把握したい。つまり、突然変異的に生まれた奇形や五山や博士家と代り映えのしない何物かとしてではなく、確かな連続性を備えながらも明らかに質を異にする、個性豊かな存在として林羅山の学問を捉え直すことを本書の眼目としたい。

この問題を探求するに当たり、併せて林羅山の著述が有する性格には十分に配慮したい。著述が有する性格とは述作の意図、つまり成立経緯や動機づけの謂である。全ての資料は本来それぞれが固有の性格を備えて存在する。しかしながら、これらを扱う研究者は往々にしてそれを無視して独りよがりな論を立てる。ところが、林羅山の資料が持つ性格は、このような議論では把捉し難い。なぜならば、これらの成立経緯や動機づけは、それらを取り巻く状況が現代から余りにもかけ離れており、現代人の感覚で論じても的を外してしまうからである。したがって、林羅山の著述を読み解く上で、林羅山の人生と彼を取り巻く環境を知ることは必要不可欠である。というのも、林羅山の著述は、これら外的な要素の中で成立したからである。よって、林羅山の特定の著述について、何時ごろ成立したのか、如何なる動機で著されたのか、当時の林羅山の公私にわたる状況は如何、といった問題は決して等閑視されてはならない。

仮に、それらを無視して、特定の著述の特定の記述から立論上で必要な箇所だけを抽出して論じたとしても、それは恣意的な文献操作へと堕し、林羅山研究に決して寄与し得ないであろう。

右の過ちを免れるために、本書では、この成立経緯や動機づけの分析に紙数を費やすと共に、極力林羅山と縁の深い伝本を用いたい。林羅山の著述と蔵書が明暦の大火（一六五七）で焼失したことはあまりにも有名である。しかし、それでもなお少なからぬ林羅山旧蔵本が現存する。むしろ、その数は分母の大きさもあって、一六世紀末から一七世紀の人物に関する資料としては破格と言える。これら林羅山旧蔵本と、林鵞峯旧蔵本および彼らと縁の深い大名家の蔵書を用いることで、出来得る限り林羅山と彼が生きた時代に寄り添いながら議論を進めたい。そして、それは写本を中心とする一次資料の利用に他ならない。

第二次世界大戦後、多種多様な叢書が刊行され、手軽に利用できるテキストが増えた。また、それらは力の入った解説を収録し、議論の叩き台をも用意した。それは、歓迎すべきことではある。

ただし、手軽なテキストも力作と言うべき解説も、本来的にはいずれ乗り越えられるべき一つの通過点に過ぎない。そして、その批判と超克とは、場当たり的なものであってはなるまい。何よりも、林羅山当人の生涯と彼が生きた時代・社会への洞察を備え、より価値の高い資料を用いたものでなければならない。

もし、手軽なテキストに慣れ親しんだ者が自身で資料を探すことを忘れたならば、日本漢学に、いや人文科学に如何なる発展の余地があり得ようか。少なくとも林羅山研究においては、右の仮定は現実のものとなっている。すなわち、先行研究の多くは、林羅山に関する資料の中でも、より価値の低いものを検討の対象とし、より価値の高いものを打ち捨てている。資料を取り巻く外的な要因に対する洞察を欠き、それら外的な要因から必然的に導き出される、より優良な資料を無視して、手近な利用しやすい資料で妥協するが故の誤りである。

先人による基礎資料の整理は、後学がこれを乗り越え、いずれ更なる高みへと飛翔するための踏み台でこそあれ、ゴール地点などでは決してない。したがって、我々後学は斯かる学界の財産を尊重こそすれども、そこに安住してしまってはなるまい。

さらに、林羅山と彼が生きた時代に即した叙述を行う上で避けて通れない問題がある。それは、古典に内包される要素が必ずしも後世と一致しないという問題である。例えば、林羅山の「梅村載筆」[55]は漢籍のリストを収録する。ところが、このリストは四書五経に七書（「孫子」・「呉子」・「司馬法」・「六韜」・「三略」・「尉繚子」・「唐太宗李衛公問対」）が続き、さらに三注（「千字文」・「蒙求」・「詠史詩」）、文（「文選」など）、詩（「風雅翼」など）、史（「史記」や「資治通鑑」など）、字書（「説文解字」など）、類書（「初学記」など）、家書（「董仲舒集」など）、宋儒書附元明（「性理大全」など)、明人家集(「御製文集」など)、刑書(「律令」など)、地志(「山海経」など)、醫書(「証類本草」など)、雜書、釋書となる。

この配列は、現代人は勿論のこと、林羅山より数十年後に生まれた人間には、もはや我慢ならないものであったに違いない。その際には、より古典らしい古典、端的に言えば儒教経典が特権的な存在として認識されていよう。しかし、それはあくまでも後世の認識であり、林羅山の眼前には中世以来の本邦における学術の堆積が広がっていた。この上、和書が加わった時に、果たして和漢を超えた如何なる目録学的流別が可能であろうか。(56)もちろん、本書の目的はこの大問題への解答ではない。さりとて、四部分類における経部文献のみを扱うだけでは、林羅山が直面していたこの複雑な現実を掬い取ることさえかなわないであろう。

よって、本書はその各論を敢えて「三略」に関する注釈書の比較検討から始めたい。この経部文献から外れた七書の一つを扱うことを以て、四〇〇年の時間的隔たりを超えて林羅山の学問を窺うための端緒としたい。

(4) 本書の展望と構成

以降の本論は二篇九章から成るが、この序論を終える前に、本書の展望を示すと共に、その構成について略述する。なお、前篇では古典注釈書を、後篇では史書を始めとする編纂物を主に扱う。また、前篇と後篇では取り扱う時期に差異を設けた。元号で言えば、前篇は慶長から寛永の前半、後篇は寛永の後半から寛文となる。もとより、林羅山の古典注釈書が前篇で取り扱う時期にのみ成立したかと言えば、必ずしも当たらない。だが、対象とする時期や資料の種類を敢えて限定することで、より詳細かつ具体的な論述を試みたいからである。

基本的に、本書では林羅山を二つの側面を持つ人物として捉えたい。それは、僧侶や公家といった旧来の権威に対する挑戦者としての側面と、徳川幕府による政策の追認や理論的背景の提供を職務とした人物としての側面である。

そして、この二つの側面が共に、新たなる武家政権として土台作りを行う徳川幕府との親和性を持っていたからこそ、林羅山は徳川家康に見出されたと考えたい。

例えば、林羅山が建仁寺を出奔した一件を思い出されたい。林羅山を引き留めようとした僧侶たちは、禅林に残れば、いずれ林羅山は僧中の「翹楚」となるであろうと言った。「翹楚」とは、抜きんでた木の謂であり、「詩経」の比較的はじめの箇所(57)に見える語である。建仁寺の僧侶は林羅山を思いとどまらせるために、将来の明るい展望を示したのであろう。

しかし、仮に林羅山が建仁寺に留まったとしても、禅僧として寺院組織の頂点へと上り詰めることなど、絶対に出来なかったであろう。なぜならば、林羅山の出自が決して高貴ではなかったからである。

そもそも、天海のような例外を除き、高位の僧侶はみな皇別や、摂関家をはじめとする公家衆、少なくとも武家の名流を出自としていた。卑俗な言い方をするならば、彼ら禅僧は学問をして偉くなった人々ではない。むしろ、偉い人々が学問もしていたのである。

よって、藤原氏の後裔を自称する浪人の子孫、すなわち林羅山には、寺院という階層社会でのし上がってゆく機会など、この世に生まれ落ちた時から無かった。

なればこそ、林羅山の建仁寺出奔を五山僧が引き留めようとしたことは、それ自体がすでに奇異な出来事である。さらに、事態はそれにとどまらず、前田玄以（一五三九～一六〇二）の耳にまで届く問題となり、その上で林羅山があらためて建仁寺出奔を明言することと相成った。これら一連の出来事がすべて事実であるならば、当時としては異例としか言うほかなく、余程周囲の耳目を集めたであろうことは想像に難くない。また、林羅山が京都で新注による「論語」講義を行い、これに清原秀賢が抗議した一件[58]を思い出されたい。この一件は、徳川家康が訴えを退けたために沙汰やみとなった。[59]

公家衆の家職にかける意気込み、意地悪く言えば既得権益を守ろうとする意志は、現代人の想像を絶する。例えば、蹴鞠の飛鳥井家などは、その典型である。なんとなれば、三〇〇年前の証書を根拠に、蹴鞠を教える権限は自家にあると、時の将軍に念押しする有様である。[60]即物的な暴力に依頼しない、公家衆の闘争はこうした形を取る。

公家衆は、自らが所属する家の歴史を丸ごと背負って戦っていたのである。したがって、彼らと争うということは、彼らひとりひとりではなく、彼らが背負っている家の歴史と対峙することを意味する。

五山禅林の学や、清原家の家学は、高貴な血筋や長い歴史に裏打ちされていた。のみならず、詳細は本論にて述べるが、高い学識に支えられていた。翻って、林羅山は格別の背景を持たなかった。だからこそ、自分なりの生き方を模索せざるを得なかったのである。

慶長一九年（一六一四）、大阪冬の陣を控えた時期に、京都から五山僧や公家衆が下向して、徳川家康に面会を求める。こうした状況で、林羅山は彼らの面目を潰す役割を果たす。以下、近藤重蔵の「右文故事」[61]から適宜逸話を紹介しよう。

例えば、五山僧が「論語」為政について作文すると、[62]徳川家康の勘気を蒙り、[63]林羅山が同様の箇所を講ずることになる。[64]彼らの屈辱は、如何ばかりか。

また、冷泉為満（一五五九～一六一九）が古今伝授を申し出ると、[65]先んじて林羅山がその内容を言い当てる。[66]のみならず林羅山は、歌道の秘伝である柿本人麻呂について明け透けに語り(67)、中世学術の秘伝が如何に浅薄なものであるかを、徳川家康の面前で嘲りさえした。

他方、わざわざ下向してきた者たちに対して、徳川家康は自らの蔵書を見せるが、公家衆は不審の念を抱く(68)。このとき、徳川家康が提示したコレクションには、藤原定家（一一六二～一二四一）自筆本も含まれていた。冷泉為満は徳川家康の蔵書を見て、まことに藤原定家の手になるものであるか否か、その真贋を疑ったのである。いずれにせよ、徳川家康の意図は、ただの乱暴者ではない、為政者としての格の証明にあったに違いない。

さらに、周仁（はじめ和仁、いわゆる後陽成天皇。一五七一～一六一七）は徳川家康に「延喜式」を贈与し(69)、今出川晴季（一五三九～一六一七）は豊臣秀次旧蔵の金沢文庫本「律令」の献上を申し出る(70)。この「律令」を受け取ることは、徳川家康にとって余程よろこばしいことであったと見える(71)。

本来ならば豊臣秀頼（一五九三～一六一五）の手に渡って然るべき、この「律令」が徳川家康の手に渡った。当然と言えば当然ではあるが、この時すでに、誰もが戦後を考えて動いていたのである。

豊臣氏征伐の計画が進行する傍ら、五山僧や公家衆は徳川家康の拝謁を望む。そして、本邦における文化の粋を提示する彼らに対して、林羅山はその価値を否定する役割を担っていたのである。

もし、徳川家康が五山僧や公家衆に所詮東夷かと侮られてしまえば、戦後の政権運営に影を落とすに違いない。なればこそ、解嘲する者が必要であった。そして、そういった仕事に向いているのは、これといった背景がなく、色がついておらず、しがらみのない者であろう。

林羅山は五山を出奔し、博士家に学びながらこれに背き、藤原惺窩に師事した。そして、この藤原惺窩は豊臣秀次への出仕を拒み、石田三成（一五六〇～一六〇〇）にも仕えなかった。そうしておいて、藤原惺窩は自らは関東へ下らず、林羅山を徳川家康の下へ送り込むのである。

林羅山は、既存の学術に対抗せしめるには、うってつけの経歴の持ち主であった。

ともあれ、豊臣氏征伐前夜のセレモニーは、林羅山の挑戦者としての側面と、徳川幕府の政策を肯定・追認する者としての側面が、ぴたりと重なる事例であった。一見矛盾するかのような二つの側面が、一人の人間のなかで矛盾をきたさずに同居しているからこそ、林羅山は徳川幕府の要請に応え得たのである。

もし、林羅山の二つの側面を矛盾と見なしてしまえば、林羅山を、権力者にすり寄る品性下劣な人物として捉えるか、同情すべき人物としてスポットライトをあてるか、さもなければ無視するしかなくなるであろう。

もっとも、本書では、林羅山を罵倒する必要もなく、かと言って彼を庇い、救った気になる必要もなければ、ことさらに高く評価する必要もない。ただ、これまでその重要性に反して等閑視されてきた資料を用い、彼の業績を検討し、その内容を解釈し、その達成と限界を歴史的に位置づけるだけで十分である。

大まかにいえば、本書の第一章から第五章までは、林羅山の第一の側面を扱う。清原家の家学・藤原惺窩・五山禅林の学と、林羅山の学との相違を解明し、林羅山が先達を如何に乗り越えようとしたのかを論じる。その後、第六章を中継地点として、第七章以降で、林羅山の二つ目の側面を扱う。個人では達成しがたい大規模な編纂事業を検討することにより、林羅山の著述が如何に徳川幕府の政策と連動していたのかを論じると共に、その職務の遂行が如何に困難であったのかを論じる。

各章の概要は以下の通りである。まず第一章では、林羅山の学問形成と特質を論じる。具体的には、「大學諺解」と「論語諺解」で展開される清原家の四書学批判から林羅山の博士家の学に対する認識を窺い、しかるのちに「三略秘抄」と「三略諺解」の比較検討を行う。これにより、林羅山の清原家の学に対する認識と実際を照合すると共に、林羅山自身がそれを如何に乗り越えたのかを明らかにしたい。

続く第二章では、林羅山の学問が備える特質を前章とは異なる視点から論じる。具体的には、「羅山年譜」の記述から林羅山の古書校定に対する認識を窺うと共に、「三略秘抄」所引「三略直解」と林羅山旧蔵写本のテキストを複数の明版や朝鮮本と対校する。これにより、林羅山の古書校定に対する態度を清原宣賢のそれとの対比の下に明らかにしたい。

さらに第三章では、林羅山の注釈書間の比較検討を行うことで、林羅山の著述が有する多様な性格に配慮しつつ、その学問の特質を論じる。具体的には、ともに「大学」の注釈書である「大學諺解」と「大學和字抄」の形態や成立経緯などの差異を分析したのちに、内容の比較検討を行う。これにより、個別の資料に存する性格上の差異にも関わらず、それらを貫通して確かに存在する林羅山の古典研究上の特質を浮かび上がらせたい。

そして第四章では、林羅山の学問形成と特質について論じる。具体的には、陸九淵（一一三九～一一九三）・王守仁（一四七二～一五二九）・林兆恩（一五一七～一五九八）[72]らの評価をめぐる林羅山と藤原惺窩の認識を確認したのちに、「大學諺解」の検討を行う。これにより、林羅山の学問が成熟してゆく様を時間的に限定して叙述すると共に、その特質を藤原惺窩との生々しい書簡のやり取りを用いて照らし出したい。

後編冒頭の第五章では、林羅山の学問が持つ特質を論じる。具体的には、「羅山年譜」の記事から林羅山自身の学問に関する認識を確認する。さらに、林羅山が子供たちへ課した読書の階梯を整理する。これにより、知識の獲得という観点から、林羅山の学問上の特質を解明したい。

続く第六章においても、やはり林羅山による教育法の検討を通じて、その学問上の特質を論じる。具体的には、林羅山が青年時代に著した「対策」と、晩年に子供たちへ与えた「対策」の読解を行う。これにより、林羅山が博学を志向しつつも、やはりその学の本質が経学にあったことを明らかにする。前章と本章は、林羅山の学問が存する限界を論述の対象としており、以下の三章を含む後篇の導入としての役割を負っている。

さらに第七章では、林羅山の学問が持つ特質を編纂事業という側面から論じる。具体的には、序の読解を通して「本朝神社考」述作の意図に関する林羅山の説明を確認したのちに、「本朝神社考」上巻の構成を検討する。これを通じて、「本朝神社考」という著述の性格を論じたい。なおかつ、本書で用いる「本朝神社考」のテキストについて、少しく補足説明を行うと共に、林羅山を研究対象とする際には、ぜひとも写本を用いるべきであると主張したい。

また第八章では、前章に続き「本朝神社考」上巻の内容の検討を行う。これにより、「本朝神社考」の内容がそれと齟齬をきたしているか否かを点検する。これにより、林羅山の携わった編纂事業が徳川幕府の動向と密に連動することを明らかにする。

さらに第九章では、林羅山の学問が持つ限界を論じると共に、それを林鵞峯が克服し発展させたことを論じる。具体的には、「本朝編年録」編纂の経緯をたどる。さらに、その業を継いだ林鵞峯による「本朝通鑑」編纂の経緯を「国史館日録」から窺ったのちに、「本朝通鑑」の内容を検討する。これにより、林羅山の学問を林鵞峯が継承・発展させたことを明らかにする。

そして結論では、論述の整理をすると共に、林羅山の学問が有した可能性について簡潔に述べ、本論を結ぶ。

以上をもって、本書の序論を終えるが、その前に補足しておきたいことがある。それは、徳川幕府の外交政策と林羅山の関わりについてである。外交は、本書で扱う歴史や宗教と並び、学問と政治の関係について論じる際には無視できぬ問題である。しかしながら、本書ではこれを論じるにいとまがなく、詳細な検討が出来なかった。

この点は、今後の課題としたい。

ただ、いまは、この問題を考える上で絶対に見落としてはならない、二つの事項を指摘するに留めたい。一つめは、戦後の国史学、とりわけ東京大学史料編纂所が果たしてきた功績が極めて大きいということである。田中健夫を始めとする、東京大学史料編纂所の面々は、従来的な外交史や貿易史と異なる対外関係史という枠組みを提示してきた。そして、彼らの動向は、中世や近世を研究対象とする人文科学諸領域の現状に甚大な影響を及ぼしている。例えば、この二・三〇年ですっかり定着した東アジアという言葉も、中世における海外との文化交渉に関する研究も、対外関係史の研究成果を前提としているように見受けられる。第二次大戦より以前に輝かしい功績をあげた東洋史が鳴りを潜めるのとは対照的に、国史学は国文学や日本思想史さらには中国学までをも巻き込みながら、研究を推し進めている。そして、そこに是非善悪の問題など、介在する余地はない。ただ、われわれ研究者は斯かる状況を明確に認識した上で、自己の研究を行わねばなるまい。現在の研究動向さえ見通せぬものに、往古の事物を研究することなど出来るはずもないのであるから。

したがって、もし林羅山と徳川幕府の外交政策との関係を問題とするならば、その研究は必ずや対外関係史の蓄積を活用したものでなければならないであろう。

二つめは、豊臣政権期より徳川家光期にいたる本邦の対外政策が、西洋列強の侵略に対する、深刻な危機意識によって規定されているということである。また、この侵略が聖俗相俟って行われたということである。したがって、外交問題とは、朝幕関係の問題でもある。

この点を見落とせば、林羅山が、神道がそっくりそのまま王道なのである、と説いた理由は見当もつかないであろう。また、不干斎ハビアン（一五六五〜一六二一）の業績を歴史的に位置づけることは出来ないであろう。さらに、「羅山文集」に収録される外交文書において、東南アジア方面への書が占める比重の大きさを、認識することさえ儘ならないであろう。そして、右の全てが対外関係という同一の地平で論じられるべき課題であると、理解できないであろう。

注

(1) 内閣文庫所蔵寛文二年刊本「羅山林先生文集」(以降、「羅山文集」と略記する) 附録・林鵞峯編「羅山年譜」(以降、「羅山年譜」と略記する) 天正一八年「先生八歳、穎悟不常、頗知俗字。有一浪人、曰徳本。常來理齋・信時宅、讀太平記。先生傍聞、諳誦。人皆異之」、「羅山年譜」文禄三年「先生十二歳。既通國字、讀演史小説、粗窺見中華之書、記憶不忘。時人歎曰、此兒之耳、如嚢。其所入、不旨漏脱」

(2) 「羅山文集」附録・林讀耕齋編「羅山行状」(以下、「羅山行状」と略記する) 文禄四年「明年、改名又三郎信勝、登東山、入建仁寺之大統庵、就長老慈稽而讀書。同室有吾伊蒙求者。先生不被其巻、傍聽背念。乃繙舊註五經、又覽唐宋詩編。偶得東坡全集、手加朱句」、「羅山行状」慶長元年「慶長元年丙申、先生十四歳。在建仁、一旦作白氏長恨歌・琵琶行鈔解。其援引詳精、僉言神童也。朝習夜課、孜孜不懈。凡禪院之制、旦暮食時、飯頭敲木板、以催之、合院聚至。先生亦在其中、勤讀之時、或將終巻、或將看盡一節、則木板雖觸耳、猶妥坐課畢而赴之。厨飡散而竈煙冷。忍飢而止。其如此者數矣。古人讀書忘食、信然矣。當時禪老施名于世者、亦問典故、所出于先生、多矣」

(3) 「羅山年譜」慶長二年「東山僧徒胥議曰、此兒不可置於俗間。使之爲禪僧、則爲叢林之翹楚。遂勸出家。先生不聽。今茲夏、衆僧詣京尹前田玄以、訴望之。玄以使其屬松田氏、告理齋・信時。兩翁答曰、唯是随兒意也。衆僧謂、官既許之、乃欲誘先生、剃其髪。先生不喜。潛出寺歸家。誓曰、余何入釋氏、棄父母之恩哉。且無後者、不孝之大也。必不爲之。父母皆喜其志之堅也。官亦不強之」

(4) 「羅山年譜」慶長四年「先生謂、常覽群書、其言皆有所由來。唯五經不然、則歴代載籍、無不本於五經者。當世學者、窺其末、不知其本也。初余在東山、讀唐宋詩文。歸家讀三史・文選、而後知其皆本於五經也。自是專志於經學」

(5)「羅山年譜」慶長五年「先生十八歳。學業大進、聲名籍甚。當時、清原家儒者講四書、唯學庸用朱子章句、而論孟猶讀何・趙・皇侃・邢昞疏、未見集註、而五經唯僅窺漢唐註疏而已」

(6)「羅山行状」慶長九年「九年甲辰、先生聞惺窩藤斂夫、有碩儒宏學之名、與其徒吉田玄之、論朱陸異同並大學三綱領、以寄尺牘、欲達於惺窩也。玄之以呈惺窩。因代之、作答簡」

(7)「羅山行状」慶長九年「今秋、先生初執謁於惺窩、評論道徳文章」

(8)「羅山行状」慶長九年「惺窩告曰、本朝學業衰、而嗜文字者殊少矣。況於讀經典乎。卿何自而及此乎。先生曰、某髫年偶誦近世小説、解者以爲此語出于蘇・黄、某句出于李・杜・韓・柳。至讀李・杜・韓・柳・蘇・黄、而其所據用、渉于文選于史・漢者夥矣。至讀史・漢・文選、而其所率由、皆上世之文字也。至五經、而無出處之前乎此。於是、豁然知其爲衆説之郛郭、浩然知其斯道之所基。聊慕程朱之餘教、仰望孔孟之盛蹟。惺窩大歎之」

(9)「羅山年譜」慶長九年「惺窩嘗語人曰、伶俐者世多有、而立志者寡矣。我非翅嘉信勝利智、只嘉其志而已。近時皆驢鳴犬吠也、故久廢筆硯。彼夫起予者乎。自是往還不絶」

(10)「羅山年譜」慶長九年の条に収録する。

(11)「羅山年譜」慶長一〇年「當時、遊惺窩之門者、嘗請曰、我輩與羅浮子、雖同侍坐公、而其學業有優劣、則其接語不可同等、欲稱之曰先生。然與公無別、則不安也。不知、何以稱彼人也。惺窩曰固然、宜呼曰提學。由是有林提學之稱、然惺窩不同席、則皆師事之。其中或有先謁惺窩、而後見先生者、或有先受學于先生、而後請益于惺窩者」

(12)「羅山年譜」慶長一〇年「今歳、大神君入洛、在二條城、聞先生之名。一日、近臣永井直勝、奉旨俄召之、即出奉拜謁焉。大君曰、自今可屢來焉」

(13)「羅山年譜」慶長一〇年「經日又登營。極臈清原秀賢・相國寺承兌長老・元佶長老、侍御前。大君問曰、光武於高祖、世系如何。三人不能答。大君顧先生曰、汝知之否。應聲對曰、九世之孫也。又問曰、漢武返魂香、出何書乎。對曰、史漢不記之。白氏文集・新楽府、及東坡詩註有之。又問曰、蘭多種品、抑屈原所愛、爲何。對曰、據朱文公註、則澤蘭也。大君顧左右曰、歳猶弱而能記憶之、可以嘉焉。洛中傳稱之、毎人無不知焉。到處以是爲説話」

(14)「羅山行状」慶長一二年「十二年三月、先生出洛到駿府。四月、出駿赴江戸、奉拝台徳院幕下、讀漢書數巻及三略」

(15)「羅山年譜」慶長一二年「賜官暇歸洛、且蒙命不能辭、而祝髪改名道春」

(16)「羅山年譜」慶長一三年「先生二十六歳、赴駿府、日夜侍御前、讀論語三略等。賜宅地幷土木料及年俸、掌御書庫管鑰、縱觀官本」

(17)「寛政重修諸家譜」巻第七七〇・藤原氏利人流・林信勝「十三年駿府在住の料として、廩米三百俵をたまひ、また御文庫を預けられ、其書籍を観ることをゆるさる」

(18) 試みに歴代の「武鑑」を繙くと、「お儒者」という言葉は寛文年間（一六六一〜一六七二）にようやく登場する。この頃には、「お儒者」という役目が徳川幕府の組織内に位置付けられ、社会的に認知されていたと見てよかろう。無論、林羅山はすでに亡くなっている。

(19)「羅山行状」慶長一五年「是年季冬、大明人周性如來、愬海上賊舟之事、乃有勘合之議。執事本田正純、蒙大神君之命、贈書於大明國福建道總督陳子貞。其作之者、先生也。其後、正純遺書於南蠻船主、及阿媽港父老。皆大神君之旨、而先生爲之」

(20) 慶長一八年（一六一三）に「公家衆法度」と「勅許紫衣法度」および「大徳寺妙心寺等諸寺入院法度」が公布され、元和元年（一六一五）に「武家諸法度」および「禁中並公家諸法度」が公布される。

(21)「羅山年譜」慶長一六年「有命賜洛邊之八瀨・二瀨・田中・山本・祝園・梅畑之村、爲采地、拝戴印章。歸洛理齋・信時甚悦、以爲錦榮」、「寛政重修諸家譜」巻第七七〇・藤原氏利人流・林信勝「このとし京都の近邊にして采地三一〇石餘をたまひ、御朱印を下さる」

(22)「羅山行状」慶長一七年「恒侍營中、以中華本朝古今之履歴、啓沃之、咨諏頻繁、前席幾矣」

(23)「羅山年譜」元和元年「先生赴駿府、奉旨監群書治要・大蔵一覧開版之事」

(24)「羅山年譜」元和元年「台旆旋洛、求日本舊記於官家、而召先生。自駿府馳、入洛監之、使五岳禅僧等書寫之。凡若干部寫了、以獻之」

(25)「羅山年譜」元和二年「赴江戸而后賜暇、到駿府、配分官庫御書、以附義直卿・頼宣卿・頼房卿之家臣、而獻日本舊記、幷希世官本於江戸、而后歸京」
(26)「羅山年譜」元和四年「先生三十六歳、在江戸賜宅地、屢召侍御前」
(27)「羅山年譜」元和三年「東照大神、自久能山、遷座於下野國之日光山。幕府登山、先生奉從焉。暫留山中、陟中善寺、經歷古跡、見舊記、作二荒山神傳」
(28)「羅山行狀」元和八年「一日、勅賜宋朝類苑新刻一本、且以京尹板倉重宗傳詔旨、故謹加朱墨於勅本、附重宗、就廷臣、以達上之」
(29)「羅山行狀」元和九年「今年、點漢書加朱句、其紀傳檢舊點、而八志幷表新點之。且求數本、以考顔註、訂異同詳略」
(30) 桑田忠親「大名と御伽衆（増補版）」（有精堂出版、一九六九）「御伽衆は、日夜君側に侍し主君の御伽をするのが役目であって、御咄の御相手をするのが主であったから、また御咄衆とも呼ばれた。（中略）その資格としては、まず第一に、咄巧者、即ち話術に巧みであること、第二に、その咄に適応する体験と技術の所有者たることを必要としたらしい。特殊な技術のあることは、それのみで御伽衆の資格となる場合が多い」
(31)「羅山年譜」寛永元年「四月十一日、執事酒井忠世・土井利勝、奉旨使先生奉仕大猷院幕下。十三日、拜謁幕下。自此日日奉侍焉。或講論語、或讀貞觀政要、或談倭漢故事、或接執政之咨詢、或赴棠陰之廳」
(32)「羅山年譜」寛永六年「十二月、又赴江戸。臘晦、台命降、先生・永喜共叙法印位」
(33)「羅山年譜」寛永七年「今年冬、両大君賜郭外上野之内百弓之地、以爲先生之別墅、而賜黄金二百兩、將開庠序」
(34)「寛政重修諸家譜」巻第七七〇・藤原氏利人流・林信勝「十二月二十三日稟米三百俵を加賜せられ、これよりさき台徳院殿親筆の和歌をたまはる」
(35)「羅山年譜」寛永三年「五月、蒙鈞命、撰孫子諺解。六月、撰三略諺解獻之、且作大學和字抄、標出四書五經要語、以捧之」
(36)「羅山年譜」寛永一八年「先生五十九歳。二月、有命聚武林諸家系譜、使太田資宗監之、先生副之。既而各獻其家譜、議其是非、正其眞僞、以撰定之、號寛永諸家系圖傳。自今歳之暮起筆」

(37)「羅山年譜」寛永二〇年「九月、寛永諸家系圖傳成。漢字倭字、都合三百七十巻、其始末詳序文。資宗進覧之、以藏於官庫」

(38)「羅山行状」寛永一八年「又別承命、撰本朝神代帝王系圖・鎌倉將軍家譜・京都將軍家譜・織田信長譜・豊臣秀吉譜」

(39)「羅山行状」寛永一九年「一九年壬午、又別奉命、撰中朝帝王譜十三巻進之」

(40)「羅山行状」正保二年「去歳以來、蒙命修本朝編年録、隨成逐巻獻之。累年至宇多紀而輟。季夏而後、先生疾痛、積久未痊」

(41) 宮地正人「天皇制の政治史的研究」(校倉書房、一九八一)

(42) 丸山真男「日本政治思想史研究(新装版)」(東京大学出版会、一九八三)「羅山における自然法の窮極的意味が現実の封建的ヒエラルヒーをまさに『自然的秩序』として承認することにあるのは当然であろう」

(43) 尾藤正英「日本封建思想史研究」(青木書店、一九六一)「儒学が外来思想であったことの正当な認識に立戻る必要があるのではないか」、「要するに羅山や惺窩が家康のもとで与えられた地位は、承兌や元佶らのそれと大差のないものであった。そして家康が承兌や元佶を側近においた目的は何であったかといえば、文筆の能力を必要とするような政治上の事務に当らせることであって、寺社行政、外交文書の解読と作成、法案の起草などがその主たるものであり、かねて古書の蒐集や出版、学問文芸の講釈などにも従事させてあるが、それも政治上の参考ならびに為政者の個人的教養にそなえるためであった。このような方面に学識ある僧侶を利用することは、周知のごとく室町幕府いらいの伝統であって、秀吉のときにも承兌や玄圃霊三らを用いていた。家康の学者登用は、つまりこの伝統を襲ったものにすぎなかったのである」

(44) 津田左右吉「文学に現はれたる我が国民思想の研究」(洛陽堂、一九一七)「武士の思想の基礎になつてゐる所謂忠孝に於てすら、それを兎も角も維持していつたのは、主従関係と世禄制とが根本になつてゐる社会組織と、それから生まれた社会的風尚との力であつて、儒教の如きは纔かに文字上の知識によつてそれを助けたに過ぎなからう。儒者の政治学の中心である仁政論に於ても、また同様であるが、たゞこれは、百姓は(武士の生活を維持するために)入用のものであるから大切にしなければならないといふ思想が、考のある国主の心得たるのみであつて(中略)従つて此の点に於ては、儒教が多少の感化を所謂学問をした諸大名の民政に及ぼしたこともあろう」、「勿論かういふ特殊の知識は国民の実生活とは関係の少ないものであるから、一般社会はそんなものには支配せられず（後略）」

(45) 渡辺浩「近世日本社会と宋学（増補新装版）」（東京大学出版会、二〇一〇）「徳川時代の前期、少なくとも綱吉の頃まで、宋学が、学問としてにしろ、政治と倫理に関わる教義教説としてにしろ、また物の考え方としてにしろ、広く普及し受容されていたなどと解することは、表見的相対的「盛行」にかかわらず、できないと結論することは許されよう」

(46) 前掲渡辺「近世日本社会と宋学（増補新装版）」

(47) 前掲渡辺「近世日本社会と宋学（増補新装版）」

(48) 鈴木健一編「形成される教養――十七世紀日本の〈知〉」（勉誠出版、二〇一五）

(49) 安井小太郎「日本儒学史」（冨山房、一九三九）「林羅山は程朱説を信じ、其説を倡へたる外に、學界に於て大なる功ある人なり。蓋し草創の時に際しては專門の學術を研究する人も必要なれど、學術の普及、古書の整理、書籍の収蒐の三者を以て尤も必要なる事業とす」、「林羅山の學は程朱學・詩文・國史學・國文・法制にして、特に國史に力を用ひたる如し」

(50) 安井前掲書「承應二年（三十六歳）林羅山が足利學校の五經注疏と金澤文庫の舊本周禮・儀禮・公洋・穀梁を借りて、家藏の白紙本十三經を校勘したる時、林鵞峯は此の事に與り累歳にして竣功せりと云ふ。享保年中、山井鼎が足利本に據り七經孟子攷文を著したるは著名の事なれど、其の前に林羅山・林鵞峯早く着眼したるは世人多く之を知らず（中略）寛文二年（四十五歳）林羅山が着手したる本朝編年録繼成の命あり、別荘忍岡に編輯所を置き、書記三十餘人を雇ひ、すべて二百三十巻、神武天皇より慶長に至る、別に神代紀と提要を附す。四年十月編年録を本朝通鑑と改名す。十年十月成る。（中略）林鵞峯の事業としては上來述ぶる所を大なる者とす」、「學術は林羅山と同じく國史と朱子學なるが、朱子學の參考としては漢唐の經説にも渉り居たり。（中略）林羅山に比すれば學識も數等を加へ居たるに似たり」

(51) 宇野茂彦「林羅山（附林鵞峯）」（明徳出版社、一九九二）「林鵞峯の学は一言でいえば林羅山を継承するものであった。（中略）安井小太郎は林鵞峯を論じて、足利学校の五経注疏と金沢文庫の旧本に早くも着目して校勘を行ったことと、『本朝通鑑』の編纂をその事業の大なるものとする」

（52）宇野前掲書「林鵞峯の仕事のうちもっともその精力を費やしたのは『続本朝通鑑』の編纂であった。『本朝編年録』の再編纂のあと、寛文四年、彼が四十七歳十一月から五十三歳の十月までの七年間、ほとんどそのすべての時間を投入したのである」

（53）大島晃「林羅山の『書、心画也』の論――林羅山の『文』の意識（其之三）」（『漢文學　解釋與研究』四、二〇〇一）「林羅山の取組は経書に表出されている『聖人の心』を明らかにすることに他ならない。（中略）林羅山にとって、朱熹の「千載の心」を見ることは『聖人の心』を見ることに繋がるのである。従って、『書、心画也』の句はこの場合、朱熹の筆墨を説きながら、他方聖人の書（経書）を説くことは、決して二途に分かれるものではない――、少くとも林羅山からすればそう理解すべきものであったに違いない。（中略）簡単に言ってしまえば、林羅山の意図は、経書は聖人の心を表出しており、聖人の心を表すのは経書であるから、経書を読むことで聖人の心を理解することが肝要だ、と説くことにある。経書を尊重する立場にある者としては、決して奇異な主張ではない。むしろそのことを説くのに、『書、心画也』の句を用いる点に林羅山の特質が認められるのである。（中略）宋代から明代の思想の展開の中で経書と心（我が心）と関わりが意識されているとき、あらためてこの句を持ち出すことは、経書に対する心（我が心）の重視を主張するかのような期待こそ抱かせるはずである。（中略）林羅山はその期待を逆手にとるかのように、この句を掲げて陸象山ら心学の経書観を斥けて経書の尊重を表明する。（中略）林羅山の主張は、どこから生まれて来たのであろうか。経書の尊重は思想として儒学や朱子学の尊重に起因することは言を俟たないが、それ以上に原初的には書物への傾倒と「読書」に寄せる絶対的確信に培われた主張ではなかったか。さればこそ、この『書、心画也』の論は、生涯を通じて「読書」を自己目的化するまで徹底した林羅山の学的意識を如実に示すものと考えたい」

（54）大島晃「林羅山の『大學諺解』について――その述作の方法と姿勢」（『漢文學　解釋與研究』七、二〇〇四）

（55）本書の著者は林羅山とも林羅山の孫林梅洞（一六四三～一六六六）とも言われる。林家旧蔵本の冊尾には、林梅洞を著者とする旨が記されている。しかし、この識語は林梅洞の卒年を四二歳とするという基本的な誤りを犯しており、信用しがたい。また、林鵞峯による林羅山の「編著書目」には、「『梅村載筆』三巻　雑記倭漢故事詩話小説等」という記載がある。この識語を、林家関係者によるものとは見なしがたい。したがって、本書では林鵞峯の言を採る。

(56) この問題に真正面から向き合い、独自の分類法を考案した者が頼惟勤であった。その業績は、「頼惟勤著作集Ⅲ　日本漢学論集」（汲古書院、二〇〇三）が収録する。

(57) 「詩経」周南・漢廣

(58) 「羅山年譜」慶長八年「先生二十一歳。聚徒弟開筵、講論語集註。來聞者滿席。外史清原秀賢忌其才、奏曰、自古無勅許、則不能講書。廷臣猶然、況於俗士乎。請罪之」

(59) 「羅山年譜」慶長八年「遂聞達於大神君。大君莞爾曰、講者可謂奇也、訴者其志隘矣」

(60) 司法省大臣官房庶務課編、法制史学会編、石井良助校訂「徳川禁令考」前集第一・第十一章（創文社、一九五九）

(61) 本書では、「近藤正斎全集」第二巻（国書刊行会、一九〇五）所収のテキストを用いる。

(62) 「右文故事」巻第九、慶長一九年三月「七日五山ノ僧徒下向ノ由上聞ニ達スルノ處明後九日出仕アルヘク文章ヲ書キ持參スヘキ旨仰出サル」

(63) 「右文故事」巻第九、慶長一九年三月「權現様御覧被レ成是ハ面白カラス」

(64) 「右文故事」巻第九、慶長一九年四月「七日今夜道春ヲ御前ニ召テ論語爲政篇ヲ講セシメ給フ」

(65) 「右文故事」巻第九、慶長一九年三月「廿七日冷泉中納言爲滿參府ス古今傳授アルヘキ爲ナリ」

(66) 「右文故事」巻第九、慶長一九年三月「今夜道春御前ニ侍ス大御所古今三箇ノ大事ヲ問ハセラル道春云三箇ノ秘事ハ呼子鳥稲負鳥都鳥是ナリ詳ニ三箇秘密ノ事ヲ告ス其後爲滿ノ言トコロ皆同シ道春ノ博學ヲ感ス」

(67) 「右文故事」巻第九、慶長一九年七月「大御所曰人丸ノ傳記悉ク何書ニ在ヤ爲滿答テ曰人麿ノ事ハ神秘ニシテ悉ク存セス云々既ニシテ大御所道春ニ問テ曰和書ノ中人麿ノ伝記ヲ見ヤ道春答曰万葉集ニ四人ノ人麿アリ就中歌ノ上手ハ柿本ナリ何ノ神秘ト云コトアラム爲滿閉口ス」

(68) 「右文故事」巻第九、慶長一九年八月「尊應榮雅兩人奥書ノ定家筆古今集逍遥院称名院筆二代集等冷泉爲滿幷公家

衆ニ見セシメ給フ爲滿申云古今集ハ頗不審也ト云々」

(69)「右文故事」巻第九、慶長一九年五月「仙洞ヨリ延喜式ヲ出サル」

(70)「右文故事」巻第九、慶長一九年七月「菊亭殿ヨリ板倉伊賀守へ遣ス状到来ス是ハ律令金沢文庫本往昔関白秀次ヨリ菊亭家ニ遣ハサル」

(71)「右文故事」巻第九、慶長一九年八月「菊亭右府公律令数十九巻箱ニ入封之儘今日十九日　御前へ披露申候一段と御機嫌に御座候トアリ」

(72) 字は懋勛。竜江と号す。また心隠子、子谷子とも号す。林兆恩は福建省甫田の名家に生まれる。明朝の官僚とならず、ローカルエリートとして地元の指導者となる。倭寇討伐で功を挙げ、また儒仏道の三教一致を唱える。この三一教は福建省や台湾の一部でいまなお影響力を持つ。先行研究としては、林兆恩や管志道（一五三六～一六〇六）の思想を中国歴代王朝による宗教政策との関連の中で論じた間野潜龍「明代における三教思想――特に林兆恩を中心として」（「東洋史研究」一二一、一九五二）や、林兆恩を李贄（一五二七～一六〇二）と比較し、その思想を李贄よりも保守的かつ体制融和的な色合いが濃いことを論じた佐藤錬太郎「『李氏説書』考――林兆恩『四書正義纂』との比較」（「日本中国学会報」四七、一九九五）がある。また、林兆恩の藤原惺窩への影響を論じたものとしては、中村安宏「藤原惺窩と林兆恩――『大学要略』をめぐって」（「文芸研究」一三八、一九九五）

# 前篇　慶長から寛永前半にかけての林羅山と古典注釈

# 第一章　清原宣賢「三略秘抄」と林羅山「三略諺解」の比較検討

## はじめに

清原家から林羅山への学問上の展開については、後述する「大学諺解」において既に林羅山自身が言及している。戦後、和島芳男がこの問題に関する具体的な検討の必要性を説き[1]、後に国語学の視点から訓点に着目した研究[2]が現れた。本章では、古典注釈書の比較検討及びその結果の考察を通じて、解説手法という面から従来の研究で不十分なこの問題について論じたい。

なお、清原家の抄物と林羅山の諺解を比較検討するにあたり、「三略」に関するものを主として用いる。なぜならば、一七世紀初頭において「三略」は極めて重要な古典として認識されていたからである。

本章では、まず林羅山の著作や年譜を用いて、林羅山が清原家の学問にいかなる認識を持っていたのかを確認する。次に林羅山の年譜や清原秀賢の日記などを用いて、「三略」が一七世紀初頭の日本において受けていた扱いを整理する。しかるのちに、清家文庫や内閣文庫が所蔵するテキストを用いて、清原良賢（生年不詳～一四三二）・清原宣賢・清原国賢（一五四四～一六一五）らの抄物と林羅山の諺解に、いかなる差異があるのかを検討する。

最後に、検討の結果に考察を加える。

以上を通じて、林羅山が先行者である清原家に学びつつも、古典注釈書の作成という十分な蓄積のある分野において、清原家の学問を乗り越えようとする取り組みの中で生まれた新たな展開について論じたい。

## 第一節　「論語諺解」における清原家批判

本節では、林羅山と清原家の関わりを整理し、林羅山が清原家の学問にいかなる認識を持っていたのかを確認する。

林羅山が建仁寺大統庵に居た当時、其処には梅仙東逋（一五二八～一六〇八）もいた。梅仙東逋の父である林宗二（一四九八～一五八一）は清原宣賢に学んだため、梅仙東逋も清原家の学問を宗としていた。林羅山が著した「随筆」には、この梅仙東逋から「尚書」の「孔安国伝」を学んだ旨が記されている。(3)

その後、建仁寺を出奔した林羅山は、慶長八年（一六〇三）に「古文尚書」と「礼記」に手跋を加えており、これらの跋から清原家のテキストを入手していたことが分かる。(4) また、同九年には東山の老僧から神道を学んだ。この老僧は卜部家と清原家の両家に学んだという。

この二年間に渡り、林羅山は頻繁に清原秀賢を訪問し、清原秀賢からも林羅山へ手紙を送っている。(5) 例えば、元旦には新年の挨拶をし、また手土産として菓子を持参することもあった。(6) 林羅山はこうした交際を繰り返すなかで清原家に学んだのである。(7)

林羅山は清原家に学んだ経験を踏まえた上で、清原家の学問にいかなる評価を下したのか。

日本ニテ清原外記頼業、始テ大學中庸ヲ抜出シテヨメリ。時代ヲ考ユレハ、朱子ノ時ニ當レリト、彼家ニ云ヒノ、シルハ、尤イフカシキ事也。朱子ノ註本、渡リテ後、五山文字ノ僧、ヤウ〳〵スコシキヨミテ、其後彼家ニモ、ヲノレカ眼力ノ及所ヲ抄出シ、近註ト號シテ、常忠宣賢カ徒、ヲロソカニ見侍リヌ。全文ヲハエヨマス。予弱冠時、京師家塾ニテ、四書集註章句ヲ講ス。笈ヲ負テ、耳ヲ傾ル者、多群集ス。人皆古註ヲヨミテ、程朱ノ名ヲサヘ不知之。今三十年後、闔國悉ク予カ家風ヲ称ストナン。（内閣文庫所蔵林羅山旧蔵本「大学諺解」）(8)

「大学諺解」は三冊から成る。「大学章句解」や「大学解」とも称せられ、内閣文庫に写本として伝わる。期待していた長男林左門（一六一三～一六二九）の死を承け、遺された三男林鵞峯と四男林讀耕齋（一六二四～一六六一）のために著された。(9) 寛永七年、林羅山四八歳の作である。

林羅山は、宋学伝来以前の本邦において、清原家で学庸を「礼記」から独立させて読んでいた、という逸話へ疑いの目を向ける。一方で、自身については青年時代に「四書集註章句ヲ講」じたことを強調する。また、実際に新注系のテキストが伝わった後も、清原家では「全文ヲハエヨマス」という状態であったと批判される。「全文ヲハエヨマス」とは何を意味するのであろうか。

いま一つ、林羅山が清原家の学問に触れた例を挙げる。

或人問テ云、今ノ世俗ニ古註新註トイヘルハ、何ト心得侍ルヘキソヤ。羅浮子荅テ云、何晏カ集解ヲハ古註ト云ヒ、朱子ノ集注ヲハ新注トモ近註トモ云ト見ヘタリ。然レトモ漢儒ノ註ニ比セハ、集解モ新註ナルヘシ。元明諸儒ノ註ニ比セハ、集註モ古註ナルヘシ。（中略）其上清原家ニモ、既ニ大學中庸ヲハ、章句ヲ以テヨミ、論孟ヲハ何氏趙氏カ註マサレリト云、是大ナルヒカコトナリ。彼家ノ諸抄ヲ見ルニ、古註ニテミツカラ合点セサルヲハ、朱子ノ説ヲ引テ我家ニ習ヒ来ルヤウニスルハ、カタマシキコトナリ。マシテ眼力ノ及ハヌトコロ、エヨマヌ所ヲハ、手ヲツクルコトナシ。何トテ朱子ノ學庸ノ註ハヨクシテ、論孟ノ註ハヨクセスメ、清家ニキラハルルヤ。又何トテサシモノ朱子ノ前ハ賢ニメ後ハ俄ニ愚ナルヤ。朱子ノ愚ナルニハアラス。エヨマヌ者ノ愚ナルナリ。（中略）大明ノ儒我レカシコカホニ、前人ヲ議スレトモ、サシテヨキ事トモ見ヘ侍ラス。既ニ秦漢以来百千歳ノ間、道學スタレタルトコロヲ、程朱出テ、四書六經ヲ明カニシ、聖人ノ心ヲ知ル時ハ、後人ノ道學ヲ説ク事ハ、皆程朱ノ恩ナリ。我輩若聖人ノ書ヲヨマンナラハ、程朱ヲサシヲキテ別ニ誰ヲカ信センヤ。（島原図書館肥前島原松平文庫所蔵「論語諺解」）

「論語諺解」は里仁までを林羅山が著すも、完成をみることはなかった。この業を後に林鵞峯が継ぎ、公冶長以降を「論語諺解補」として延宝元年（一六七三）に完成させる。

林羅山は、古注と新注の関係を歴史的に捉えた上で、学庸は新注で読み、論孟は古注で読むことを誤りと断じ、取捨選択の仕方も恣意的であると批判する。古注で読むのならば全て古注で読み、新注で読むのならば全て新注で読むべきであるという立場から、林羅山は清原家の四書の読み方を批判しているのである。先程引いた「大学諺解」の「全文ヲハエヨマス」は、清原家の四書の読み方の恣意性への批判であった。

「大学諺解」及び「論語諺解」における林羅山の清原家批判は、古典を読む上で異なる時代に生まれた別の人物の手に成る注を混じえて用いることに向けられている。清原家の古典の読み方は、不整合かつ恣意的な解釈を招くと考えていたのである。

右の認識の下、林羅山は「我輩若聖人ノ書ヲヨマンナラハ、程朱ヲサシヲキテ別ニ誰ヲカ信センヤ」と述べる。経書を読むならば、新注に拠る以外の方法は無いと断言している。

林羅山の清原家批判をより実情に即して理解するためには、清原家と林羅山の注釈書を検討する必要があろう。

## 第二節　「三略」を対象とする理由

清原家の抄物と林羅山の諺解を比較するにあたり、本章では「三略」に関するものを取り扱いたい。なぜならば、この「三略」こそが本邦において極めて重視された中国古典の一つだからである。この節では、一七世紀初頭の本邦における「三略」の受容を、出版事業や講書活動に焦点を絞って整理したい。併せて、「三略」を含めた七書及びその注釈書に関する紹介をごく簡単に行う。

徳川家康は慶長四年から大規模な出版事業を開始する。いわゆる伏見版である。一連の事業のなかで、「東鑑」（「吾妻鏡」）や「貞観政要」、「周易」といった和漢の古典と共に、「三略」も印刷される。「三略」の出版された回数は三回であり、これは「六韜」の四回に次ぐ(10)。

清原秀賢は慶長五年（一六〇〇）に細川忠興（一五六三〜一六四六）に「三略」を講じ、同九年には豊臣秀頼へ「三略」を献上する。また、同一二年には五月三日から同月一七日まで七回にわたり「三略」を講じているが、この際には九条忠栄（一五八六〜一六六五）が如き人物も講義に出席している。この一連の講義で清原秀賢は「七書講義」と「七書直解」を併用したという。

林羅山の「既見書目」のなかには、「三略」の名が「六韜」「呉子」「孫子」「司馬法」「尉繚子」「李靖問答」と共に見える。「七書講義」と「七書直解」についても、少なくとも二回ずつ読んでいる。[11]その後、同一二年に初めて徳川秀忠に拝謁した際、「六韜」や「漢書」と共に「三略」を講じた。この講義は一五日間にわたって行われた。翌一三年には徳川家康へ「論語」と共に「三略」を講じた。寛永三年には徳川家光へ「孫子諺解」と共に「三略諺解」を献上した。林羅山の古典注釈書のなかでも「諺解」の名を冠する最初の例である。

一七世紀初頭において、「三略」は繰り返し出版され講じられた。これは「三略」が当時にあって重視された[12]ことを示している。

清原秀賢は「三略」を講じる際に「七書講義」と「七書直解」を用いた。林羅山も両書を複数回にわたり読んでいる。伏見版の「三略」も足利学校所蔵の九華（一五〇〇～一五七八）自筆本「七書講義」を底本にしている。

七書や「七書講義」、「七書直解」とは一体何であろうか。中国では、元豊年間（一〇七八～一〇八五）に「六韜」「孫子」「呉子」「司馬法」「三略」「尉繚子」「唐太宗李衛公問対」の七部がまとめて七書と名づけられた。その後、金の施子美（生没年不詳）により「七書講義」[13]が、明代には洪武四年（一三七一）の進士劉寅（生没年不詳）により「七書直解」[14]が著された。「七書講義」と「七書直解」は共に七書の解説を行う際に、経書や史書の記述を引用する。[15]読み手の理解を助けるためである。

## 第三節　清原家の抄物

清原家の「三略」に関する抄物の検討を行う。清原家の「三略」関係の抄物を図示したため参照されたい。[16]

「三略」関係の抄物については、柳田征司が既に「良賢抄」と「宣賢抄」の比較検討を行っている。[17]柳田征司は「良賢抄」が「七書講義」のみに依拠しているが、「宣賢抄」は「七書直解」をも用いていることを指摘した。また、柳田征司は「良賢抄」の成立を「七書直解」成立以前に推定している。つまり、一つの注釈書に拠っていた「良賢抄」に比して、「宣賢抄」成立時には「七書直解」流入という新たな状況を迎えている。これは清原宣賢の注釈態度にいかなる影響を与えているのであろうか。

試みに、「三略」の「軍讖曰、柔能制剛、弱能制強」で始まる箇所を検討したい。

軍‐讖《シン》に曰、柔能制すレ剛を。弱能制すレ強を。柔は者徳也。剛は者賊也。弱は者人の之所《ナリ》レ助《ル》也。強は者怨の之所《ナリ》レ攻也。柔有レ所レ設《ル》て剛有レ所レ施す。弱有レ所レ用《ル》て強有レ所レ加。兼二此の四の者を一て而制《セヨ》二其の冝を一（「良賢抄」）

軍‐讖《シン》に曰、柔能制すレ剛を。弱能制すレ強を。柔は者徳也《ナリ》。剛は者賊也《ナリ》。弱は者人之《ノ》所《ナリ》レ助《クル》也。強は者人之所《ナリ》レ攻也。柔有レ所レ設《ル》。剛有レ所レ施す。弱有レ所レ用。強有レ所レ加《クハフル》。兼二此の四の者を一て、而制《セヨ》二其の宜を一（「宣賢抄」）

縦線で音合符を、カタカナで添え仮名を、ひらがなで乎古止点を示す。

「良賢抄」が「強者怨之所攻也」と「七書講義」に拠って本文を作る箇所を、「宣賢抄」は「強者人之所攻也」と「七書直解」に拠った本文に作る。(18)(19)

「七書直解」の流入という新たな状況を受け、清原宣賢は本文を改めたのである。この新たな状況により、二つの抄物の間にいかなる差異が生まれたのであろうか。

弱者――弱ハ、人ニ下テ、慇懃ニ、アツカフホトニ、人カ助ル也。強者――強ハ、敵當モノ多シ。故ニ、怨ヲナス者カ、攻也。（「良賢抄」）

弱者人之所助也トハ弱ニメ徳アル者ヲハ、衆人カ助クル也。直云、古人有二済レ弱扶レ傾者一ト云。モシ弱ニメ、徳ナクハ、人ハ助ケマシキ也。強者人之所攻トハ、強ニメ、不仁ナル者ヲハ、衆人カ攻ル也。直云、古人有二禁レ暴救レ乱者一ト云。モシ強ニメ、仁アラハ、人ハ攻マシキ也。（「宣賢抄」）

「良賢抄」は「七書講義」を踏襲し、[20]「宣賢抄」は「七書直解」を踏襲した解説となっているが、[21]「宣賢抄」は完全に「七書直解」のみに依拠しているわけではない。「七書直解」に沿った解説の後に、「宣賢抄」では「七書講義」に則った解説が行われる。

講義ノ心ハ、（中略）弱者人之所助也トハ、ウテノ弱キ者ハ、人ニ下テ、インキンニアツカフホトニ、人ニ助ケラル、也。強者人之所攻トハ、ウテノツヨキ者ハ、敵當モノ多シ。故ニ怨ヲナス者ノタメニ、攻メラル、也。講義ノ心ハ、人ノ字、怨ノ字ト見タリ。（「宣賢抄」）

「七書直解」に依拠した解説を行った後、清原宣賢は「七書講義」を踏襲した解説を附した。新たな注釈書の流入により、既存の注釈書と比較する視点が生まれたのである。

清原宣賢の「三略」講義は、二つの注釈書の比較検討を通じて自己の見解を述べるという方針をとる。

軍・讖曰、柔《ハ》能《ク》制《ス》レ剛《ヲ》弱《ハ》能《ク》制《ス》レ強。柔者《ハ》徳也剛者《ハ》賊也《ナリ》。弱者《ハ》人之所《ナリ》レ助《クル》也。強者《ハ》怨《ウラミノ》《アタノ》之所レ攻《ル》也。柔《モ》有レ所レ設《クル》。剛有レ所レ施。弱有レ所レ用。強有レ所レ加《シノク》。兼《テ》二此《ノ》四者《ヲ》一而制《ス》二其宜《シキヲ》一

弱者――柔徳カアラハ、人カ助ケウソ。是モ中庸ノ徳カナクハ、人ハ助ケマイトシタソ。強者――暴逆ナ者ヲ人カセムルソ。是モコハウテ仁ノ心カアラハ人ハ責マイソ。マツカウ直解ニシタソ。講義ノ心ハチカ

ウタリ。柔ハヨハイホトニ人ニアラソイサハカヌ程ニ人カセメヌソ。強者ハ、結句ヲカシ、ソコナイヨイソ。弱ハ人々仰セカウフルホトニ、人カタスクルソ。強者――、ウテノツヨイ者ハ、人ニ敵タウ程ニ、敵カヲホイソ。去程ニ、怨ヲナス者トモカ、セムルソ。講義ニハ、強者怨―ト、人ト云字ヲ、怨ルト云字ニカイタソ。怨アル者カセムルソ。直解ヤ唐本ニハ人ト云字ニカイタソ。（「口義」）

「口義」も「七書直解」に依拠した解説を行った後に、「七書講義」を踏襲した解説を行う。

最終的に、清原宣賢はいずれの注釈書を採用したのであろうか。「口義」の掲げる「三略」本文が、「怨」字に作られていることが示す通り、「七書講義」を踏襲しているのである。

このように、二つの注釈書を比較しつつ解説するという方法が採られている。また、「良賢抄」と「宣賢抄」、「口義」の全てに共通する特徴として、「三略」本文を逐条的に解説するという手法を用いていることが挙げられる。

結果として「口義」の解説は、一つの条のなかに「七書講義」に拠る句と「七書直解」に拠る句が混在し、モザイク画の様相を呈することとなる。モザイク画の全体像は「七書講義」でもなく「七書直解」でもない、両者を併用した清原宣賢の読みである。

「国賢抄」は清原宣賢の方針を引き継ぎ、「七書講義」と「七書直解」の注釈書部分までをも、逐条的解説の対象とする。

直曰、（中略）今軍――コレハ孫臏カ策ソ。魏ノ国へ入テ、人数減スルノ形ヲ敵ニミセントテ、前ニハ十万ノ竈ヲ作テアルカ、其翌日ニハ五万ノ竈ヲ作ソ。又其後ニハ、三万ノ竈造ソ。是ハ、弱モ有レ所レ用也。ソレヲ魏軍ニ誠ト心得テ、将軍龐涓自《ミ》行テ、蹴チラサントスルソ。孫臏カ策ニ、其行サキノ道ニ、万弩ヲ伏セテ、一度ニツルヘ矢ニ射テ、大将ヲ射殺スソ。強モ有所レ加レ也ト云タハ爰ソ。剛柔強弱ハ、其宜ニ因テ、施スヘキヿソ（「国賢抄」）

「三略」の「兼此四者、而制其宜」に対応する「七書直解」の注釈(22)について、出典(23)が解説されている。「七書直解」は個別の戦場において、敵を欺く際に剛柔強弱を適宜用いることを説く。

「国賢抄」の解説は極めて詳細と言えよう。「良賢抄」が半丁を用いて説明した「軍讖曰、柔能制剛、弱能制強」で始まる箇所が、「宣賢抄」では一丁、「国賢抄」では七丁が費やされることとなる。清原家の抄物が増加の一途を辿っていることが、よく分かる例である。

清原家の「三略」に関する抄物は、「七書講義」のみに依拠していた段階と「七書直解」との比較検討の余地が生まれた段階を経て、比較検討の詳細化が進んだ。

## 第四節　林羅山の諺解

本節では、内閣文庫所蔵林羅山旧蔵本「三略諺解(24)」と「大学諺解」を検討し、参考として「孫子諺解」の作成方針をも窺う。

内閣文庫所蔵林羅山旧蔵本「三略諺解」は全一冊の写本であり、上畧・中畧・下畧の三つから成る。林鵞峯による「編著書目」は「三略諺解　一巻」として収録する。書誌事項は以下の通り。

原装黒色表紙、四つ目綴、左肩無辺題簽「三畧諺解」、全七二丁。毎半葉一〇行。首「史記世家二十五」、次「三畧諺解」、次〔跋〕（寛永三年六月、林羅山）。印記「林氏蔵書」（陽刻朱字正方印、第二丁表右肩）、「日本政府圖書」（陽刻朱字正方印、第二丁表上方中央）、「江雲渭樹」（陰陽刻双辺朱字長方印、第二丁表右下）、「浅草文庫」（陽刻双辺朱字長方印、第三丁表右下）、「昌平坂学問所」（陽刻墨字長方印、末尾左肩）、「道春」（陽刻墨字円印）。

既に述べた通り、「孫子諺解」と共に徳川家光へ献上するため、[25]寛永三年に著された。清原家の「三略」に関する抄物は、清原宣賢以降「七書講義」と「七書直解」を比較検討しつつ、自家の立場を示すという方法を採った。林羅山もまたこの方法を採るのであろうか。前節同様に、「三略」の「軍識曰、柔能制剛、弱能制強」で始まる箇所を、解説手法に着目して検討したい。

軍‐識《ニ》曰、柔能制《クス》レ剛《ヲ》、弱能制《クス》レ強《ヲ》。柔者《ハ》徳也《ナリ》。剛者《ハ》賊也《ナリ》。弱者《ハ》人之《ノ》所レ助《クル》、強者《ハ》怨《ノ》（講作怨、直作人）。之所《ナリ》レ攻《ムル》。柔有《リ》レ所レ設《クル》、剛有レ所レ施《ス》、弱有《リ》レ所レ用《ル》、強有《リ》レ所レ加《フル》。兼《テ》二此《ノ》四《ツノ》者《ヲ》一、而制《ス》二其《ノ》宜《ヲ》一

故ニ柔ハ物ニサハラス、心ノユタカニヤワラカナル徳ナリ。剛ハアタルトコロカタワレハ、モノヲヤフリスコス。弱ハ人ノ下手ニナルヤウニスルトキハ、人ヨリ我ヲタスケスクフコトアリ。強ハ我カツヨキヲホトコシ、人ヲヤフリソコナフユヘニ、多クノウラミヲウクル也。柔ナレハ、物トアラソハ子トモ、人々皆其徳ニ皈服ス。剛ハカタク争ヒカツユヘニ、人ヲソコナフ。弱ナレハ人ノ上ニナラヌ故ニ、人ヨリカヘリテ、我ヲスクフ。強ナレハツヨキアイテ多クアルユヘニ、諸人ノアタトナリテ、ウラミラル。（内閣文庫所蔵「三略諺解」）

「三略諺解」は、細字双行で「七書講義」と「七書直解」の文字の異同について触れつつも、本文は「怨」字

に作る。これは「七書講義」を踏襲する立場を示している。また、解説も「七書講義」に準じた内容であり、「七書直解」を用いる様子は見受けられない。

そもそも、両者を比較検討するという方法を採っていないのである。「三略諺解」が「七書講義」を踏襲していることは、訓点という面からも確認できる。

軍‐讖曰《ニ》、柔能《ク》制《ス》レ剛《ヲ》、弱能《ク》制《ス》レ強《ヲ》。柔者《ハ》徳也《ナリ》。剛者《ハ》賊也《ナリ》。弱者《ハ》人之《ノ》所レ助《クル》、強者《ハ》怨之《ノ》所《ナリ》レ攻《ムル》。柔有《リ》レ所レ設《クル》、剛有レ所レ施《ス》、弱有《リ》レ所レ用《ル》、強有《リ》レ所レ加《フル》。兼《テ》二此《ノ》四《ツノ》者《ヲ》一、而制《ス》二其《ノ》宜《ヲ》一（内閣文庫所蔵「七書講義」）

○軍‐讖曰《ニク》、柔能《ク》制《シ》レ剛《ヲ》、弱能《ク》制《ス》レ強《ヲ》。柔‐者《ハ》徳也《ナリ》。剛者《ハ》賊‐也《ナリ》。弱‐者《ハ》人之《ノ》所《ロ》レ助《クル》、強‐者《ハ》人之《ノ》所《ナリ》レ攻《ムル》。柔《モ》有《リ》レ所レ設《クル》。剛《モ》有《リ》レ所レ施《ス》。弱《モ》有《リ》レ所レ用《ル》。強《モ》有レ所レ加《フル》。兼《テ》二此《ノ》四《ノ》‐者《ヲ》一、而制《ス》二其《ノ》宜《キヲ》一（内閣文庫所蔵「七書直解」）

右は元和年間（一六一五～一六二三）の、つまりほぼ同時期に訓点が施された林羅山手校手跋本からの引用である。既に示した「三略諺解」の訓点と比較すれば、「七書講義」のそれと寸分違わず一致する。「‐」で訓合符を示す。

また、史書からの引用についても、林羅山は「七書講義」を襲う。のみならず、「七書直解」に対する「七書講義」の優越性を強調する。

此剛柔強弱ノ四ツヲワクルコト、如此ナレトモ、四ツナカラ、一ツモスツヘカラス。カ子合セテヨク用フヘシ。只柔ハカリナレハ、ニフクナリテ、シヤウ子ナキモノ、如シ。弱ハカリナレハ、ツタナクナリテイサミナシ。故ニコノ四ツ、時ニヨリ処ニヨリ、物ニヨリアイテニヨリテ用フルヲ、其宜ヲ制スト云也。時ニカナフテヨクスルヲ、宜ト云也。ムカシ周ノ文王ノ、殷ノ紂ニツカヘテシタカフハ、柔也。サテ大ナル徳ヲアキラカニシテ、サカリナル功ヲヒロメテ、天下太半シタカフハ、文王ノ剛ナリ。武王ノ紂ヲウツトキニ、諸人コト〳〵クウツヘシトス、ムルヲ、武王時イマタ至ラスト云テ、タケク勇メルヲモテ、タ、一戦ニウチカチテ、紂ヲ亡シ天下ヲトルハ、武王ノ強也。是皆コノ四ツヲ用ヒテ、ヨキ時ニ用ルシルシナリ。此四ツノモノ、一心ノ中ニアリ、外ニモトムヘカラス。（中略）サレトモ権謀ノ上ニテイハ、、人ヲアケテ後ニオトシ、コマタヲトリテカツト云カ如クニ、一偏ニ心得ルトキハ、義理アサクナル也。只コノ四ツノコト、スクルモアシク、タラヌモアシキユヘニ、ヨキホトニスルヲヨシトス。其ヨキホト、云ハ、理ニカナフヲ云ナリ。（「三略諺解」）

「三略」の「兼此四者、而制其宜」に対応する「七書講義」の注釈(26)を承けた解説である。「七書直解」は孫臏の逸話を引用して注釈するが、「七書講義」は「詩経」や「書経」、「春秋左氏伝」及びそれらの注疏(27)に見える姫昌と姫発の逸話を用いる。

「七書直解」は個別の戦場における詐術を念頭に置いた引用であるが、「七書講義」では戦争を行うか行わないかを判断するという、為政者としてのより広い視点を重視した引用となっている。

林羅山は「七書講義」を踏襲した上で、「七書直解」が重んじる詐術を、他人を陥れることに汲々としていると戒める。

林羅山は「七書講義」に依拠して「三略諺解」を著した。では、一月前に成立した「孫子諺解」も同様であろうか。参考までにその制作方針を窺いたい。

林羅山は「孫子諺解跋」において「七書講義」を襲うと明言している。(28)そして、この理由について次のように説明する。

劉氏カ直解ニハ、孫子ノ注十一家ノ説ヲ、ノセタリ。施子美ハ、講義ヲツクレリ。今ノ抄ハ、講義ノコ、ロヲ用ヒテ、少シ了簡ヲ加ル也（「孫子諺解」）

林羅山が実見した「七書直解」には、劉寅による注釈ではなく、曹操（一五五～二二〇）を始めとした諸氏による注釈を集めた「十一家注孫子」が収録されていたという。(29)したがって、「孫子諺解」は「七書講義」に依拠する。ただし、自己の見解を交えることもある。以上が「孫子諺解」を著す上での方針であった。

既に、徳川家光という為政者に献上するために著された種類の諺解を材料として、解説方法を検討した。だが、諺解には自身の子孫のために著されたものもある。(30)想定される読み手の違いが、林羅山の古典の読み方に差異を生じさせるのであろうか。あるいは、読み手の違いに関わらず、共通した性質が観察し得るのであろうか。

この問題を解決するために、寛永七年に成立した「大学諺解」(31)を取り上げたい。

林羅山は「大学諺解」での解説方針を跋に掲げている。朱熹（一一三〇～一二〇〇）の「大学章句」と「大学或問」に則ることを明言し、朱熹以降の諸書を豊富に用いるが、これらはあくまでその方針を助けるものであるという。(32)

朱熹の「大学章句」伝十章の冒頭部分と対応する箇所に着目したい。

所‐謂《ル》平《ニスルヿハ》二天‐下《ヲ》一在《トハ》レ治《ルニ》二其《ノ》国《ヲ》一者、上老《トメ》レ老《ヲ》而民興《ス》レ孝《ヲ》、上長《トメ》レ長《ヲ》而民興《ス》レ弟《ヲ》、上恤《メクンテ》レ孤《ヲ》而民不レ倍《ソムカ》、是《ヲ》‐

以《テ》君‐子有《ハリ》二絜‐矩《ノ》之道一也

上トシテ老老長長恤孤トキハ、下必孝ヲ興シ、弟ヲ興シ、不背ナリ。此三ノ者ヲ、上行ヘハ、下シタカフヿ、形ニ影アリ。声ニ響アルカ如シ。家齊テ國治ル、是也（「大学諺解」）

「大学章句」における朱熹の注(33)を、他の諺解同様に文章の体で咀嚼した解説となっている。

本節で扱った諺解は、みな清原家の抄物とは異なる性質を示した。複数の注釈書に同等の扱いを与え、比較検討を通じて逐条的に自己の解釈を示すという方針を採らなかった。

むしろ、七書については「七書講義」に拠り、四書については新注に拠るという立場を鮮明にし、まとまりある文章の体で解説を施すという方針を採った。

## 小　結

検討の結果を踏まえて考察を加える。

清原家の「三略」に関する抄物は清原宣賢以降、成立年代の異なる複数の注釈書を同列に扱い、比較検討を試みるようになる。その結果、一つの条のなかでも一句ごとに異なる注釈書の解釈を用いることとなり、モザイク画のごとき様相を呈した。さらに、清原宣賢以前からある、逐条的に解説する方針と結びつき、詳細化・複雑化して行く。

これに対して林羅山は、「論語諺解」で清原家の抄物を批判する際に、中国における漢代の学問と宋代の学問を対置するだけでなく、そこへ明代の学問をも加えた。古典に加えられた注を歴史的に捉えようとしたのである。また、林羅山は四書のなかでも学庸は新注で読み、論孟は古注で読むという清原家の伝統を批判した。さらに、一書のなかでもある部分は古注で、別のある部分は新注で読むことで生じる不整合性・恣意性を批判した。

清原家の抄物の持つ特徴を踏まえた上で、林羅山の諺解は特定の注釈書を主として用い、比較検討を行わずに一つの条を最初から最後まで読み通す文章の体をとった。それは、想定される読み手の対象にかかわらず共通する特徴であった。

清原家の抄物は、複数の注釈書を混じえ用いるという方針のもとで詳細化が進んだ。やがて注釈書の内容までをも逐条的に解説するに至り、その分析的な学問の成熟を示した。

だが、どれだけ解説が詳細化しても、金人である施子美の「七書講義」と明人である劉寅の「七書直解」を全く対等に比較する態度への疑問は見受けられない。むしろ、学庸は新注で、論孟は古注で読む自家の学問が讃えられる。(34) 詳細を極める清原家の抄物が持つ限界はここに存する。

清原家に学んだ林羅山は、清原家の学問への批判を行いつつ自身の立場を示した。林羅山の立場とは、古典をある注釈書に依拠して、その注釈書が持つ固有の文脈に沿って読むということであった。

四書は新注に拠り、七書は「七書講義」を踏襲した解釈を用いる。このような方法をとることで、林羅山は清原家の抄物が抱えていた問題を乗り越え、古典の一貫した総合的な理解を得ようとしたのである。

たとえ、特定の注釈書に拠るとしても、その注釈書を用いることが適切かどうかという問題が残るであろう。林羅山は、新注が古注より劣るなどということはありえないと断じ、経書を読む上で新注を用いるという自身の立場を強調する。また、「七書直解」の解釈を義理が浅くなると批判し、為政者の立場から「三略」の「軍識曰、柔能制剛、弱能制強」に始まる箇所を注釈した「七書講義」を襲った。諸注釈書を吟味した上で、敢えて一書に拠るという立場を示したのである。林羅山の諺解には、古典を読むための新たな態度が示されていた。林羅山は複雑かつ詳細になる学問の流れを一旦断ち切り、目の前にある書物を一貫した解釈のもとで、総合的に読もうとしたのである。

注

(1) 和島芳男『中世の儒学』(吉川弘文館、一九六五)
(2) 村上雅孝「林羅山と手沢本正平版論語をめぐって」(『思想と文化』、一九八六)
(3) 『羅山文集』巻第六五・随筆一「余頃者、與涸轍齋租博等、聞尚書孔氏傳乎東山僧梅仙。梅仙父宗二、聞之清原儒者給事中宣賢。是以、宗清家云」
(4) 内閣文庫所蔵林羅山旧蔵本『古文尚書』及び『羅山文集』巻第五四・礼記古本跋を参照されたい。
(5) 『慶長日件録』(続群書類従完成会、一九八一)
(6) 『慶長日件録』の慶長九年正月元日の記事、および同年四月二七日の記事を参照されたい。
(7) 慶長八年から一・二年の間に、林羅山の『論語集註』講義を清原秀賢が告訴したという逸話がある。この逸話について、事実であるかを疑問視する立場としては足利衍述『鎌倉室町時代之儒教』(有明書房、一九三二)が、やはりこれに類する事実があったのではないかとする立場としては堀勇雄『林羅山』(吉川弘文館、一九六四)がある。本書では、この問題について立ち入って論じることをしない。
(8) 以降、『大學諺解』と略記する。なお、『大學諺解』については第三章で詳しく触れるため、行論上で必要最低限の事項を説明するに留める。
(9) 『大学諺解』「若使叔勝在、則無由作大學解。叔勝既會得了也。今作之者、它日為授幼子也」

(10)　川瀬一馬は「増補古活字版の研究」(日本古書籍商協会、一九六七)において、慶長九年に「六韜」が出版された折、併せて「三略」も印刷されたものと推測する。だが、川瀬一馬自身が同書において指摘する通り、慶長九年に印刷された「三略」は現存しない。このため、本書では「三略」が印刷されたのは慶長四年と慶長五年、慶長一一年の三回とする。

(11)　内閣文庫所蔵林羅山旧蔵本「七書講義」(以降、羅山「講義」と略記する)跋「余嘗在駿府写一通。今戸田為春氏新鏤梓、以頒行於世。其志可尚矣。余亦獲合部、以向所蓄之謄本、往々校之、随見随塗朱、為句読焉」、内閣文庫所蔵林羅山旧蔵本「七書直解」(以降、羅山「直解」と略記する)跋「武学七書直解全套、随繕写而随粗閲之。乃以硃而句之、以墨而點之。殆一月余而后皆成矣。余十七八歳時見直解、其后読施氏講義、誦李卓吾孫子参同、今又及于此」

(12)　一七世紀初頭の本邦における「三略」の受容が、純粋に軍事的な要請のみに因るとは考え難い。部下を率いて出陣する立場でない摂関家の人間が清原秀賢の講義を聴講したという事実や、「三略諺解」の跋の「庶周漢之功業、復覩於今日、豈不大幸乎」という記述は、別の興味関心の存在を示唆する。しかし、本章では「三略」がいかなる点で重視されたのかについては立ち入らない。

(13)　本邦には「七書講義」については清家文庫所蔵の清原宣賢自筆本「三略講義」(以降、宣賢「講義」と略記する)や足利学校所蔵の九華自筆本「七書講義」、羅山「講義」が比較的古く、まとまった形で現存する。羅山「講義」と同系統のテキストが、国立国会図書館と大垣市立図書館に現存する。前者には「詩仙堂印」が、後者には菅得庵(一五八一～一六二一)の識語が確認できる。

(14)　「七書直解」については、浅野文庫所蔵の朝鮮版「七書直解」(以降、朝鮮版「直解」と略記する)や羅山「直解」が現存するテキストの中で最も古い。

(15)　羅山「講義」「觀其議論、出自胸臆。又引史傳、爲之參證」、内閣文庫所蔵寛永二〇年版「七書直解」「删繁撮要。斷以經傳所載先儒之奥旨、質以平日所聞父師之格言」

(16)　尊経閣文庫所蔵「三略秘抄」(以降、「良賢抄」と略記する)は一四世紀の抄物の様子を、清家文庫所蔵「三略秘抄」（以降、「宣賢抄」と略記する）と「三略口義」（以降、「口義」と略記する）は一六世紀前半の「三略」講義の様子を、清家文庫所蔵「三略抄」（以降、「国賢抄」と略記する）は一六世紀後半の抄物の様子を、今に伝える。その他、内閣文庫に古活字本の「三略秘鈔」が現存するが、本章では取り扱わない。

(17) 柳田征司「清原宣賢自筆『三略秘抄』の本文の性格に就て」（「国語学」七五、一九六八）

(18) 宣賢「講義」「弱者人之所助也。強者怨之所攻」

(19) 朝鮮版「直解」「弱者人之所助。強者人之所攻」

(20) 宣賢「講義」「弱則能下人、故爲人所助。強則敵者衆、故爲怨所攻」

(21) 朝鮮版「直解」「弱而有德者、衆人之所助援。故古人有濟弱扶傾者、所以弱者人多助也。若弱而無德、誰肯助之。強而不仁者、衆人之所攻撃。古人有禁暴救亂者、所以強者人多攻也。若強而仁、孰肯攻之」

(22) 朝鮮版「直解」「兼此剛柔強弱四者、制其宜而行之。上文言、剛者賊也。強者人之所攻、戒人之過於剛與強也。此言剛有所施、強有所加、勉人剛強而適其宜也。始如處女、柔有所設也。後如脱兎、剛有所施也。令軍滅竈、弱有所用也。万弩斉發、強有所加也。但要制其宜而行之耳」

(23) 「史記」孫子呉起列伝

(24) 以降、「三略諺解」と略記する。

(25) 「三略諺解」「今謹奉台命、作三略和字諺訓、以欽進呈。臣不敏、雖不及此書賢智之慮、庶周漢之功業、復覩於今日、豈不大幸乎」

(26) 羅山「講義」「雖然剛柔強弱、四者不可偏廢。柔不徒柔也。獨柔則失之懦、故柔有所設、而剛復有所施。弱不徒弱也。獨弱則失之怯、故弱有所用、而強復有所加。此無他、其始若無能爲者、其終必大有爲。其始若無所用者、其終必見於所用。四者之用、各有所宜。兼是而隨宜以制事、可以有成矣。方文王之遵養時晦、若甚柔也。而大勳所擧、有所不憚、其剛必有所施也。武王之師渡孟津、若甚弱也。而熊羆之士、奮于商郊、其強又有所加也。文武之君、惟兼是而制之。此所以能造周而革商也」

(27) 「詩経」周頌・酌および該当箇所の孔頴達による疏、「春秋左氏伝」宣公一二年および該当箇所の杜預による注や孔穎達による疏、「書経」周書・泰誓上および該当箇所の孔安国伝及び孔穎達による疏を参照されたい。

(28) 内閣文庫所蔵林羅山旧蔵本「孫子諺解」（以降、「孫子諺解」と略記する）「孫武子兵法十三篇、謹奉鈞命、而因施氏之講義、作和字之諺訓」

(29) こうした事情のためか、内閣文庫に写本として伝わる羅山「直解」は、「孫子」を欠く。「十一家注孫子」を収録する「七書直解」としては、朝鮮本「直解」が該当する。羅山「直解」と朝鮮本「直解」の関係については、次章で言及する。

(30) 荻生徂徠（一六六六〜一七二八）は「学寮了簡書」において、講義を聞かせる対象に応じて、講義の内容も変わることを指摘した。注釈書を検討する上でも参考にすべき見解である。

(31) 「大学諺解」に関する先行研究は以下の通りである。村上雅孝「林羅山『大学諺解』をめぐる諸問題―近世の漢文訓読史の立場から―」（「歴史と文化」、一九八一）、前掲大島「林羅山の『大学諺解』について――その述作の方法と姿勢」

(32) 「大学諺解」「此喭解、本章句幷或問、尊程朱也。考以鄭註・孔疏・陸音、尋舊也。輔翼以大全・通考・通義大成・蒙引、釋章句也。參之以知新日錄・林子四書標摘・管志道釋文・楊李四書眼評、備異説也。其間加己意、而述其義、非敢擬議之」

(33) 清家文庫所蔵「大学章句」「長上聲。弟去聲。倍與背同。絜胡結反。老老、所謂老吾老也。興謂有所感發而興起也。孤者幼而無父之稱。絜度也。矩所以爲方也。言此三者上行下效、捷於影響。所謂家齊而國治也」

(34) 大東急記念文庫所蔵清原宣賢自筆本「大学聴塵」（「清原宣賢漢籍抄翻印叢書」一、汲古書院、二〇一一）「後實壽院、法名常忠、予祖父也。御講説之時、御落涙アリ。常忠十二代祖、頼業、礼記ノ中カラ此篇ヲ抽出メ、是ハ、後ニ重寶ニ成ラント云リ。後ニ、此書、別ニ一巻トメ、唐ヨリ、日本ニ渡ル。意氣相感、如合符節、奇妙々々」

# 第二章　「七書直解」のテキストに対する姿勢の比較

## はじめに

林羅山が古書の整理に尽力したことは、諸家均しく認めるところであり、安井小太郎が夙にその重要性を指摘していた(1)。しかしながら、従来この種の林羅山の業績は所与の前提として言及されることはあれども、具体的に検証されることはなかった。

そんななか、大島晃は「性理字義」の対校を通じて、林羅山が朝鮮本「性理字義」に依拠しつつも、そのテキストに手を加えていたことを明らかにした(2)。つまり、「性理字義」という朱子学関係の古典について、林羅山は自身の見解の下にテキストを補訂していたのである。

古典の校定を行う上では、テキストの積極的な改定を是とする立場とテキストの改変に消極的な立場があり得るが、大島晃の指摘から即座に林羅山を前者と結論付けるのは早計であろう。林羅山の古書校定に関する立場を解明するためには、サンプルを増やすのみならず、何よりもその特質を歴史的に位置づける必要がある。そのために、「性理字義」のような朱子学に関する文献以外をも検討の俎上に載せ、且つ清原宣賢との比較を試みたい。

前章では、清原家の抄物と林羅山の諺解の比較検討を通じて、両者の古典解釈学の差異を論じた。本章では、これを補う意味で両者の古書校定における態度を比較したい。材料として、前章同様に「三略」に着目する。「七書直解」所収「三略直解」については、清原家系統のテキストは伝存しない。そのため、「宣賢抄」に引用される「三略直解」と現存する複数の明版を対校する必要がある。林羅山については、元和六年（一六二〇）に書写した羅山「直解」所収「三略直解」が国立公文書館内閣文庫に伝わるため、これを用いる。また、林羅山の写本と関与が疑われる朝鮮版をも俎上に載せた。(3)

七種の「三略直解」対校表は、本書の末尾に付録として掲げた。また、対校表には通し番号を付してあり、テキストの異同を検討する際には、この通し番号を提示する。

本章では、大島晃の業績を前提として、「性理字義」とは方向性の異なる兵書のテキストを対校する。これにより、清原宣賢との差異を明らかにするのみならず、林羅山の古書校定への姿勢を異なる側面から論じたい。

## 第一節　成化二二年版と嘉靖一六年版のテキストに問題がある例

本節では、現存する「七書直解」の中でも、清原宣賢が入手した可能性のある成化二二年（一四八六）版と嘉靖一六年（一五三七）版の「七書直解」所収「三略直解」に着目する。両者のテキストを清原宣賢自筆本「三略秘抄」における「三略」本文と「三略秘抄」所引「三略直解」と比較することで、清原宣賢がテキストの混乱と如何に向き合ったのかをうかがう。なお、二段下げて引用する「三略直解」には、「三略秘抄」所引のテキストを用いる。

まず、嘉靖一六年版のテキストに問題がある例を見たい。

按、此節以下、至中巻末、疑是黄石公推演之言。学者詳之。（92）

右は、「三略直解」中略からの引用である。「三略」は「上略」・「中略」・「下略」から成り、「中略」の後半部分は、この構成が含む意味について解説する。「三略直解」の著者劉寅は、この解説を黄石公によるものと推定する。

嘉靖一六年版は「至中巻末」の「末」字を「未」字に作り、成化二二年版と「三略秘抄」所引「三略直解」は「末」字に作る。これは単純な誤りであるため、他のテキストと校合せずとも訂正可能な例ではある。

つぎに、成化二二年版のテキストに問題がある例を見たい。

軍讖曰、群吏朋黨、各進所親、招舉姦枉、抑挫仁賢、背公立私、同位相訕。是謂乱源。（76）

右は、「三略直解」中略本文からの引用である。成化二二年版は「背公立私」の「背」字を「皆」字に作る。嘉靖一六年版と「三略秘抄」所引「三略直解」は「背」字に作る。単純な誤字である。また、「三略」本文の異同であるため、訂正に嘉靖一六年版の参照を必要としない。「七書直解」とは異なる「七書講義」の諸本を参照すれば、訂正に足る。

成化二二年版は嘉靖一六年版と較べて誤りが少ないものの、斯様な例が確認できる。さらに、成化二二年版と嘉靖一六年版の両者に問題がある例も多々ある。

按、此是句踐事、豈黄石公引之、而増廣其説歟。或踐之前、別有以酒投諸河、而飲三軍者歟。（49）

右は、「三略直解」上略からの引用である。勾践の「勾」字が「秘抄」のみ「句」字に作ってあるのはご愛敬。「別有以酒投諸河」の「酒」字を、嘉靖一六年版は「湮」に作るが、成化二二年版は文字の擦れで判読できない。これは前後の注文を見れば可能な対応ではあるが、テキストの単純な比較では追跡できないケースである。つまり、校定に判断を要する場面である。清原宣賢はここを「酒」字に作る。判断によって、乱れたテキストを改定したのである。

ここまで見てきた通り、清原宣賢が読み得た明版のテキストは乱れており、誤りも多い。このような状況において、清原宣賢はテキストの改定という選択をした。自らの判断による解決を選んだのである

## 第二節　清原宣賢がテキストを改定している例

清原宣賢は独断でテキストの改定を行った。しかし、この方針は臆断に陥る恐れを孕んでいた。

乖如穆生去、而楚危、微子去、殷亡、是也。（100）

右は、「三略直解」下略からの引用である。「三略」本文の「乖者亡之徴」という句を、歴史に照らして解説した箇所である。成化二二年版は「微子去而殷亡」に作り、嘉靖一六年版は「微子去直殷亡」に作る。後の諸本を閲すれば、みな成化二二年版に従っている。しかし、清原宣賢は成化二二年版を信ずるに足らずと判じたのか、

「微子去殷亡」に作る。

つまり、清原宣賢は問題のある箇所から一字を削除してしまっているのである。

成化二二年版と嘉靖一六年版のテキストの乱れ様は前節で確認した。これを鑑みれば、清原宣賢の判断は故なしと言えない。しかし、諸本と較べた時、清原宣賢の対応は明らかに異質である。

上文凡十引軍讖、言不能用賢之禍。故末以此六事結之。蓋欲人主行此六事、而戒彼十禍也。其丁寧之意、深矣。（82）

右は、「三略直解」上略からの引用である。「軍讖」とは、古の占いの書である。「三略」はしばしばこの書を引用する。「三略」上略は優れた人物の心を摑み、挙用することの重要性を説く。さらに、「上略」末尾はそれが行われなかった時に禍が起こると説く。

成化二二年版と嘉靖一六年版は「而戒彼十禍也」の「彼」字を「被」字に作るが、清原宣賢を含め、諸本みな「彼」字に作る。利用し得るテキストが共に誤って文字を作るなかで、清原宣賢はその見識の程を示した。しかし、清原宣賢の対応は彼の全く彼の判断に負うものであり、それ以外に「被」字を「彼」字に改める合理的根拠はない。

清原宣賢のテキスト改定は彼の慧眼に支えられていた。しかし、それは臆断に堕する危険性を孕んでいた。

## 第三節　林羅山のテキストに対する姿勢

続いて、林羅山のテキストに対する姿勢を窺う。林羅山の写本『三略直解』は広島市立中央図書館所蔵朝鮮本『三略直解』と内題・行格だけでなく、内容も一字一句違わず一致している。そして、それは次のような場合も同様である。

如項羽破彰邯、殺子嬰、囲漢王於滎陽、敗漢兵於渭水。後至陰陵、不肯渡江、而東。是純剛純強也。八千兵散、至以自刎。其國豈不亡乎。（28）

右は、『三略直解』上略からの引用であり、「純剛純強、其國必亡」という『三略』本文を解説する箇所である。劉寅は項羽を「純剛純強」の例として挙げ、歴史に徴して『三略』本文の内容を解説する。

清原宣賢の引用を含め、諸本がみな「敗漢兵於渭水」とするなか、朝鮮本と林羅山の写本が「睢」字に作る点に着目されたい。「敗漢兵於渭水」とは、楚漢戦争における彭城の戦い（睢水の戦い）を指す。したがって、ここは「睢」字に作るのが正しく、「渭」字も「睢」字も誤りである。これは単純な誤字であり、筆写の過程でつい改めたくなるケースである。しかし、このような単純な誤字に至るまで、朝鮮本と林羅山の写本は完全に一致する。

こうした例は一つだけではない。

如伊尹傅説躬耕板築、潜名抱道、及遇成湯高宗、德与己合、功成名遂、後世無比。（114）

右は、「三略直解」下略からの引用である。劉寅は、よく時節を見極め慎重に身を処したために成功した人物として、伊尹と傅説を挙げる。

朝鮮本と林羅山の写本を含め、諸本が「躬耕」の「耕」字を「耘」字に作るなか、清原宣賢と解放軍出版本のみが「耕」字に改めている。「躬耕」は「礼記」月令や諸葛亮（一八一〜二三四）「出師表」に用例がある。特に、「出師表」は「文選」や「古文真宝」後集、「文章軌範」などが採録する。「躬耘」を「躬耕」に改めることは、清原宣賢や林羅山にとって決して不可能ではない。

もっとも、「春耕夏耘」(4) と言う通り、「耘」字は除草の意である。したがって、「躬耘」の二字から農耕の意を汲み取ることも、あるいは出来るかもしれない。しかし、「躬耘」は「躬耕」のように熟した語では決してない。

要するに、ここは知識がある者ほどテキストを改めたくなる箇所であり、だからこそ、『耘」字を残した林羅山と「耕」字に改めた清原宣賢の対照が際立つ箇所なのである。

## 小　結

本章では、清原宣賢と林羅山の古書校定に対する姿勢を比較検討した。最後に、その結果を踏まえて両者の差異について考察を加える。

まず、明版のテキストが非常に乱れたものであることを確認した。したがって、それらに触れる者は何らかの対応に迫られていた。見識の程や学術の質が、学者として問われていたのである。

次に、清原宣賢のこの問いに対する答えを見た。清原宣賢は自己の判断によってテキストを改めるという方針を採った。それは相応の見識と自信がなければ成立しない試みであった。しかし、清原宣賢の判断は、ひとえに彼の慧眼に支えられており、臆断に堕する可能性を胚胎していた。

さらに、林羅山のテキストに対する姿勢を確認した。林羅山の写本は朝鮮本と完全に一致した。両者のテキストは一字一句違わず同じであった。林羅山は朝鮮本に拠り、誤字をも改めずに残すという選択をした。

最後に、両者の差異を整理する。清原宣賢の根拠なくテキストを改める姿勢は、彼の慧眼に支えられていた。清原宣賢は明版の流入に対応し、その自負に見合う見識の程を示したのである。

しかしながら、清原宣賢がテキストを改めた結果、さらなる過去のテキストへの遡及は不可能となった。清原宣賢が「三略秘抄」の中で引用した「三略直解」のテキストは、諸本と著しく異なるため、清原宣賢が本章で提示した明版のいずれを読んだのか、もはや追跡できない。

清原宣賢は、自身が正しいと思うテキストを作ったに過ぎないのである。

林羅山の姿勢は、清原宣賢のそれとは好対照をなすものであった。それは量的なものではなく、質的な差異である。林羅山は依拠するテキストに忠実であるため、テキストの遡及が容易である。林羅山の写本と朝鮮本を並べれば、両者の関係を指摘することは幼児でも可能であろう。

林羅山と清原宣賢の差異は、知識の多寡という量的な面ではなく、テキストの扱いという質的な面にある。そして、その差異は学術における中世から近世への展開を予感させるに足るものであった。

しかし、その林羅山にして「性理字義」という対象の前ではテキストの改変への欲求を抑えることが出来なかった。明らかに、これは分裂した相矛盾する姿勢である。この矛盾した態度の源泉を見極めるために、次章以降での更なる資料検討の上、本書の結論まで待たねばならない。

注

（1）前掲安井「日本儒学史」

（2）大島晃「朝鮮版晋州嘉靖刊本系統『北渓先生性理字義』五種対校略考」（「漢文學 解釈與研究」八、二〇〇五）

（3）本章で対校するのは、「宣賢抄」、「中国子学名著集成」所収成化二二年版「七書直解」、尊経閣文庫所蔵嘉靖一六年版「七書直解」、尊経閣文庫所蔵嘉靖四四年版「七書直解」、朝鮮本「直解」、羅山「直解」、解放軍出版本の七点である。

（4）「荀子」王政「春耕、夏耘、秋收、冬藏、四者不失時、故五穀不絶、而百姓有餘食也」

# 第三章　林羅山の「大学」解釈をめぐって

## はじめに

一七世紀初頭における朱子学の盛行と、これに対する林羅山の寄与という問題を、正面から論じた研究は稀である。また、論じるとしてもそれは儒学史や漢文学史における一ページとして、伊藤仁斎（一六二七〜一七〇五）や荻生徂徠の前史的に扱うに過ぎず、具体的な検討や跡づけに欠けるものが大半である。

就中、儒学者としての林羅山に関する言及は汗牛充棟の様相を呈すれども、それらは概ね「朱子学の枠組に従った学説の検証に留まるものであったり、固定的な視点に立つもの」であった(1)。

そんななか、安井小太郎は林羅山を朱子学の信奉者としつつも(2)、その子林鵞峯を漢唐の注に理解ある点から評価した(3)。これを承け、宇野茂彦は古注を参照する点では林羅山も同様である旨を指摘した(4)。さらに、大島晃は「大學諺解」や「性理字義諺解」に着目し、これら資料の性格を詳細に吟味し、林羅山の学問を具体的に論じた。

その結果、大島晃は「朱熹の筆墨を説きながら、他方聖人の書（経書）を説くことは、決して二途に分かれるものではない――、少くとも林羅山からすればそう理解すべきものであったに違いない」と看破し、また林羅山に『読書』に確信をおく自律性の体現」を見出した。

本章は、林羅山の朱子学が備える学術上の特色を、「大学」解釈という点から論じる。これにより、林羅山が宋から明に至る諸家の「大学」解釈をドライな態度で利用し、決して盲信しなかったことを明らかにしたい。この目的を達成するため、林羅山の著述である「大學諺解」と「大學和字抄」に着目し、両書の成立経緯に配慮しつつ比較検討するという方法をとる。

「大學諺解」に関しては、村上雅孝の論考(5)が存在する。村上雅孝は、国語学の立場から、慶安三年（一六五〇）版「四書集注抄」と「大學諺解」の訓点を比較検討した。これにより所謂道春点から、林羅山自身の意向がより明確に示されているものと期待される、羅山点への遡及を試みたのが村上雅孝の論考である。村上雅孝は「四書集注抄」を用いたが、本章では出版に至る経緯の不明瞭な同書を扱うことを避けたい。

第一章では林羅山の学術が備える特質を、清原家への強烈な意識のもとに形成された、四書を新注によって読む態度にあると指摘した。本章では、右の理解の下、さらに林羅山の学術に対する考察を進めたい。そのために、「大學諺解」と「大學和字抄」が備える性格の違いを、両書の成立経緯や成立時における林羅山の状況への理解の下に、明らかにしたい。さらに、両書の性格の違いを生んだ林羅山という人物の「大学」解釈が持つ二面性について論じる。最後に、両書の性格上の差異にも関わらず、林羅山の儒学を貫通する学術上の特色を明らかにする。

## 第一節　「大學諺解」と「大學和字抄」

本節では、「大學諺解」と「大學和字抄」の書誌情報を紹介する。

国立公文書館内閣文庫所蔵「大學諺解」(6)は全三冊から成る写本であり、林鵞峯による「編著書目」は「大學解二巻」として、「論語解　四巻」「中庸解　三巻」と共に、採録する。その跋は「羅山文集」巻第五五に「大學解跋」として収録されるものと、ほぼ同じい。後に林鵞峯が著した「大學或問私考」においては、「諺解」「文敏先生諺解」としてしばしば引用される。また「大學或問私考序」には「章句諺解」の名が見える。本書では、便宜的に「大學諺解」という呼称を用いる。書誌情報は以下の通り。

原装枯茶色表紙、四つ目綴、外題左肩双辺題簽に墨書「大學諺解 上」・「大學諺解 中」・「大學諺解 下」。毎半葉一〇行。漢文に句点返点と添仮名、漢字カタカナ交じり文による解説あり。首「大学章句序 林羅山道春解」、次「大學序節段」、次「道統傳」、次「大學本異同」、次「大學題號異説」、次「大學　朱熹章句」(第一冊全八一丁)、次以下至下(巻中第二冊全七七丁、巻下第三冊八八丁)。巻下末尾に「大学章句解　終／跋(寛永七年四月一四日)」あり。印記「昌平坂學問所」(陽刻墨字長方印、各冊表紙右肩／各冊末尾左肩)、「日本政府図書」(陽刻朱字正方印、各冊前付右肩)、「浅草文庫」(陽刻双辺朱字正方印、各冊前付右下)、「文政庚寅」(陽刻無辺朱字印、各冊末尾左下)。

その構成から、朱熹の「大学章句序」及び「大学章句」に対する林羅山の解説が附された注釈書であるとわかる。

「大學諺解」は、林羅山の著述の中でも、特徴的な成立経緯を持つ。後述する通り、林羅山の著述は基本的に徳川将軍家や徳川幕府高官ないしは各大名へ献上するために書かれたものがほとんどであるが、この「大學諺解」はそれらとは成立事情を全く異にする。

以下、「大學諺解」の跋をたよりとしつつ、その成立の経緯を窺いたい。

予長子叔勝、幼讀書、粗暁字義、且捜事跡。況又慕聖賢之道乎。去夏俄物故。吁天喪我者歟。哀慟不止。纔未至於喪明而已。

予が長子叔勝、幼にして書を讀み、粗ぼ字義を暁り、且つ事蹟を捜る。況んや又聖賢の道を慕ふをや。去夏俄に物故す。吁、天は我を喪ぼす者か。哀慟止まず。纔かに未だ明を喪ふに至らざるのみ。（「大學諺解」跋）

「大學諺解」の成立は、林羅山の長子林左門の死を契機とする。林羅山には四人の息子がおり、林羅山はとりわけ長子である林左門の将来に期待を寄せていた。(7) 八歳（元和六年）で四書を、一〇歳（元和八年）で五経を読んだという林左門は、一七歳（寛永六年）の頃には林羅山に代わって塾生に「孟子」を講じるようになっていた。この講義を聞いた林羅山は、この子さえいれば自分は死んでも悔いはない、と思ったという。ところが、この林左門が夭折した。林羅山は激しい悲しみを経験する。「喪明」とは、孔丘の弟子の朴商が息子を亡くして悲しみの余り失明した故事を踏まえる。(8)

これに先だち慶長一二年に西笑承兌（一五四八～一六〇八）が没した。同一七年（一六一二）には三要元佶（一五四八～一六一二）、同一九年（一六一四）には清原秀賢が相次いで没する。青年期のライバルは次々と姿を消し、残すは梵舜（一五五三～一六三二）と以心崇伝のみであった。

寛永元年、林羅山は徳川家光という若い君主に近侍することとなる。この徳川家光の下で、林羅山は多くの規模の大きな仕事を達成して行く。林羅山の前途は開けつつあった。このような状況において、林左門が没したのである。

林左門の没後、林羅山は京都に留まる。半年ほどの滞在期間中に林羅山が林鵞峯・林讀耕齋の兄弟へ行った激励について、林鵞峯は様々な形で振り返っている。林羅山は新たな後継者を育てなければならなかった。

若使叔勝在、則無由作大學解。叔勝既會得了也。今作之者、它日爲授幼子也。

若し叔勝をして在らしむれば、則ち大學解を作るに由無し。叔勝既に會得し了ればなり。今之を作るは、它日幼子に授けんが爲なり。（「大學諺解」跋）

林鵞峯の学習階梯を窺う(9)と、寛永六年を境に大きく様子が変わったことがわかる。一三歳になるまで林羅山と林左門の講義に陪席する程度であったが、その後は次々に古典籍を読み進め、八年後の寛永一五年には「三体詩」を講じるまでに至る。つまり、長子林左門の死を承け、従前は熱心に教育を施されていなかった三男林鵞峯の育成が、林羅山の急務となったのである。

林鵞峯の学習階梯のなかで、いつ「大學諺解」は読まれたのであろうか。寛永九年、林鵞峯は四書五経を始めとして、「聯珠詩格」「瀛奎律髓」「古文真宝」などの漢籍を読破する。この時のことを、後に林鵞峯は「見先考所作大學諺解、而讀論孟中庸大全(10)」と述べる。林鵞峯は、「大学」以外の四書については「四書大全」を用いたが、「大学」だけは「大學諺解」を用いる。林鵞峯は「四書大全」の「大学」の箇所を「大學諺解」で補い、他の四書に先駆けて読んだのである「大學諺解」の「大学」理解は、林鵞峯の「大学」以下の四書の読み方を左右したに違いない。

此諺解、本章句幷或問、尊程朱也。考以鄭註孔疏陸音、尋舊也。輔翼以大全通考通義大成蒙引、釋章句也。參之以知新日録林子四書標摘管志道釋文楊李四書眼評、備異記也。其間加己意而述其義、非敢擬議之。

此の諺解、章句幷びに或問に本づくは、程朱を尊べばなり。考ふるに鄭註・孔疏・陸音を以てするは、舊を尋ぬるなり。輔翼するに大全・通考・通義大成・蒙引を以てするは、章句を釋するなり。之に參ふるに知新日録・林子が四書標摘・管志道が釋文・楊李が四書眼評を以てするは、異記を備ふるなり。其の間己が意を加へて其の義を述ぶは、敢えて之を擬議するに非ず。（「大學諺解」跋）

一七世紀初頭という時期において、清原家では、学庸は新注で読み、論孟は古注で読んでいた。また、藤原惺窩は「大学要畧」において「礼記」所収の大学の本文を用いて「大学」を解説する。彼らは皆、新たな学術界の動向に対応しようとしていた。彼らは宋代から明代にかけての中国の学術を整理し、従来の知識の中に位置付け、理解しようとした。

林羅山は清原家に学びつつも、それに飽きたらず、自分なりの四書に対する接し方を導き出した。それを子孫へ伝えようとして、「大學諺解」は著されたのである。

次に、「大學和字抄」の紹介を行う。なお、紹介するにあたり、福井保の業績を参考にする(11)。

「大學和字抄」は全一冊の写本であり、島原図書館肥前島原松平文庫本以外の伝本は確認されていない。第五

○丁表には二つの跋（林羅山・正保二年二月一五日／林鵞峯・慶安四年七月下旬）を収める。林羅山による跋は「大學倭字解跋」として「羅山文集」巻第五五に収録。書誌情報は以下の通り。

原装縹色表紙、四つ目綴、外題左肩無辺題簽に墨書「大學和字抄」。毎半葉一一行。首「大學」（全五三丁）。「大学」経伝のみ漢文、章句なし、和解はくずし字漢字かな交じり文。印記「尚舎源忠房」（陽刻長方印、第五〇丁裏左下）。

本文の作りと全体の構成から、基本的に「大学章句」に依拠した注釈書であることが窺える。印記は松平忠房（一六一九～一七〇〇）の蔵書印。

両者の跋から「大學和字抄」成立の経緯を窺いたい。

正保二年二月十五日、奉　鈞命撰大學倭字抄。至同廿四日抄之了、別清書之、三月十五日献之。　林羅山子道春

正保二年二月十五日、鈞命を奉り大學倭字抄を撰す。同廿四日に至り之を抄し了り、別に之を清書し、三月十五日之を献る。林羅山子道春

此一冊、以正保二年三月十五日所献　幕下之藁繕寫之、塞阿部豊牧之請也。即是所遣豊牧之草本也。慶安四年辛卯七月下旬　向陽子

此一冊、正保二年三月十五日幕下に献ずる所の藁を以て之を繕寫し、阿部豊牧の請を塞ぐ。即ち是れ豊牧に遣す所の草本なり。　慶安四年辛卯七月下旬向陽子（「大學和字抄」）

右の跋と「林羅山年譜」および「林羅山行状」から、「大學和字抄」は三度にわたって徳川将軍家に献上されたことがわかる。寛永三年に「孫子諺解」や「三略諺解」とともに献上されたもの、正保二年に「老子抄」とともに献上されたもの、慶安四年（一六五一）に「貞観政要諺解」とともに献上されたものである。島原図書館肥前島原松平文庫所蔵の「大學和字抄」は、三度目に献上された「大學和字抄」の草稿を写したものであろう。「大學諺解」が後継者の養成という特異な事情から著されたに対して、「大學和字抄」は、林羅山の著した注釈書としては、オーソドックスな為政者向けの著述のように見える。しかし、実はそうではない。

そもそも、林羅山が著した注釈書のうち、ある一つの古典について、三度も同じタイトルで注釈を附して献上されることは異例である。さらに、時期としても林羅山が徳川家光に近侍することになってまもない頃（寛永三年）、徳川家綱（一六四一～一六八〇）が元服する直前（正保二年）、同じく徳川家綱が征夷大将軍に任ぜられる直前（慶安四年）に献上されている。これを、「大學和字抄」が林羅山と徳川幕府の双方にとって重要な意義を持っていたことの証左と解したい。

「大學和字抄」は、徳川将軍家の披閲に供するために漢字ひらがな交じり文で記されている。この点も、自身の後継者のために漢字カタカナ交じり文で記された「大學諺解」と、好対照をなす。

林羅山の社会的な立場という点から観ても、「大學和字抄」は「大學諺解」と対照的である。寛永七年の段階では、林羅山は吉田梵舜や以心崇伝といった往年のライバルが周囲におり、自身は後継者問題を抱えていた。また、当時の林羅山は「寛永諸家系図伝」や「本朝神社考」などの規模の大きな編纂物をまだ著していなかった。しかし、正保年間や慶安年間（一六四八～一六五一）ともなると、第三子林鵞峯は成長して林羅山をサポートするに至る。三度目の「大學和字抄」献上の際、阿部忠秋（一六〇二～一六七五）が仕事を林鵞峯へ依頼したことも偶然ではあるまい。林羅山は「延喜式」出版に際して中原家や清原家から協力を要請され、(12)元号の制定にも関わることとなる。

このように「大學和字抄」は、成立時の林羅山の社会的地位という点でも、「大學諺解」とは事情を異にするのである。

## 第二節　伝と章句の掲出法

本節からは、「大學和字抄」と「大學諺解」に見える注釈態度の比較検討を行い、林羅山がいかなる材料に拠って「大学」を解釈するのかを窺う。本節と次節では、朱熹「大学章句」伝三章第一節に対応する箇所に着目したい。

「大学章句」伝三章では、三綱領の一つである止至善が問題となる。第一節では、「詩経」商頌・玄鳥から詩句が引用され、人には止まるべきところがあることを説く。(13)この第一節を承け、人は止まるところを知らなければならないと説く第二節(14)と、何に如何にして止まるのかを説く第三節が続く。引用される詩句と「大学」における詩句の利用法に対する理解の双方が問われる箇所である。

まずは、本文の掲げ方を見る。

詩云、邦‐畿千‐里、惟《レ》民《ノ》所《ナリ》レ止《ル》

詩《ハ》商頌玄鳥《ノ》之篇。邦‐畿《ハ》、王‐者《ノ》之都也《ナリ》。止《ハ》、居也《ナリ》。言《ハ》物各有《くリ》二所《ノ》レ當《ニ》《キ》レ止《ル》之處一也（「大学諺解」）

詩云邦畿千里惟民所止（「大學和字抄」）

「-」は音合符を表す。「大學諺解」は、「大学」の伝とともに、朱熹による章句をも掲げている。また、句読点と訓点も加えられている。これに対して、「大學和字抄」は伝の本文のみを全くの白文で掲げている。「大學諺解」の伝と章句を共に掲げて加点する姿勢と、「大學和字抄」の伝のみを示して全く加点しない姿勢は、いずれも林羅山が著した注釈書のなかでも特色あるものである。「大學諺解」と同様に、自らの子孫へ向けた著作である「論語諺解」でさえ、「論語」本文を掲げるのみである。「論語諺解」における「論語」本文は加点されているが、朱熹による注が示されることはない(15)。

一方、「大學和字抄」と同様に、徳川将軍家へ献上された注釈書としては「三略諺解」がある。この「三略諺解」も、参考にした「七書講義」の注を掲げこそしないが、「三略」本文は加点されている(16)。「大學諺解」と「大學和字抄」は、伝と章句の掲げ方に限っても、異なる態度を示す。「大學諺解」が加点されているのは、読み手に「大学」を、朱熹による章句も含めて、丁寧に読むことを要求するからである。一方で、「大學和字抄」の伝のみを無点で掲げる方針は、読み手に伝や章句を直接に読むことを要求していないことを示す。「大學和字抄」において、読み手は林羅山による解説を読めば、無点で記された漢文の内容を理解できたことになる。

## 第三節　明代諸書をも含めた新注に拠る解釈

次に、林羅山による注釈部分の検討に移る。前節同様に、伝三章第一節を扱う。「止」字の解釈に着目する。

止ハ、居也トハ、居住ノ義也。都ハ、皇居ニテ、天下ノマン中ナレハ、四方ノ人アツマリ向テ、コ、ニ止ラント欲スルヿヲ、至善ノ地ニ止ラントスルニタトフル也。一切ノ物、各止ルヘキ處アルコトヲ云也。章句ノ物ノ字、廣ク兼タリ。君臣父子ヨリ、人ノ言行ニ至ルマテ、イツレモ、皆止ルヘキ理リアリ。其カンヨウヲイハ、、明徳新民也　蒙引曰、維《レ》民《ノ》所《ノ》レ止之止《ハ》、止‐居《ノ》之止也《ナリ》。物各《く》有《リ》レ所レ當《ニ》レ止《マル》之止《ハ》止《ルノ》二至‐善《ニ》一之止也《ナリ》。借《テ》二彼《ノ》之詞《ヲ》一、寓《ス》二此《ノ》之意《ヲ》一（「大学諺解」）

都は王のある所なれは諸人あつまり來りて居住せんとねかふを至善にと、まるにたとふ（「大學和字抄」）

「大學諺解」の「都ハ、皇居ニテ」より「ニタトフル也」に至る箇所は「大學和字抄」の解説とほぼ一致する。ここは朱熹の「邦畿、王者之都也。止、居也。言物各有所當止之處也」を基調とした解説である。朱熹は「大学或問」において「大学章句」の説明を補足し[17]、後に「四書大全」及び「四書蒙引」が朱熹の解釈を敷衍した[18]。伝三章第一節は「止」字の説明を展開する上での導入部分であり、この伝三章第一節における「止」字は、あくまでも、譬え話の中で用いられたものである。「四書蒙引」は朱熹の意を汲み、「借彼之詞、寓此之意」と明確にその旨を述べた。

「大學諺解」は説明の中で用いるのみならず、「四書蒙引」を直接に引く。逆に、「大學和字抄」は「四書蒙引」を説明の中で用いるのみであり、直接的には引用を行わない。

しかし、このような態度の違いを持つにもかかわらず、簡潔な解説の中でも、林羅山が朱熹の解釈と朱熹の解釈に対する明代の理解を踏まえ、これらを用いることに注目したい。「大學諺解」と「大學和字抄」は新注を用いて「大学」解釈を展開する。ただし、この新注とは明代の「大学」解釈をも含む。この点で両者は共通する。取り扱う注釈の範囲という点で、素人向けに著された「大學和字抄」が専門家向けに著された「大學諺解」に劣るとは一概には言えない。

## 第四節　古注の検討

本節では、「大學諺解」と「大學和字抄」の「大学」伝三章第二節に対応する箇所を比較検討する。「大学」伝三章の第二節では、「詩経」小雅・緜蠻から詩句が引用される。「子曰」以下では孔丘による詩句の解説が引用され、三綱領の一つである「止至善」の理解が促される。この第二節は、人には止まるべきところがあることを説く第一節と、何に如何にして止まるのかを説く第三節の中間に位置し、人は止まるところを知らなければならないことを説く箇所である。

緡蠻ヲ、詩ニハ、綿蠻トナス。凡禮記ニ引タ處ノ詩書、其字異同多シ。緡蠻ノミニカキラス。綿蠻ハ、鳥ノ声也。蒙引云、緡-蠻ノ二字、義無レ所レ取。只-是テ以テ二此ノ一-字ヲ一、状《カタトル》二黄-鳥ノ之聲ニ一。如下鶏鳴シ喈ノ-喈ヿ、鶬ニ曰フ二鴃‐鴃一之類《ノ》上○毛萇詩傳云、綿‐蠻《ハ》、小‐鳥《ノ》貌。正義曰、緜‐蠻‐然《トメ》而小《ナルハ》者、是《レ》黄‐鳥也《ナリ》。又云、緜‐蠻《ハ》、文連《ナル》二黄‐鳥《ニ》一。黄‐鳥《ハ》、小‐鳥《ナリ》。故《ニ》知《ル》二緜‐蠻《ハ》小《ナル》貌一。章句ニハ、綿蠻ハ、鳥ノ声ナリト云。傳ニハ、小鳥ノ貌ナリト云、禮記疏ニモ、微小ノ貌トアリ、是両説也。綿蠻黄鳥ト、句ノ首ニアルユヘニ、篇ノ名トスルナリ（「大学諺解」）

緡蠻は黄鳥の聲也（「大學和字抄」）

右は、「大学」伝三章の第二節の「詩云、緡蠻黄鳥」及び「大学章句」の「緡、詩作綿○詩、小雅綿蠻之篇。緡蠻、鳥聲」に対する注釈部分からの引用である。

章句は文字の異同に関する問題をまず取り上げる。「大學諺解」はこれに従うが、「大學和字抄」はこの問題を取り扱わない。「大學諺解」の「緡蠻ヲ」より「緡蠻ノミニカキラス」へ至る箇所は、章句の「緡、詩作綿」を承ける。これは「詩経」所収の詩句と「礼記」大学所収の詩句との間に、文字の異同があることを指摘しているのである。「詩経」では「綿蠻」に作り[19]、「礼記」では「緡蠻」に作る[20]。朱熹もまた「詩集伝」では「綿蠻」に作るが[21]、「大学章句」においては「緡蠻」と作る[22]。林羅山はこれを承け、「大學諺解」と「大學和字抄」においては「緡蠻」と作る。

「大學諺解」の「綿蠻ハ」以下と「大學和字抄」の「緡蠻は」以下は語義の問題を取り扱う。「大学章句」は「緡蠻」を「鳥聲」とする。朱熹は、鳥の鳴き声を音で表現すると「緡蠻」になるものと理解したのである。「詩集伝」においても、朱熹は「綿蠻」の二字に「鳥聲」という注を加える[23]。林羅山はこれに従い、「大學諺解」では「綿蠻ハ、鳥ノ声也」とし、「大學和字抄」では「緡蠻は黄鳥の聲也」とする。

「大學諺解」はさらに「四書蒙引」からの引用を行う。「四書蒙引」の当該箇所は「緡蠻」の二字を「状黄鳥之聲」と説明する。「四書蒙引」は章句を踏まえ、意味ではなく音が問題であると、補足する。林羅山はこれを、朱熹の解釈を理解する上で助けになると判断したために、引用しているのである。

「大學諺解」は「四書蒙引」からの引用の後に圏を置く。林羅山は圏内に、伝の「詩云、緡蠻黄鳥」及び章句の「緡、詩作綿○詩、小雅綿蠻之篇。緡蠻、鳥聲」への、基本的な理解を示した。

林羅山の解釈が朱熹の理解を基調としつつも、明代の書物をも利用する点については前節で指摘した。問題は、「大學諺解」が古注をも視野に入れ、これを比較検討の対象とする点である。

自らの基本的な理解を提示した後、林羅山は「大學諺解」において古注の検討に移る。まず、林羅山は毛伝から「緜蠻、小鳥貌」と引き、詩における新注に対する古注の理解を示す。毛伝は「緜蠻」の二字を鳥の容貌を表す言葉として理解する。さらに、林羅山は孔頴達の疏を重ねて引用して[24]、「緜蠻」の意味合いを限定しようと試みる。これにより、「大學諺解」を読む者は、詩で扱われる「黄鳥」の姿がただの小さな鳥から文采ある美しい鳥へと変わる過程を追うことが出来る。この上になお、林羅山は「礼記」所収の大学をも俎上へ載せる。孔頴達の疏には、「詩云、緡蠻黄鳥、止于丘隅者、此詩、小雅緡蠻之篇、刺幽王之詩。言緡蠻然微小之黄鳥、止在於岑蔚丘隅之處、得其所止、以言微小之臣、依託大臣、亦得其所也」とある。林羅山はこれを踏まえ、「禮記疏ニモ、微小ノ貌トアリ」と言及する。

古注を検討した上で、林羅山は「是両説也」と言う。林羅山は、まず「緡蠻」の二字を鳥の鳴き声と取る章句を掲げ、これを「四書蒙引」によって補足した。次に、林羅山は圏外において古注を重ねるように引用し、字義を限定し理解を具体的にして行く過程を示した。

最終的に新注に拠る解釈を採る点では、「大學諺解」も「大學和字抄」も同様である。ただ、「大學諺解」が古注を検討しているに対し、「大學和字抄」はこれを行わない。また、「大學諺解」が朱熹の「大学章句」の記述を毛伝や孔頴達の疏と対等な関係の下に並記される点にも注意されたい。あくまでも、最終的に採用されるのは「大学章句」である。しかし、結論が出る過程では三者に優劣は存在しない。これにより、林羅山が諸家の注を思いのほか冷静に捉えていたことが察せられる。

## 第五節　解説の繁簡

「大學諺解」は結論に至る過程を示し、「大學和字抄」は結論のみを述べる。次に、この差異がより明確に現われるケースを検討したい。「大學諺解」と「大學和字抄」の「大学」伝一〇章第一六節に対応する箇所を比較検討する。

見《テ》賢《ヲ》而不レ能レ擧《クルヿ》、擧《テ》而不《ルハ》レ能《ハ》レ先《ンスルヿ》、命《ヲコタルナリ》也。見《テ》二不‐善《ヲ》一而不《ルハ》レ能《ハ》レ退《クルヿ》、退《テ》而不《ルハ》レ能《ハ》レ遠《サクルヿ》、過《チナリ》也
命《ヲ》鄭氏《カ》云、當《ニ》レ作レ慢《ニ》。程子《ノ》云、當《ニ》レ作レ怠《ニ》。未《タ》レ詳二孰《カ》‐是《ヿヲ》一。遠、去聲○若《キ》レ此者《ノモノハ》、知レ所《ヲ》二愛‐悪《スル》一矣。而《モ》
未《タ》レ能レ盡《ヿ》二愛‐悪之《ノ》道《ヲ》一。蓋《シ》君‐子《ニメ》而未《タ》レ仁《ナラ》者也《ナリ》（「大学諺解」）

見賢而不能挙々而不能先命也見不善而不能退々而不能遠過也（「大學和字抄」）

伝一〇章第一六節には字義の説明に関する問題がある。この問題について、「大學諺解」と「大學和字抄」の

対応の違いを窺いたい。

或問云、命之《ノ》為《タル》レ慢、與《ト》二其《ノ》為《タル》一レ怠也、孰《レカ》得《タル》。曰《ク》、大凡《ソ》疑義《ハ》、所二以決《スル》一レ之《ヲ》、不《ル》レ過《キ》二乎義理、文勢、事證《ノ》三者《ノニ》一而已《ノミ》。今此《ノ》二一字、欲《スルトキハテ》下以二義理文勢《ヲ》一決《セント》上レ之《ヲ》、則《ス》皆通《ス》、欲《スルトキハテ》下以二事證《ヲ》一決《セント》上レ之《ヲ》、則《ス》無《シ》レ考《フルヿ》、蓋《シ》不レ可《ラ》以《テ》深《ク》求《ム》一矣、云云

命ト慢ト、音相近キ故ニ、アヤマレリ。慢ハ、ヲコタルトヨメリ。カロンシユルカセ一スル義ナリ。程子ハ、怠ノ字トナスヘシト云リ。此モタユミヲコタルナリ。二字ノウチ、何レニテモ、一決スヘキヲ、章句ニ未詳孰是ト云ヘルハ、意ナキニアラス。ホシヒマ、ニアラタメサルハ、闕疑ノ法ナリ。兩字ノウチ、イツレニテモ、クルシカラサル故ニ、兩説ヲ存セリ。凡ソ朱子ノ章句集註ノウチニ、未詳孰是トアルトコロ、ヲロソカニ見ルヘカラス。皆イハレアルコトナリ（「大学諺解」）

命は慢の字のあやまり也おこたるとよめり（「大學和字抄」）

この箇所には「命」字を「慢」字に取る説と「怠」字に取る説があり、両者はともに「命」字に作ることを誤りとする。この誤りの原因を、前者は字音の問題に帰し、後者は字面の問題に帰す。朱熹は「大学章句」において両者を挙げつつも態度を保留し、「大学或問」で再び言及する。(25)

朱熹はこの問題を「義理」「文勢」「事證」の三点から論じるが、さらなる追求を不可能とする。「大學諺解」所引「大学或問」の「今此二字」以下にある通り、「慢」字と「怠」字のいずれを取ろうとも差し支えはないが、根拠を欠く。だからこそ、朱熹は強引に結論を導こうとはしない。「大学或問」において、朱熹は「大学章句」

で「未詳孰是」とした理由を丁寧に説明したことになる。

「大學諺解」において、林羅山は朱熹の態度を「闕疑ノ法」と評価する。鄭玄の説と程子の説を紹介した上で、林羅山は「慢」字と「怠」字の両者に「ヲコタル」という和訓を当てる。伝の本文についても、林羅山は「命」字に「ヲコタルナリ」という添え仮名を付す。「大学或問」を用いて朱熹が「大学章句」において「未詳孰是」とした理由を述べ、その上で、林羅山は「皆イハレアルコトナリ」とする。「大學諺解」において、林羅山は朱熹の慎重な態度を尊重し、その意を汲んでみせたことになる。

これに対して、「大學和字抄」は「命は慢の字のあやまり也」とする。「大學和字抄」は全く鄭玄（一二七〜二〇〇）の説に拠り、必ずしも細かく専門的な議論にわたらない解説を行う。「大學諺解」と「大學和字抄」は、基本的には、共に新注に拠るものであった。しかし、「大學諺解」は古注を検討の俎上に載せた。また、「大學和字抄」は、朱熹が鄭玄の説と程子の説のいずれを取るか明言しなかった箇所において、鄭玄の説を取った。林羅山は古注を全く捨て去りはしなかった。また、これを用いることもあったのである。ただ、ここで最も重要なことは、諺解の詳・和字抄の簡、という解説の差異である。朱熹の学問上の態度にまで詳細に言及する諺解と結論のみを簡便に提示する和字抄の違いは、この例から十分に見てとれるであろう。

## 第六節　人倫を説く

前項の例から分かる通り、林羅山も古注を用いた。ただ「大學諺解」と「大學和字抄」では、古注への態度に関して、差異が存在する。本説では、この差異がさらに明確な形で観察し得るケースを求め、比較検討を続けたい。

詩云《ニ》、桃《ノ》之夭《ヨウ》-夭《タル》、其《ノ》葉蓁-蓁《タリ》。之子于《コノロコヽニ》-歸《トツク》、宜《シ》二其《ノ》家-人《ニ》一。宜《フメ》二其《ノ》家-人《ニ》一而《メ》-后可《ーシ》三以教《テフ》二國-人《タミヲ》一夭、平聲。蓁音臻○詩《ハ》周南桃-夭之篇。夭-夭《ハ》、少《ワカク》-好貌。蓁-々《ハ》、美-盛《ノ》貌。興也《ナリ》。之子《ノハ》、猶レ言《カ》二是子《ト》一。此指《ハテ》レ二女-子之嫁《ク》-者《ヲ》一而言《フ》也。婦人謂《テ》レ嫁《ヲ》曰レ歸《ト》。宜猶《ハ》レ善《ノ》也（「大学諺解」）

詩云桃之夭々其葉蓁々之子于歸宜其家人宜宜其家人而后可以教国人（「大學和字抄」）

右は、「大學諺解」及び「大學和字抄」の「大学章句」伝九章第六節に対応する箇所からの引用である。「大学章句」伝九章は斉家治国を説く箇所であり、第六節では「詩経」周南・桃夭を引く。

夭夭ハ、ワカヤカニウツクシキ貌ナリ、桃樹ヲサスナリ。花ヲサシテイフハ非ナリ。此詩ノ上ノ章ニ、桃之《ノ》夭-夭《タル》、灼-灼《タルノ》其華トアレハ、夭夭ハ、桃身ヲ指テ云、花ヲイフニ非ス○婦人謂嫁《ヲヨ》曰帰《ト》ハ、春秋傳ノ語ナリ。詩傳ニモ、コレヲ引ナリ。婦人ハ夫ノ家ヲ家トスルユヘニ、夫ニユクヲ帰トイフナリ。コノ詩、六義ニオイテ、興ノ詩ナリ

此段、詩ヲ引テ云、桃ノ夭夭トワカヤカナル、ソノ葉ノ蓁蓁トサカンナルヲミレハ、男女嫁娶ノ時節ナリト興シテ、コノ女子コヽニトツク、必ソノ家人ニヨロシカルヘシ、ソノ家人ニ、ヨロシクシテ、以テ国人ヲ教フヘシ。コヽニ宜其家人トカサ子テ云、上ノ宜其家人ハ、女子ヲ指シテ云、下ノ宜其家人ハ、國ヲ治ル人ヲ指シテ云ナリ。家ト、ノホリテ後ニ、國治ル義ナリ（「大学諺解」）

夭々はわかくかほよきかたち也蓁々はうるはしくさかんなるかたちなり桃のうつくしさを見て興して爰に女

子の嫁するあり夫の家に行て妻となりて其家に宜しかるへしと云詩の意也夫婦の道宜き時は其家治る（「大學和字抄」）

「大學諺解」は先に語義の解説を行う。「桃夭」の夭夭とは桃の樹全体を指し、桃の花を指す訳ではない。林羅山はこの旨を「夭夭ハ、桃身ヲ指テ云」と簡潔に述べる。これは「四書蒙引」に拠る(26)。

続いて、「大學諺解」には圏が置かれ、「歸」字の訓詁が問題となる。林羅山が「婦人謂嫁曰帰ハ、春秋傳ノ語ナリ。詩傳ニモ、コレヲ引ナリ」と指摘する通り、「婦人謂嫁曰帰」は「詩集伝」桃夭に見え(27)、古くは「春秋公羊伝」や「春秋穀梁伝」隠公二年に記述が見える(28)。

この後に、「大學諺解」は段落を変えて第六節を訳してみせる。併せて「宜其家」という表現が二回にわたり用いられる点について触れる。これによれば、最初の「宜其家」については主語が「女子」であり、二度目の主語は「國ヲ治ル人」である。

この第六節では、「大學諺解」は古注と新注を比較しないが、細かな問題についての注意点を述べる。

一方、「大學和字抄」は「夭々はわかくかほよきかたち也」や「爰に女子の嫁するあり」とする。これも「夭夭、少好貌」や「婦人謂嫁曰帰」という朱熹章句を踏まえる。

○人倫ノ内、貴キハ君父也トイヘトモ〈男女アリテ後、父子アリ、君臣アレハ、男女ヲ人倫ノ本トス。〉ソノウヘ室家閨門ノ内、心安ク思テ、ユタンスル時ハ、政乱テ家ト、ノホラス。愛ニオホレテ、妾ヲ以テ妻トシ、嫡子ヲステ、、庶子ヲ立テ、或ハ婦姑《ヨメシフトメ》勃磎《ホツケイ》《イサカヒ》シ、或ハ夫妻仄《ソハム》レ目ヲ、如何ソ家ヲト、ノヘンヤ。故ニ、易ハ、乾坤ニ始リ、詩ハ関睢ニ始リ、礼ハ昏義ヲシルシ、書ハ釐降ヲ載ス。皆コノ教ヘヲ示セリ。毛傳曰、夫婦有《ルトキハ》レ別、則父‐子親《ム》。父‐子親《ムトキハ》則君‐臣敬。君臣敬《スルトキハ》則朝廷正《タヽシ》。朝廷正《シトキハ》則王‐化成ルトアリ、是関雎ノ義ナリ（「大学諺解」）

夫婦ありて父子あり故に男女は人倫の本也此道正しけれは一国の夫婦の法の教となりて乱る丶事なし君主につひていは丶夫婦正しけれは父子したしむ父子したしけれは君臣に礼あり君臣に礼あれは朝廷正し朝廷正しけれは国も天下も治るなり（「大學和字抄」）

山括弧内に示したのは鼇頭の書き入れである。「大學諺解」は圏を置き、その後に「周易」序卦伝の下篇を踏まえ、あるべき社会秩序を説く。[29]この社会秩序において、林羅山は君臣関係と父子関係を最も重要なものとして位置付ける一方、男女（夫婦）関係を君臣関係と父子関係を乱す原因とみなす。「周易」からの引用の後、「荘子」などからの引用を行いつつ、[30]警戒すべき事例を挙げる。さらに、林羅山は経書を根拠にして、自らの主張を正当化する。「易」が乾卦と坤卦を首とし、「詩」が関雎の詩より始まり、「礼」は昏儀を記し、[31]「書」は堯典の末に伊祁放勲（いわゆる堯）の娘が、姚重華（いわゆる舜）へ嫁した逸話を載せる。林羅山は夫婦関係を人倫の基本とした経書を列挙し、最後に「関雎」篇第一章第一句に附された毛伝で締めくくる。[32]

「大學諺解」の当該箇所において、林羅山は古注を用いて人倫の問題に言及する。このような議論は「大学章句」や「大学或問」あるいは、「大學諺解」で用いられる明代の諸書では行われない。一条兼良（一四〇二～一四八一）や清原宣賢の「大学」注釈書でも同様である。ただ藤原惺窩のみが、「大学」の当該箇所において、「大學諺解」とよく似た論調で人倫について論じる。[33]

すでに検討した伝三章においては、林羅山は新注に拠ることを前提とした上で古注をも参照するという方針を採っていた。しかし、ここでは古注に重点を置いた解説が見られる。

「大學諺解」は圏を置いた上でこの問題について論じている。大学八条目における「斉家」理解の基本として、この議論も「大学」を読む上で心得ておくべき予備知識として言及されたものと理解出来る。しかし、「大學和字抄」の場合はそうとは言えまい。

「大學和字抄」の「夫婦ありて父子あり」より「乱る、事なし」に至る箇所は序卦伝に拠る。また、「夫婦正しければ」より「天下も治るなり」に至る箇所は、字句を改変している部分もあるが、毛伝を踏襲している。「大學和字抄」には、「大學諺解」の人倫に関する議論が省略した形で記されている。

この議論が「夫婦の道宜き時は其家治る」という伝九章第六節の内容を総括した句から途切れることなく続いているのである。この点に「君主につひていは、」という文言と徳川将軍家へ献上するために著されたという「大學和字抄」の性格を加味すると、この部分も本文の一部と見なさねばならない。つまり、「大學諺解」の場合のような専門家が踏まえておくべき予備知識としてではなく、「大學和字抄」は「大学章句」の解説の一部として古注を用いているのである。

比較検討の結果、「大學諺解」と「大學和字抄」は共に古注を利用しており、特に「大學和字抄」は章句の解説内容に直結する形で古注を利用して人倫の問題に言及していることが明らかとなった。他にもこのような事例は存在するのであろうか。最後に、「大学」経の止至善に関する箇所を材料として比較検討を行う。

大學《ノ》之道《ハ》、在《リ》レ明《ニスルニ》二明-徳《ヲ》一、在《リ》レ親《アラタニスルニ》レ民《ヲ》、在《リ》レ止《ルニ》二於至善《ニ》一（「大学諺解」）

大学之道在明明徳在親民在止於至善（「大學和字抄」）

右は「大學諺解」と「大學和字抄」の「大学」経本文である。繰り返し述べた通り、「大學諺解」は本文が加点されており、また、朱熹章句が附される。

止者《トハ》、必至《テ》於是《ニ》而《メ》不遷之意。至善《ハ》、則事理當然《ル》之極也。言明《ハ》明《ニシ》徳《ヲ》、新《スル》民《ヲ》、皆當《ニ》止《テ》於至善之地《ニ》而不《ル》遷《ラ》。蓋《シ》必其有《レテ》以盡《コト》夫《カノ》天理《ノ》之極《ヲ》、而無《シ》一毫人欲《ノ》之私《シ》也。此《ノ》三《ノ》者《ハ》、大學《ノ》之綱領也《ナリ》

（「大学諺解」）

右は「大學諺解」に附された朱熹章句である。当該箇所の章句は長く、それに対応して「大學諺解」と「大學和字抄」の解説も長大となる。したがって、本章では論旨に関わる箇所のみを引用するに留める。

止トハ、コ、ニ至テ、ウツラサルノ意ナリ。至善ハ、事物ノコトハリノヲノツカラシカルベキトコロノ至極ナリ。総ノ理ハ善ナリ。毛从ハカリモ悪ナシ。故ニ理ヲ名ツケテ、至善トス。善ノ至ハ、即理ノ極所也。オノレカ明徳ヲ明カニスルモ、民ヲアラタニスルモ、皆至善ノ極所ニ止テ、ウツルヘカラス。徳ヲ明カニスルモ、十分ノ道理ヲ盡スヲ、至善ニ止ルト云ナリ。コ、ニ至テ、オノツカラ過不及ノタカヒナシ。カクノコトクナレハ、必ス天理ノ至極ヲ盡メ、一毫人欲ノ私ナキナリ。此至善ハ、即チ中庸ノ中ナリ。呉季子曰、至精至當、盡《シ》善盡《スノ》美之域、毫髪不《モル》可《カラ》得《テ》而加《フ》者《ノ》、聖門无《シ》以《テ》形容《スルコト》之《ヲ》。姑《シハラク》強《シイテ》名《テ》曰《フ》至善《ト》

（「大学諺解」）

明徳を明にするも民を新にするもおのつからさたまれる道理あるを至善と云也およそ理と云ものは至極の善

にてけのはしはかりもあしき事なし、かるかゆへに理の異名を至善と云也義理の微妙にはなはたふかききはめは名つけていひかたき事なるほとにしはらく至善と云名を立て人にしめすなり君としては仁にとゝまり臣としては敬にとゝまり王としては孝にとゝまり父としては慈にとゝまり朋友としては信にとゝまり兄弟としては友情にとゝまり夫婦としては和順にとゝまるかなとやうのたくひを至善にとゝまるとは云也止と云はこゝにいたりてうつらさる義也（『大學和字抄』）

右は当該箇所に対する『大學諺解』と『大學和字抄』の解説である。『大學諺解』と『大學和字抄』が朱熹の章句に拠りつつも、『四書大全』を利用している点は共通する。しかし、『大學和字抄』が人倫の問題に言及する点は、『大學諺解』と異なる。『大學和字抄』において、林羅山は経と伝の関係を踏まえ、伝の内容と関連付けて解説を行う。林羅山がここで人倫の問題に言及するのは、「止至善」を扱う伝三章と経を関連付けるためである。右で引用した『大學和字抄』の解説と関係があるのは、伝三章の第三節である。

また『大学』伝三章の第三節では、『詩経』大雅・文王から詩句が引用される。「為人君止於仁」以下では、引用した詩句の解説という体で、三綱領の一つである「止至善」の「止」字の内容が説かれる。この第三節は、人には止まるべきところがあることを説く第一節、人は止まるところを知らなければならないことを説く第二節を承け、何に如何にして止まるのかを説く箇所である。ここでは便宜上『大學和字抄』を先に引用する。

文王の政は民飢寒の憂なし是君として仁に止なり殷の紂につかへて礼をうしなはす是臣として敬に止る也文王の父を王季と云それにつかへて能やしなふこれ子として孝に止る也武王周公は文王の子也是をよくなしへて父子兄弟皆聖人也是父として慈に止る也文王国をおさめ位にありし時太公望伯夷叔斎等来りしたかひ虞芮

の訴もやむ是国人と交る時信に止る也人倫におゐては君臣父子国人これその大なるものなり事におひて仁敬孝慈信是その大なるもの也其至徳にいたるを止ると云なり（「大學和字抄」）

引此而言、聖人之止、無非至善トハ、文王ノ詩ヲ引テ云、聖人ノ止ルトコロ、コト〳〵ク至善ニメ、ヨク知リ、ヨク得ルナリ。オノツカラヨク止ルユヘニ、安所止ト云ナリ。文王ハ聖人ナリ、故ニ章句ニ、聖人之止ト云テ、文王之止トイハス〇五者、乃其目之大者也トハ、止仁止、敬止、孝止、慈、止信、合テ五ツナリ。人倫ニオイテハ、君、臣、父、子、國人、コレソノ大ナルモノナリ。事ニオイテハ、仁、敬、孝、慈、信、コレソノ大ナルモノナリ。目ハ、條件ナリ、事物ノ條目ヲ云ナリ。皆是其止ル所ノ大ナルモノナリ

究其精微之蘊トハ、眞西山曰、理ノ之浅‐近ナル処ロハ、易シレ見、而メ精‐微ノ処ハ難シレ知、若シ只ハ得ニ其ノ皮‐膚ヲ一、便チ以テレ未タルヲレ善ナラ、為シ二已ニ善ナリト一、須ラク三窮メ‐究テ至ルニ二精‐微ノ処ニ一。東陽許氏曰、精ハ是レ明‐白ノ之至‐理、指メレ五‐事ヲ而言フ、微ハ是レ五事ノ中チノ纖悉《センシツ》ノ之事ト、及ヒ毎シレ事之間タ、曲‐折隠‐微ノ処ナリ。

イフ意ハ、仁ヲシ、敬ヲヲストモ、一二分ノ者アリ、三四分、五六分ノモノアリ、コレヲハ、タヽ仁ト云ヘシ、敬ト云ヘシ。仁ニ止リ、敬ニ止ルト云ヘカラス。十分ノ仁ヲシ、十分ノ敬ヲスルヲ、仁ニ止リ、敬ニ止ルト云ヘシ、コレ至善ノ仁敬ナリ。若シカスンハ、善トハ云ヘシ、至善トハイヒカタシ。孝、慈、信、モ、又シカリ。又仁ハ、人ヲ愛ストハカリシリ、敬ハ人ヲウヤマフトハカリシルハ、精微ニアラス。人ヲ愛スルウチニモ、人ヲ敬スルウチニモ、淺深アリ、厚薄アリ、精粗アリ。人人タレモシヤスキハ、浅シ、アラシ、其深ククワシク微妙ノ蘊奥ハ、人人ノシリカタキトコロナリ。學者コヽニオイテ、其深キ蘊奥ヲ窮メヨト云ナリ、又類ヲ推テ、其餘ヲ盡ストハ、コヽニ、君仁、臣敬、子孝、父慈、國人信トアリ。此例ヲ以テイ

ハ、、其餘ニ、夫婦兄弟アリ。夫止《ハリ》㆓於義《ニ》㆒、婦止《ハリ》㆓於順《ニ》㆒、兄止《ハリ》㆓於友《ニ》㆒、弟止《ハル》㆓於恭《ニ》㆒トイフヘキ類ヒナリ。又天下ノ萬物萬事ヲ、推テ見レハ、各至善ノ在トコロアリ、コレヲシリテ、止ルトキハ、何ノウタカヒカアランヤ○新安陳氏曰、學-者於㆑此《ト云ニ》以-下《ハ》、乃朱子《ス》推《シ》㆓-廣《ム》傳-文言-外之《ノ》意《ヲ》㆒（「大學諺解」）

伝の「為人君止於仁、為人臣止於敬、為人子止於孝、為人父止於慈、与國人交止於信」と章句の「引此而言、聖人之止、無非至善。五者、乃其目之大者也。學者於此、究其精微之蘊、而又推類以盡其餘、則於天下之事、皆有以知其所止、而無疑矣」に対応する箇所からの引用である。

伝は、詩に見える「止」字を承け、止まるべきところを人倫という点から分類し、さらにそれぞれに関係する徳目を列挙している。章句によれば、伝が挙げた五つの徳目こそが至善の条目なのである。ただし、伝はあくまで「凡例」を挙げたに過ぎず、「類を推して以て之に通」じなければならないのである。章句の「究其精微之蘊」以下は、この点を問題としている。また、伝が挙げる人倫についても、君臣父子朋友を挙げるのみであり、夫婦兄弟に関する記述を欠いている。つまり、五倫のうち二つまでを欠いていることになり、この点を朱熹は「大学或問」で補足している。(34)

林羅山はこの点を踏まえ、伝において欠けていた夫婦兄弟に関する記述を補った。「大學和字抄」において、林羅山は「尚書」の孔安国伝に見える「父義、母慈、兄友、弟恭、子孝」という記述を利用し、経の解説を行ったのである。この古注による経への補足は「大學和字抄」にのみ存し、詳細を極める「大學諺解」には観察し得ない。

# 小結

最後に、「大學諺解」と「大學和字抄」の両者の関係を整理し、比較検討の結果に考察を加えたい。

まず、両者の前提となった林羅山の知識に関して言えば、「大學諺解」において林羅山は、彼が実見した明代の書籍をも用いて「大学」を解釈した。詳簡の差こそあれ、この点では「大學和字抄」も同様の特徴を有する。本章で言及し得た明代の書籍は僅かに「四書大全」と「四書蒙引」のみであったが、林羅山が用いた膨大な船載書の一端には触れた。林羅山の学術が溢れんばかりの知識を背景とすることは間違いない。また、その知識の中には明代あるいは宋代以前の知識をも含むことも確認した。特に、この特徴は「大學諺解」において顕著に現れる。

次に、注釈態度、特に古注・新注の関係について言えば、林羅山は、古注と新注を混じえる清原家の四書解釈へ批判を行いつつも、自らは決して古注を切り捨てなかった。むしろ、林羅山は古注を比較検討の対象として、古注への理解を前提とした上で、あえて新注による解釈を選びとったのである。林羅山は清原家のテキストを用いて経書を読み、後に清原家への批判を展開した。したがって、林羅山の学習階梯という点から見ても、清原家への対抗心という点から見ても、古注を検討の俎上に載せることは必然的な結果といえる。

さらに、成立の経緯や叙述の特徴について言えば、「大學諺解」は特殊な事情のもとで成立した。若い君主の下で開けつつある自身の未来への展望と、その後を託すべき後継者の夭折とが、同時にのしかかって来る状況。これが「大學諺解」という著述の性格を決定づけている。「大學諺解」は後継者養成のために著されたのである。

そのため、林羅山は幅広い知識を駆使し、自身の「大学」解釈を展開した。「大學諺解」の特徴は、博と詳である。一方で、「大學和字抄」は「大學諺解」と全く異なる特徴を示す。「大學和字抄」は「四書大全」や「四書蒙引」を用いる頻度は少なく、古注と新注を比較検討することもない。また、依拠する資料を原文で引用せず、常に簡潔に自己の解釈を述べる。朱熹が込み入った議論を展開する箇所については、「大學和字抄」はこれを避け、必ずしも従わない。「大學和字抄」は専門的な議論にはわたらぬ方法により、「大学」解釈を展開する。つまり、「大學和字抄」の特徴は、要と簡である。

既に確認した通り、「大學和字抄」は徳川将軍家に三度にわたって献上された書物である。この書を献上するにあたり、林羅山が素人相手の仕事であることを理由にいい加減な態度で臨んだとは考え難い。また、本章で扱った「大學和字抄」が「大學諺解」よりも後に書かれたことを忘れてはなるまい。

つまり、本章で指摘した「大學諺解」と「大學和字抄」の違いを、想定する読み手の違いや林羅山の学術上の進展によるレベルの高低ではなく、林羅山という一人の人間が有する異なる側面の表れとして理解しなければならないのである。一つは後継者育成のため、一つは林羅山の渡世、すなわち徳川将軍家に仕えるという稼業の一部という、二つの側面である。

単純に比較してしまえば、「大學和字抄」は一見「大學諺解」に劣るように見える。しかし、成立経緯を念頭に入れた上で比較したならば如何。単純に「大學和字抄」と「大學諺解」に優劣をつけることは出来まい。博識を競うならば、清原家の学術もまた人後に落ちぬことは第一章で確認した通りである。

最後に、大学に注をつけるという行為そのものの持つ意味について言えば、自身の学を次代に伝える必要性を強く意識した時、林羅山は「大学」の注釈書を著した。また、「大学」の注釈書は徳川将軍家に再三にわたり献上された。「大学」とは、「礼記」の大学篇ではなく、四書の一つとしての「大学」である。とすれば、注釈書の中で展開される解説も、朱熹の解釈を基調としつつ明代の書物を利用するものであったのも当然である。とすれば、林羅山は明確な意識のもとで、新注に拠った注釈書を著したと言わなければなるまい。しかし、最終的には新注に拠るにも拘らず、そこへ至る過程には古注と新注を全く対等に扱う態度が垣間見えた。林羅山が敢えて新注に拠ることと、古注と新注をドライに扱う態度とは、決して矛盾してはいない。

つまり、林羅山は新注を経伝に向き合う上で取り得る選択肢の一つとして採用したに過ぎず、新注の古注に対する特権的な優越を認めていたわけではないのである。

注

(1) 大島晃「林羅山の『文』の意識　其之一――『読書』と『文』」(『漢文學 解釈與研究』一、一九九八)
(2) 前掲安井「日本儒学史」「程朱学者としても唯程朱の説を其まゝ会得するに止まり、新説と見るべき者殆どなし」
(3) 前掲安井「日本儒学史」
(4) 前掲宇野「林羅山(附林鵞峯)」「これは些か過当で羅山にもこの程度の古注の尊重はある」
(5) 前掲村上「林羅山『大学諺解』をめぐる諸問題―近世の漢文訓読史の立場から―」
(6) 函館市立中央図書館も「大學章句解」として一本を有するが、完本ではない。村上雅孝・大島晃の両名は内閣文庫所蔵本を用いており、本書もこれに従う。
(7) 林左門の学習階梯については、本書の後篇第五章で詳述するため、ここではごく簡単に紹介するに留める。
(8) 「礼記」檀弓上
(9) 林鵞峯の学習階梯については、本書の後篇第五章で詳述するため、ここではごく簡単に紹介するに留める。
(10) 内閣文庫所蔵林家旧蔵元禄二年刊本「鵞峯林学士文集」(以降、「鵞峯文集」と略記する)附録・林鵞峯編「自叙譜

略」（以降、「自敘譜略」と略記する）
(11)「大學和字抄」は、その書名が「羅山年譜」に見えることもあり、様々な形で言及されるものの、詳しくこれを扱う論文は存在しない。福井保の「江戸幕府編纂物」（雄松堂出版、一九八三）は「大學和字抄」を献上本の一つに数え、その成立経緯にまで言及した唯一の例である。
(12) 内閣文庫所蔵林鵞峯旧蔵明暦三年印本「延喜式」「書新雕延喜式後」
(13)「大學諺解」所引「大学章句」伝三章「言物各有所當止之處也」
(14)「大學諺解」所引「大学章句」伝三章「言人當知所當止之處也」
(15) 林羅山の後を継いだ林鵞峯は、「大學諺解」を補佐するものとして、「大學或問私考」を著した。この林鵞峯晩年の作品は「大学或問」本文をしばしば割愛する。「論語諺解」や「大學或問私考」が払うべき注意を怠ったわけではなく、「大學諺解」の態度が執拗なのである。
(16)「巵言抄」や「三徳抄」あるいは「経書要語」なども、引用された古典籍の本文は加点されている。ただし、内閣文庫所蔵の「経書要語解」は、引用された経書の本文が加点されていない。
(17)「大学或問」「或問、此引玄鳥之詩、何也。曰、此以民之止於邦畿、而明物之各有所止也」
(18)「四書大全」「王者所居、地方千里、謂之王畿。居天下之中、四方之人、環視内向、皆欲歸止於其地、猶事有至善之理、人當止之也」、内閣文庫所蔵林羅山旧蔵嘉靖五年序刊本「四書蒙引」（以降、羅山「蒙引」と略称する）巻第二「維民所止之止、止居之止也。物各有所當止之止、止至善之止也。借彼之詞、寓此之意」
(19)「詩経」小雅・緜蠻「緜蠻黄鳥止于丘隅」
(20)「礼記」大学「詩云緡蠻黄鳥止于丘隅」
(21)「詩集伝」小雅・緜蠻「緜蠻黄鳥止于丘隅」
(22)「大學諺解」所引「大学章句」伝三章「詩云、緡蠻黄鳥、止于丘隅」
(23)「詩集伝」小雅・緜蠻「緜蠻、鳥聲」
(24)「礼記正義」大学・孔頴達疏「正義曰、言緜蠻然而小者、是黄鳥也」「正義曰、緜蠻、文連黄鳥。黄鳥、小鳥。故知繇蠻小貌」

(25)「大学或問」「曰、命之爲慢與其爲怠也孰得。曰、大凡疑義、所以決之不過乎義理・文勢・事證三者而已。今此二字、欲以義理文勢決之、則皆通。欲以事證決之、則無考。蓋不可以深求矣」

(26) 羅山「蒙引」巻第二「或以夭夭、少好貌、為指桃花、非也。詩上章有云、桃之夭夭、灼灼其華、則知桃只是桃身也」

(27)「詩集伝」周南・桃夭「婦人謂嫁曰歸」

(28)「春秋公羊伝」隠公二年十月「冬十月、伯姫歸于紀伯。姫者何。内女也。其言歸何。婦人謂嫁曰歸」、「春秋穀梁伝」隠公二年十月「冬十月、伯姫歸于紀。禮、婦人謂嫁曰歸、反曰來歸」

(29)「易経」序卦伝下「有天地然後有萬物。有萬物然後有男女。有男女然後有夫婦。有夫婦然後有父子。有父子然後有君臣。有君臣然後有上下。有上下然後禮儀有所錯。夫婦之道不可以不久也。故受之以恆。恆者久也」

(30)「荘子」外篇・外物「室無空虚、則婦姑勃谿。心無天遊、則六鑿相攘」

(31)「礼記」は昏義篇を備え、また「儀礼」は士冠礼に次いで士昏礼を記す。

(32)「詩経」周南・關雎・毛伝「夫婦有別、則父子親。父子親則君臣敬。君臣敬則朝廷正。朝廷正則王化成」

(33) 内閣文庫所蔵林羅山旧蔵本「大学要畧」（以降、「大学要畧」と略記する）下「此治國ノ章ニ婦人女子ノ叓ヲ引用ユルヿハ何ソ云フニ五倫ノ次第ヲ論スルニ或ハ君臣ヲ先ジ或父子或長幼朋友ナリ然ルニ夫婦ヲ以テ先スルヿハ夫婦和スレハ一家和シ齊テ人倫正メ一國ニ及ブゾ詩関雎篇易咸恒書ノ釐降ヲ見テ其實可知而已人ノ甚タコヽロヤスクテヲコタリヤスクユタンシヤスキハ夫婦居室ノ間ニアリ人倫ノ大ナル敬ミ処ヲ天下ノ大乱モ此ノ乱レヨリ出来スルゾ豈可忽哉」

(34)「大学或問」「其於大倫之目猶且闕其二焉」

# 第四章　藤原惺窩と林羅山の交渉再考

## ――「知新日録」受容を考慮に入れて

### はじめに

近世日本の儒教は仏教からの独立に始まり、その独立を担ったのは藤原惺窩と林羅山の師弟であった。彼らは五山に学び、後に離れて儒に傾倒した。この点で、両者の経歴は一致する。

さらに、彼らは仏から儒へという動向を同じくしていただけに止まらない。彼らの結びつきは、何よりも、経学への志向という符合に由るものであった[1]。斯かる認識を欠けば、この師弟の関係を内在的に理解することは出来まい。

もっとも、かくの如き一致にもかかわらず、藤原惺窩と林羅山は学問上の傾向を異にする。この差異を、通説では、藤原惺窩を見解の相違に拘泥しない包摂的かつ折衷的な学者とし[2]、林羅山を純粋なる朱子学者と扱う[3]ことで説明する。

しかし、既に先学が指摘した通り、この師弟への言及が「朱子学の枠組に従った学説の検証に留まるものであったり、固定的な視点に立つものであってはな[4]」るまい。すなわち、藤原惺窩や林羅山に関する資料の検討が、右の通説を確認するための作業へと堕することは、決してあってはならない。

例えば吉田公平は、藤原惺窩と青年時代の林羅山が嘉靖年間（一五二二～一五六六）に刊行された書物を材料に意見を交わしたことを取り上げた。[5]吉田公平は、藤原惺窩や林羅山が触れた朱子学とは王守仁の存在を前提とするそれに他ならぬと特筆大書した。[6]

さらに大島晃は、寛永七年成立の「大學諺解」において、林羅山が王守仁を容認する箇所を検討した。[7]学者として成熟した林羅山は王守仁従祀の解禁（一五八四）後に出版された書物を用いたのである。大島晃は、これに着目し、万暦年間（一五七三～一六二〇）に刊行された書物の利用状況を詳細に検討した。大島晃によれば、林羅山は無秩序に舶載される書物とそこに記された知識に盲従するのではなく、自身の判断に基づいて整理し、消化していたのである。大島晃はそこに林羅山の「『読書』に確信をおく自律性の体現」への「志向」と「実践」を見た。[8]

つまり、藤原惺窩と林羅山にとっての朱子学とは、陽明学の存在を前提としたそれに他ならない。のみならず、両者が初めて交渉をもった時、林羅山はすでに「知新日録」に触れていた。この王学を容認する書物の存在を前提とするならば、両者のやり取りも通説とは異なる理解が可能となろう。

本章では、吉田公平と大島晃の先行研究および前章までの内容を踏まえ、藤原惺窩と林羅山の最初の交渉である、書簡のやり取りを検討することにより、議論の焦点を見極めると共に、この師弟関係の基本的性格の再把握につとめたい。なおかつ、林羅山の「大學諺解」を検討することにより、藤原惺窩とのやり取りで浮かび上がった議論の焦点が、壮年期の林羅山において如何なる結実を見たのかを論じたい。

## 第一節　林羅山の藤原惺窩との交渉と「知新日録」受容

本節では、藤原惺窩と林羅山の交際を、その最初期に着目して概観する。藤原惺窩と林羅山の交際は、慶長九年三月朔日に始まる。藤原惺窩門人の吉田玄之を介した書簡のやり取りの後、同年閏八月二四日に両者の面会が実現した。

しかし、最初の書簡から会見に至る期間においても、林羅山は清原秀賢との交際を続けている。また、建仁寺出奔以降も、林羅山は五山僧との関わりを絶ったわけではない。したがって、林羅山がその交渉の最初期から藤原惺窩に心服し、師と仰いでいたとは考え難い。

最初の披露状の中で、林羅山は儒仏や朱陸の別を強調した(9)。林羅山は既に藤原惺窩の平生の主張を知悉していたらしく、仏教や陸九淵に対する批判を通じて、藤原惺窩の寛容で包摂的な立場を批判する。

ところが、藤原惺窩は林羅山の仏教批判や陸九淵批判に取り合わず、林羅山の言を羅欽順（一四六五～一五四七）「困知記」や陳建（一四九七～一五六七）「学蔀通弁」など「党同伐異」の書に拠るものと指摘してみせる(10)。しかし、返す刀で林羅山は反論する。林羅山にとって、学とは異同の弁別・分析に他ならない(11)。

「困知記」や「学蔀通辨」、あるいは薛瑄（一三八九～一四六四）「読書録」や詹陵（生没年未詳）「異端辯正」など、この時期に藤原惺窩と林羅山が話題にする書物は、概ね嘉靖年間に成立した漢籍であり(12)、また禅宗や陸王学を大いに批判した書物である。これらはみな、林羅山が藤原惺窩に提出した「既見書目」に名を連ねる。

藤原惺窩は林羅山の言を明儒の受け売りと指摘したが、自身も同じ書物を読んでいなければ、このようなやり取りは成立しない。彼らは立場こそ異にするものの、依拠する書物を同じくしていたのである。嘉靖年間成立の書物が共通の土台となっていたが故に、林羅山と藤原惺窩の議論は成立し得たと言える。

しかし、「既見書目」には「知新日録」の名も見える。このとき林羅山は既に、「知新日録」をその典型とする、万暦一二年（一五八四）の王守仁従祀解禁後に現れる書物に目を通していた。であるとすれば、中国思想史における王学の登場と隆盛、そして激しい批判に晒されながらも漸次の勢力伸張を経て、遂には明朝によって容認されるという展開や潮流を、林羅山がおおよそ把握していたと見てよいのではないか。

とすると、「同異」をめぐる藤原惺窩と林羅山の議論も、従来と異なる捉え方が可能となろう。

「知新日録」は王守仁従祀の解禁を背景に出版された書物の一つである。「知新日録」の編者鄭維岳の生没年は未詳であるが、万暦四年（一五七六）の挙人である。(13) 国立公文書館内閣文庫には、林羅山旧蔵本「鐫淵陵鄭孩如観静窩四書知新日録」六巻が伝わり、見返しに「丙申冬萃慶堂余泗泉梓」と手写されている。丙申は同二四年（一五九六）であり、日本では慶長元年に当たる。林羅山は当時一四歳であり、この年に建仁寺で「長恨歌」と「琵琶行」の講義ノートをまとめている。また、やはり手写された鄭維岳の自序には、「甲午孟冬」の四字が見える。甲午は同二二（一五九四）年であり、日本では文禄三年に当たる。林羅山が建仁寺に入る前年である。

「知新日録」については、この本を含めて日本国内に三種類のテキストが現存するほか、台湾にも一本伝わる。(14) なお、中国では既に失われており、伝存しない。これらの書誌事項については、先行研究で既に整理されている(15) ものの、補うことがないでもない。

既に触れた通り、藤原惺窩との交際に先駆けて、林羅山は「知新日録」を読んでいる。また、藤原惺窩との対面が叶った後には、「知新日録」を貸与している。(16) さらに、「大學諺解」においては、この書から長大な引用を

行っている。林羅山にとって、「知新日録」は重要な情報源であったに違いない。(17)

しかし、それぞれの段階で林羅山の手元に存した「知新日録」が、いずれのテキストであったのかは、必ずしも自明ではない。そこで、「大學諺解」に引用された「知新日録」と、国内に伝わる三種類のテキストとの対校を行った。図示したので、参照されたい。

これにより、少なくとも「大學諺解」作成の段階において、林羅山の手元にあったテキストとして有力なのは、内閣文庫所蔵本明版であるとは言えそうである。しかし、このテキストに関しても、「大學諺解」における引文と寸分違わず一致するわけではない。

ここに、台湾に伝存するものと同系統のテキストが林羅山存命中に伝わった可能性、ないしは林羅山が内閣文庫所蔵本明版のテキストを補訂の上で「大學諺解」に引用した可能性、将又林羅山が複数のテキストを校べて新たなテキストを作った可能性が生じる。しかし、台湾に伝存するテキストを精査できていないため、本書ではこれ以上の穿鑿はしない。

いずれにせよ、「知新日録」は林羅山にとって、全く同時代の書籍であった。見返しや鄭維岳による自序の情報を信じるならば、林羅山は一〇年弱の時間差で「知新日録」を入手していた計算になる。

当時の林羅山がどの程度「知新日録」を読みこなしていたのかは、必ずしも明らかではない。

しかし、林羅山は、客観的な事実として最新の情報を入手していただけでなく、主観的にも自身は最新の情報を入手していると自負していたに違いない。林羅山は「知新日録」に触れることで、厳しい批判に晒された陽明学が同時代の中国で既に容認されていることを知ったわけである。

それだけに、王守仁を如何に評価するのかは、林羅山においても重要な課題と認識されていたであろうことも、容易に察せられるのである。

実際、慶長九年九月中旬の書簡で、林羅山は藤原惺窩にその評価如何を質している[18]。なお、「既見書目」には「陽明詩集」という書物が名を連ねるが、その内容は不明である[19]。

また、元和八年（一六二二）正月五日、林羅山は石川丈山（一五八三〜一六七二）の求めに応じて「四書跋」と「五経大全跋」を著すが、この跋において、林羅山は林兆恩と共に王守仁に言及する[20]。林羅山は藤原惺窩との議論に際して陸九淵を批判した時のように、王守仁と林兆恩の「格物」解釈に「高」という評価を与えている[21]。

そして、寛永七年成立の「大學諺解」にはこの「知新日録」の長大な引用と王守仁に対する林羅山の論評が確認できる。また、引用文には周到に訓点が施されている。

これらによって、林羅山の王守仁評価を時系列に即して辿ることが出来よう。ならば、その評価如何の検証が必要であろう。また、その検証作業は、林羅山の「知新日録」受容という視点から行われなければならないであろう。

次節からは、斯かる前提の下に藤原惺窩と林羅山の交流を洗い直す。具体的には、両者の文集に収録される書簡のやり取りと対話の様子を点検することにより、この師弟の関係が如何なる形で始まったのかを再把握したい。

## 第二節　林羅山が慶長九年三月朔日付書簡に込めた意図について

藤原惺窩と林羅山の関係は、慶長九年三月朔日付の書簡に始まる。この書簡の中で、林羅山は三つの問題について触れる。それは、儒服の問題と朱陸の「同」と「異」の問題、そして藤原惺窩の「大学」三綱領の理解についての問題である。林羅山は、これら三つの問題を論じる合間に、しばしば仏教の問題を挿入する。

まず儒服の問題について、林羅山は藤原惺窩を司馬光（一〇一九～一〇八六）や程顥（一〇三二～一〇八五）に譬え、儒服を着て儒学を講じることを称揚する。(22)ここで、林羅山が司馬光と程顥の両者を引く由来は、朱熹「六先生畫像賛」にあろうが、(23)より直接的には「聯珠詩格」に見える袁甫（生年不詳～一二一四）の七言絶句か。(24)「聯珠詩格」は于済（生没年不詳）の撰であり、七言絶句だけを収録し、五山においては漢詩作成の手引書として重んじられた。林羅山や藤原惺窩にとって、この書に見える文言を引き、また解することは自家薬籠中の物であったに違いない。

いずれにせよ、林羅山は「聯珠詩格」を引き、藤原惺窩の人柄を「温潤なること良玉の如し」と称された程顥に譬え、(25)且つその行いを胡服ではなく深衣を纏った司馬光に譬える。これは、やや大げさではあるものの、藤原惺窩への率直な賛辞に見える。

ところが、この藤原惺窩への称賛の直後、一転して林羅山は苛烈な仏教批判を開始する。(26)林羅山は仏教を悪と断じ、この悪と対決する者として、改めて藤原惺窩の功績を褒めたたえる。(27)すなわち、林羅山は善としての儒学と悪としての仏教という構図を強調し、この対立構造の中に藤原惺窩を位置付けようとしているのである。

その上で林羅山は、以前藤原惺窩に疑問を持つ者がいたから、自身が藤原惺窩に代わり反論しておいたと言う。(28)この言が真実であろうが、創作であろうが、藤原惺窩にとっては迷惑な話であったに違いない。確かに、久しく相国寺で過ごしたにもかかわらず、還俗して深衣を纏う藤原惺窩を、かつての同輩たちはさぞや訝しく思ったことであろう。しかし、林羅山のように仏教を悪と断じる用意が、果たして藤原惺窩にあったであろうか。

林羅山の賛辞は、藤原惺窩にとって、平地に波乱を起こすが如き厄介事だったのではあるまいか。

次に朱陸の同異について、林羅山は藤原惺窩を陸九淵の学を語る者であると決めつける。(29)その上で、朱熹と陸九淵を全く相容れぬ存在であると主張し、周敦頤（一〇一七～一〇七三）「太極図説」の解釈をめぐる朱熹と陸九淵の論争に言及する。(30)林羅山によれば、陸九淵は「太極図説」に見える「無極而太極」の「無極」を「老子」から持ち込んだ言葉であると主張した。(31)この点を、林羅山は問題視するわけではあるが、林羅山の陸九淵批判は如何にもとりとめなく、把握しがたい。

林羅山によれば、(32)周敦頤こそが道統を接ぐ者であり、「太極図説」は「周易」に依拠して制作された書物である。また、周敦頤から「太極図説」を授かった程顥と程頤（一〇三三～一一〇七）はさながら孔伋に相当し、この二程の学を朱熹があたかも孔伋に対する孟軻の如く継いだという。

林羅山の説明は、いわゆる道統の伝に関する言説の枠を大きく逸脱するものでは、決してない。林羅山は、周敦頤から朱熹へと至る、宋代における学問上の展開を尊重すべきであると主張しているに過ぎまい。問題は、この道統の脇へと追いやられた者を如何に位置付けるかにあろう。林羅山の理解では、陸九淵は「太極図説」に「老子」の語が混入していると言ったが、その陸九淵こそが老荘の尺度で「太極図説」を量った者であった。(33)林羅山は陸九淵を老荘に結び付けて批判するのみならず、禅宗と関連付けて非難する。(34)

斯かる林羅山の非難を、舶来書に見える陸九淵批判の言説を借りたものに過ぎぬと断じることは容易い。実際に、藤原惺窩はこの書簡へ返答する際に然う指摘している。(35)実際、陸九淵は禅宗や老荘と関連付けて幾度なく批判されてきた人物である。

特に、朱熹が晩年に自身と陸九淵との見解の合致を悟り、後悔したと説く「朱子晩年定論」成立後は、その著者である王守仁への批判と共に、(36)朱熹と陸九淵との「同」と「異」の把握が思想史上の課題となってきた。(37)したがって、藤原惺窩が林羅山の言を、斯かる議論を繰り返しているに過ぎないと批判するのは当然と言えよう。しかし、林羅山の書簡を受け取った藤原惺窩その人は、右の指摘すなわち林羅山の陸九淵批判が舶来書の文言を借りたものに過ぎないという、自身の指摘にもかかわらず、厄介な議論を挑まれたと認識していたのではあるまいか。

なるほど、老荘と関連付けた陸九淵批判は、必ずしも深刻な批判になり得ないであろう。本邦において、道教は現実的な宗教勢力としては存在しないからである。

しかし、禅宗とりわけ臨済禅となれば、話は変わる。藤原惺窩も林羅山も、一度は京都五山に身を置きながら、出奔した立場にある。であればこそ、林羅山の「等を躐ゆる」や「階梯を經ずして高きに升る」[38]あるいは「下學せずして上達を爲（す）」[39]といった批判は、藤原惺窩にとって看過できぬ説得力を有していたのではなかろうか。なぜならば、あくまでも世俗的な原理に従い、序列を重んじ、低きより高きへと至ることを目的とする者たちこそが儒だからである。そして、藤原惺窩や林羅山も、正しくこの意味での儒を標榜していた。[40]

なればこそ、林羅山が、孔丘の道は六経にあり、経書を解釈してまじりけが無いのは朱熹であると説くと共に、ただただ四書を読まねばならないと語ることは当然である。[41] この時、経書に向き合うことと、朱熹を尊重することとは、林羅山において別個のことと認識されながらも、矛盾なく並立していることを見落としてはなるまい。そして、林羅山が次の問題として「大学」解釈について触れることも、また必然であろう。経書とは、この世の真実が記された書物に他ならない。就中「大学」にこそ、「格物」から「平天下」へと至る段階、すなわち「等」や「階梯」が示されているからである。

最後の「大学」三綱領の理解について、林羅山は藤原惺窩自身を明確に批判する。林羅山によれば、藤原惺窩は三綱領（明明徳・新民・止至善）を実は二綱領（明明徳・新民）と解すべきであると主張しており[42]、この主張が誤りであるという。

林羅山はこの問題で執拗に二綱領ではなく三綱領と解すべきであると説くが、その最中で唐突に朱熹の言を引く[43]。これは「朱子語類」に由来する言葉であるものの[44]、より直接的には「四書大全」所収の「讀大學法」に拠っていよう。

この引用文は、「大学」本文と朱熹による章句、そして「大学或問」を読む上での心構えと段階を説く。朱熹「大学章句」は「大学」本文を読むためにあり、同じく朱熹「大学或問」は「大学章句」に拠る際に参照すべき書物である。しかし勉学が進めば、まず「大学或問」を廃し、次に「大学章句」を廃し、最後には「大学」本文さえも自身の内に刻み込み、書物を開く必要を無くして行く。

つまり、林羅山は朱熹の言を引くことによって、改めて「等」や「階梯」を設けて学ぶことの重要性を強調し、その上で陸九淵の批判を試みているのである。のみならず、林羅山は藤原惺窩の学問を「折衷」と形容し、さらに「同志の者」も増えようかと言う[45]。ならば、その「同志の者」とは、果たして何者であろうか。

それは五山の僧侶であろう。振り返ってみれば、この書簡の中で林羅山は何度も仏教とりわけ禅宗を「高」であると批判した。林羅山は五山禅林の学に陰に陽に言及することで、藤原惺窩を問い詰めているのである。先生、本当はあなたも五山僧の仲間なのではないですか、と。

したがって、林羅山が書簡の末尾で再び深衣について触れる意図は明瞭である[46]。林羅山は藤原惺窩に仏教への明確な態度決定を要求しているのである。そして、この書簡は、学生から教師への質問や、客気に駆られた青年学徒から著名な学者への秋波などでは、決してない。

この書簡は、言うなれば林羅山から藤原惺窩への挑戦状なのである。

## 第三節　藤原惺窩の慶長九年三月一二日付書簡について

慶長九年三月一二日、林羅山の挑戦的な書簡に対して、藤原惺窩は返事を送った。その内容は、林羅山の書簡とは対照的に、一つ一つの問題を切り分け弁別して回答するものであった。

林羅山は深衣の問題や朱陸の「同」と「異」あるいは「大学」解釈について論じる中で、しばしば仏教について言及した。また、林羅山は「大学」解釈の問題を論じる際に朱陸の「同」と「異」の話題を蒸し返したかと思えば、書簡の末尾では深衣の話題に立ち戻る有様であった。

斯くの如く、複数の問題を意図的に混同させて論じることによって、林羅山は藤原惺窩を自身の土俵へと引きずり込もうとしたのである。

これに対して藤原惺窩は、基本的には書簡の中で触れられた問題の順序に即して、個別に回答して行く。ただし、林羅山の「躐等」や「不經階梯而升高」あるいは「不下學而爲上達」といった批判や「同志の者」という表現については、最初に問いへの回答という形ではなく、書簡冒頭の挨拶の言葉という形でまとめて処理する。(47)すなわち、現在は世も降って俗が薄くなり、また「高き者は空虚に入り」「卑き者は功利に入る」ため、自身に朋友はなく、孤立していると断る。これにより、藤原惺窩は林羅山による五山僧の仲間ではないかという問責を躱したのである。

次に、深衣については、林羅山の賛辞を躱す(48)と共に、自分自身が纏う衣装に見合わぬ人間でないかを恐れていると言う。[49]

続いて、藤原惺窩は仏教の問題を深衣の問題から独立させて別個に語り[50]、やはり慎重に同意を示す[51]。すなわち、林羅山が十分に仏教を批判したため、また韓愈（七六八～八二四）以来の諸儒が仏教を批判して余蘊ないため、自分が付け加えることはないという。そして、自身も同じ心積もりがないではないという。

さらに、朱陸の「同」と「異」について、藤原惺窩は林羅山の陸九淵批判を明儒の受け売りに過ぎないと断じるものの、朱熹を「夫子」と呼んで私淑の意を示す[52]。しかし、やはり陸九淵の評価については慎重な姿勢を崩さない[53]。

もっとも、同じ慎重な姿勢であっても、仏教と陸九淵とでは、藤原惺窩の評価に微妙な差異が窺える。仏教への評価については、藤原惺窩は林羅山に概ね同意しているに対し、陸九淵については、その評価を定めかねているからである。藤原惺窩は明儒の陸九淵批判を濡れ衣ではないかと疑っているために、疑わしきを闕く態度を守っている。

藤原惺窩自身は朱陸の「異」を気象の差異と捉えている[54]。気象とは父子兄弟でさえ異にするものであるから、他人同士ならば尚のことである。したがって、朱陸の間に「異」があるからと言って、そこばかりを見て、「同」を見過ごしてはいけない[55]。

藤原惺窩は朱陸の「同」と「異」に関する話題を猶も続ける[56]。確かに、周敦頤や張載（一〇二〇～一〇七七）あるいは二程や朱熹は韓愈を批判する。そして、それは彼らがする限りにおいてはよい。しかし、彼ら以外がするならば、それは己が力量を弁えぬ罪なのである。しかし、当然ながら、藤原惺窩はここで韓愈をめぐる評価とそのありようを問題としているわけではない。林羅山の陸九淵批判を撃ったのである。

最後に、藤原惺窩は「大学」解釈の問題に触れる。(57) しかし、この問題について、藤原惺窩は林羅山の問いを心外と思ったのか、どういうわけかと問い返す。

それにしても、林羅山が執拗に行った仏教批判をあっさりと躱し、立ち入った議論を嫌ったにもかかわらず、なぜ藤原惺窩は朱陸の「同異」について饒舌に語るのであろうか。それは、「諸彦排陸」の書物を咀嚼した上で、改めてこの問題を考えようとしたからではあるまいか。

## 第四節　林羅山の慶長九年三月一四日付書簡と同年四月中旬の書簡について

藤原惺窩は林羅山が提示した様々な話題を分析し、一つ一つ順番に回答するという方法を選んだ。ただ、順序を無視して高きを望み、空虚に入るという批判だけは、「同志」が多かろうという邪推と共に否定した。その際、藤原惺窩は「孟子」(58) から「朋友」の語を拾った。(59) そこで、林羅山はこの「朋友」に着眼し、(60) 慶長九年三月一四日付書簡において、「朋友」に関わる文言を列挙して行くことで、再度の議論を試みる。

林羅山は「論語」顔淵(61) および「論語」雍也(62) から句を引き、「朋友」の話題に「仁」字を導入する。(63) そして、朱注の「仁は愛の理、心の徳」を確認した上で、藤原惺窩の学を「心學」と評す。(64) 尚且つ、林羅山は「先覺」である藤原惺窩と「後學」である自身の関係を確認することで、改めて「等」と「階梯」の重要性を強調する。(65) のみならず、また「論語」(66) を引き、「後學」は「先覺」の訓導なくしては、自分が無知であることさえ知り得ないと言う。林羅山は、もし自分を受け入れぬならば、藤原惺窩の「愛の理」は何処にあるのかとさえ言う。(67)

この書簡の末尾において、林羅山は藤原惺窩の「朋友」という発言にことよせて自身の見解を開陳したに過ぎぬと言う[68]。それは、一面においては正しい。少なくとも、筋は通っている。しかし、林羅山の意がそこにのみ存するわけではないことも、また明らかである。

この書簡への返答は存在しない。単に伝存しないというわけではなく、藤原惺窩が黙殺したのである。しかし、それは当然と言わざるを得ない。

そこで、林羅山は翌四月中旬に更なる投書を行う。この書簡は非常に長大であるため、冒頭部分をのみ検討の対象とする。ともあれ、この書簡で林羅山が試みたことは明瞭である。先の二つの書簡にも増して多くの、そして判断の難しい問題を突き付けることにより、藤原惺窩に選択を迫っているのである。その選択の性質如何については、この書簡の中で林羅山自身が明言するであろう。

まず林羅山は、二度目の書簡に返信が無いことに触れたのち[69]、陸九淵批判で以て藤原惺窩への問責を再開する。そして、そこで林羅山は藤原惺窩に揶揄された「諸彦排陸」の書をわざわざ引いた上で、「足下素好陸氏」と決めつける[70]。

のみならず、「前に足下謂らく、朱陸異ならず、人其の異なるを見て、其の同じきを見ず、と。夫れ學豈に同異を辯析する爲の者に非ざらんや」と言う[71]。この言葉は、一見すると事物の差異を強調する、林羅山の分析的傾向の表れのようではある。

ここまで、藤原惺窩と林羅山は、主として陸九淵について意見を交わしてきた。陸九淵は段階を踏んだ学びを軽んじる。だから、朱熹とは「異」なる。林羅山が然く主張すると、藤原惺窩は「異」ではなく「同」を見よ、と戒めた。確かに、このやり取りだけに着目すれば、分析的な林羅山と総合的な藤原惺窩の論争という構図も成り立たないでもない。

しかし、藤原惺窩と林羅山が参照した書物の用語法を考慮した時に思い浮かぶ「同異」の語の意味は、そして林羅山が既に「知新日録」を読んでいたことを思い返した時に思い浮かぶ「同異」の語の意味は、決して「差異」ではあるまい。

朱熹と陸九淵の間に見解の一致を見出す者が現れると、その代表的な論客としての王守仁を批判する文脈で数々の陸九淵批判が行われる。林羅山が用いた「学蔀通辨」などは、その急先鋒であった。しかし、この「学蔀通辨」においても、朱熹の全生涯にわたり、全面的に陸九淵と見解を「異」にしたとは主張していない。朱熹が李侗（一〇九三～一一六三）に師事する前後、つまり朱熹が大慧宗杲（一〇八九～一一六三）に接近していた時期、この陸九淵と出会う以前に朱熹は最も陸九淵と思想的に接近していた。陳建は然う言う。

斯かる主張に遭遇した時、自分なりに、朱熹を基準とした陸九淵の思想的な距離感を測ろうとするのは当然であろう。藤原惺窩も林羅山も斯う考えたに違いない。すなわち、朱熹と陸九淵の何処が「同」じで、奈辺が「異」なるのであろうか、と。

「同異」とは、「同」と「異」だったではあるまいか。この「同異」の判定に必要な材料、すなわち陸九淵に関する資料を欠くために、藤原惺窩が判断を保留しようとするのは妥当であろう。

林羅山の場合、状況はさらに込み入っている。林羅山は「知新日録」を読むことにより、厳しい批判に晒されたにもかかわらず、王学が明朝に容認されたことを知ったに違いない。林羅山において、陸王学は始めから否定されるべき学問ではなかった。少なくとも、斯かる潮流を把握してはいた。

しかし、そこまで承知していたにもかかわらず、「異」を強調して執拗に陸九淵を批判する林羅山の脳裏にあった「同異」の語の意味は、やはり「差異」であったと考えざるを得ない。ただし、この林羅山の「異」が同時に「同」をも視界に入れた上での「異」であったとは、言えるのではないだろうか。

朱熹と陸九淵の「異」を強硬に主張する林羅山にとってみても、既に朱熹と陸九淵の関係を、そして王守仁との関係を、「氷炭」の如きものと言い切れるわけではなかった。であればこそ、林羅山は、材料を欠くため判断を保留する藤原惺窩に、諸書に触れて自身というフィルターに通し、猶も捨て切れずに残った朱陸の「異」を懸命に説いたのではあるまいか。

であるならば、林羅山が藤原惺窩に対して、ともすれば礼を失するような言動に終始した理由は奈辺にあろうか。それは、やはり林羅山が陸九淵を、学習における段階を軽んじていると認識していたからに他ならない。

藤原惺窩と林羅山は陸九淵を間に挟み、また陸九淵の肩越しに王守仁を睨みながら、彼らの学を「高遠を以て道と爲（す）」ると解するか否かの綱引きをしていたのである。そして、陸九淵を、その肩越しに王守仁を見つつ、彼らを庇い、「異」ではなく「同」を見よと言う藤原惺窩に対して、林羅山は本当にそれで良いのか、と詰問していたのである。

## 第五節　「大學諺解」における「知新日録」の利用状況と「致知格物異説」の検討

本節では、林羅山の王守仁評価が如何なる落着を見たかについて、「大學諺解」を用いて検討したい。

林羅山が「大學諺解」で利用する書物は多岐にわたり、古注のみならず、明代の書物が多く名を連ねる。これは一見すると、まるで手当たり次第に書物を列挙しているかのようである。

しかし、実際には林羅山はこれら書物に次第を設け、整理していたのである。つまり、林羅山は「大学章句」

と「大学或問」を基調として、「四書大全」を始めとする書物で補足するという自らの方針を述べているのである。この点については、前章第一節で触れた。果たして、この「大学」解釈の方針は、注釈書の内容に如何なる形で反映されるのであろうか。

まず、林羅山が王守仁の「格物」理解を検討する箇所に着目する。林羅山が王守仁を如何に評価するのかを検討することによって、「大學諺解跋」における林羅山自身の言との異同を点検したい。

王守仁の「致知在格物」解釈について、林羅山は「大学問」と「答顧東橋」を用いて解説する。銭寛（一四九六～一五七四）によれば、「大学問」は王守仁の田州・思恩出征直前の作である。これは嘉靖六年（一五二七）に当たり、当時王守仁は五六歳である。また、「答顧東橋」については、やはり銭寛が嘉靖四年一〇月、王守仁五四歳の作とする。

国立公文書館内閣文庫には、林羅山旧蔵の宋儀望（一五一六～一五八〇）撰「陽明先生文粋」（隆慶六年序刊本）が伝わる。この「陽明先生文粋」は巻第一に「大学問」を収録する。また、やはり内閣文庫に林鵞峯旧蔵本の銭寛編「陽明先生文録」（嘉靖一五年序刊本）が伝わる。この「陽明先生文録」は巻第二に「答顧東橋」を収録する。もっとも、林羅山は先述の通り「知新日録」を用いて王守仁らの説を解説する。

試みに、「大学問」と「答顧東橋」の林羅山が当該箇所で引用した部分について、林羅山旧蔵本「鐫温陵鄭孩如觀靜窩四書知新日録」と内閣文庫所蔵「大學諺解」、さらに「陽明先生文粋」と「陽明先生文録」の対校を行い、その結果を図示するので参照されたい。これによって、林羅山が「知新日録」を用いていると明確になろう。

やはり、「知新日録」・「大學諺解」と「陽明先生文粋」・「陽明先生文録」の間には、文字・句・文の出入が確認できる。特に、「大學諺解」が「陽明先生文粋」から大幅に省略している箇所について、「知新日録」との一致が顕著に認められる。

林羅山の王守仁の説に対する解説は、二つの部分からなる。それは「致知」に関する部分と「格物」に関する部分である。

まず、前者から検討したい。

陽明ハ致《スヿハ》レ知《ヲ》在《リ》レ格《タヽスニ》レ物《コトヲ》トヨメリ。知ヲ良知トシテ、吾カ心ノ良知ヲ致ストス。人皆良知ノ説ハ、陽明ニ始マルトオモヘリ。不然。大全附纂ニ、呉氏季子カ説ヲ引テ、良知ヲ致スト云、又蒙引ニモ、良知ヲ致ストイヘリ。蒙引ハ、蔡清カ作ニテ、弘治甲子ノ歳、自序アリ。陽明ハ嘉靖八年己丑病死ス。弘治甲子ヨリ、二十六年後ナリ。然レハ、良知ノ説、陽明ニ始マルニアラス。陽明タヽ、専ラ良知ヲ談スルユヘニ、其門人、良知ノ学ヲ立テタリ。（『大學諺解』）

「大學諺解」からは「致知格物異説」を引いた。「致知格物異説」では、鄭玄以来の諸家による「格物」解釈が列挙し、解説される。漢文による引用の後、林羅山の解説が続く構成である。林羅山は王守仁の箇所で非常に長大な引用を行う。林羅山が王守仁に注意を払っていたことが察せられる。

林羅山は「大学問」より「大学」経一章における「致知」を「致良知」と解する箇所を引く(72)。その上で、林羅山は改めて王守仁の説を「陽明ハ致《スヿハ》レ知《ヲ》在《リ》レ格《タヽスニ》レ物《コトヲ》トヨメリ。知ヲ良知トシテ、吾カ心ノ良知ヲ致ストス」と紹介する。それでは、この説を否定することがこの箇所の眼目なのかといえば、そうではない。

林羅山は「人皆良知ノ説ハ、陽明ニ始マルトオモヘリ。不然」と続け、以下で「致知」＝「致良知」説を王守仁の独創ではなく、すでに「四書大全」および「四書蒙引」に見えることと力説する。

ここに、「四書大全」・「四書蒙引」が朱熹と王守仁を仲介し、「＝」で結ぶ可能性が生まれる。しかし林羅山の意図は、むしろ王守仁の「致良知」説を、朱子学の枠の中で説明可能であると主張することにあるのではないか。「四書大全」・「四書蒙引」への言及は、右の主張を支える根拠の提示として理解すべきではないだろうか。

次に、王守仁の「格物」解釈に関する部分を見たい。

又格物ノ物ハ、意ニアルトコロノ事ナリ。此事ヲ正シクスルトキハ、良知ヲ致シテ善ヲシ、悪ヲセヌ乛、必マコトアルユヘニ、其意則誠アリトイヘリ。（中略）陽明又朱子ノ格物ノ説ヲ難シテ、窮《メ》‐二至《ス》事物之《ノ》理《ヲ》一トセハ、窮ト理トノ二字ヲ去ラハ、至物ト云ヘシ。至物トノミイハヽ、イカンヲ通センヤトイヘリ。陽明甚タ聡明ナルユヘニ、朱子ヲ議ストイヘトモ、程子既ニ格物ノ以テ、窮理トス、朱子其意ヲウケテ、窮理ノ二字ヲ加ヘテ、格物ヲ釋セリ。ソノウヘ、至物トハカリアリテモ、至ハ、至極ナリ。聖人ハ、人倫之至《イタリ》《キハメ》也。又至ハ、悉盡ノ義アリ。仁之至義之盡也。コレ皆一ヨリ、十ニ及フノ義ナリ。物物ニ理アリ、物ヲ十分ニキハムルヲ、至物ト云サルヘケンヤ。人ノサトリヤスカランカタメニ、窮理ノ二字ヲソヘタリトシルヘシ（「大學諺解」）

この箇所は二つの問題を扱っている。一つは「格」字に対する王守仁の理解に関する問題であり、もう一つは「格物」を「窮理」と結びつける朱熹に対する王守仁の批判に関わる問題である。

一つ目の問題について、林羅山は王守仁の言を踏まえ、(73)「格物ノ物ハ、意ニアルトコロノ事ナリ。此事ヲ正シクスルトキハ、良知ヲ致シテ善ヲシ、悪ヲセヌ乛、必マコトアルユヘニ、其意則誠アリトイヘリ」とまとめた上で、これを否定的に扱う。

また、二つ目の問題について、王守仁は「格物」と「周易」に見える「窮理」の語(74)を結びつける考え方に疑問を投げかける(75)。「格物」が「窮理」の意であるならば、どうして聖人は最初から「窮理」の二字を用いて説明しなかったのか。古来、「格物」の解釈が一定しないことは周知の通り。これでは聖人の手落ちとなってしまうのではないか。

林羅山は王守仁の言葉を承け、「陽明又朱子ノ格物ノ説ヲ難シテ、窮《メ》‐至《ス》事物《ノ》之理《ヲ》一トセハ、窮ト理トノ二字ヲ去ラハ、至物ト云ヘシ。至物トノミイハヽ、イカンヲ通センヤトイヘリ」と整理する。「イカンヲ」とは、「イカンソ」の謂か。

その上で、「人ノサトリヤスカランカタメニ、窮理ノ二字ヲソヘタリトシルヘシ」と述べ、朱熹が「格物」を「窮理」と解するのは、後学を導くための方便と解する。

本節では、林羅山による王守仁の「格物」に関する言説への論評を検討した。林羅山は王守仁による朱熹への批判を退けつつ、王守仁の「致良知」説を朱子学の枠内に位置付けようとしていた。その際、自らの主張を支える根拠として、「大学章句」・「大学或問」の「輔翼」であるところの「四書大全」・「四書蒙引」を用いた。

## 第六節　「良知」・「誠意」の重視と「格物」の読み

林羅山は王守仁と「四書大全」・「四書蒙引」の間に連続性を見出している。かかる姿勢は、林羅山の学問に如何なる影響を及ぼすのであろうか。本節では林羅山に焦点を当て、さらなる検証を行いたい。

「大學諺解」からは、「大学」経一章の「欲脩其身者」以下に対応した林羅山の解説を引用する。ここでは、林羅山が「誠意」の解説に多くの言を費やす点について確認するとともに、「致知在格物」の「知」字の解説に「孟子」尽心上に見える「良知」(76)を導入する点に着目されたい。

> 其心ヲ正フセント欲スルモノハ、先其意ヲ誠ニス。意ハ、心ノヲコルトコロナリ。又心ノ萌《キサシ》ナリトモイヘリ。善念ヲコラハ、即チオコナフコトヲ誠ニス。悪念キサセハ、即チヤムルコトヲ必誠ニス。モツハラ善ヲシテ誠ニ悪ヲセサルヲ、誠意ト云ナリ。意ステニ誠アレハ、心オノツカラタヾシ。其意ヲ誠ニセント欲スルモノハ、先其知ヲ致トハ、善ヲシテ、悪ヲサルコトイツハリナシトイヘトモ、知ヲイタササレハ、イツレヲカ善トシ、イツレヲカ悪トセント、ウタカヒテ、善悪ニマトフナリ。知ヲ致ストキハ、善悪ヲシリ、邪正ヲ分ツコト、黒白ヲ見ルカコトシ。故ニ意ヲ誠ニセントナラハ、先其知ヲ致シキワムルナリ。知ハ心ノ神明、即チ心ノ霊ナリ。大全ニ、呉氏季子カ説ヲノセテ、孟子ノ良‐知ヲ引テ、人生レナカラニシル良知アレトモ、ヲシヒロムルコトアタハス。コレヲ致シキワムレハ、オノツカラ良知アラハルトイヘリ。蒙引ニモ、吾《カ》之知‐識《ハ》、是《レ》元有《ル》‐底《ナリ》、所‐謂《ル》人《ノ》心《ノ》之霊、莫《シ》レ不《ト云ヿ》レ有《ラ》レ知、乃《ス》良‐知也《ナリ》云云　知ヲ致スコト、物ヲ格スニアリトハ、事物ノ理ヲ、キハメイタストキハ、知即チ致ルナリ。理ニ叶フモノハ善ナリ。理ニソムクモノハ、悪ナリ。善悪分明ニワカレテ、マキル、コトナシ。故云、致《ヿハ》レ知《ヲ》在《ニ》レ格レ物《ヲ》。易《ノ》説卦ニ、窮《ム》レ理《ヲ》ト云ハ、格《ス》レ物《ヲ》ノ義ナリ
>
> (「大學諺解」)

「知ハ心ノ神明」以下で、林羅山は再び「致知在格物」の「知」字を人が生まれながらにして有するものであると解説する。さらに、この箇所では一歩進んで、その根拠にまで解説が及ぶ。林羅山は、「四書大全」の「良知之天與生倶生、人皆有之」および「四書蒙引」の「吾之知識、是元有底、所謂人心之霊、莫不有知、乃良知

也」という記述を直接の根拠として、「致知在格物」の「知」字と「孟子」の「良知」を結びつける。

王守仁が「誠意」と「良知」の語を重んじたことは周知の通り。なればこそ、林羅山の解説に王学への傾斜を見出したくなる。

しかし、林羅山自身はそのような詮索の余地を「故云、致《ヿハ》レ知《ヲ》在レ格《ニ》レ物《ヲ》。易《ノ》説卦ニ、窮《ム》レ理《ヲ》ト云ハ、格《ス》レ物《ヲ》ノ義ナリ」という解説によって否定する。むしろ、「善悪分明ニワカレテ、マキル、コトナシ」以前の解説を「故云」と承けた後、「大学」経一章の「格物」の二字を「窮理」と解する程朱支持を表明する。(77)

林羅山は「格物」の「格」字に「ス」という添え仮名を付す。この「格」字を「イタス」と読むのが、林羅山の意図するところであろう。というのも、林羅山は「大学」経一章を「致《スヿハ》レ知《ルヿヲ》在《リ》レ格《イタスニ》レ物《コトヲ》」と読み、朱熹による章句を「格《ハ》、至《ナリ》也。物《ハ》、猶《ノ》レ事也。窮《メ》二至《メ》事物之理《ヲ》一、欲二其《ノ》極処無《ヿヲ》一レ不《ヿ》レ到《ラ》也」と読むからである。

「大學諺解」において幾度かにわたり、林羅山はこの「格《ス》」という表記を行う。当然のことながら、それらは「イタス」と読まねばなるまい。

しかし、「大学」における「格」字理解は読む者の立場を問う。特に、王守仁が「格」字を「正」と解するだけに、「格《ス》」という表記を目にすると、一抹の不安がよぎるのも確かである。と同時に、読み手は「格」字に、「タダス」とも読めるように敢えて添え仮名を省略したという、林羅山の意図をつい見出したくなる。

この問題について、林羅山は「格《ハ》、至也トハ、イタルトヨメリ。コ、ニテハ、イタストヨムナリ」と簡潔に自己の立場を表明するものの、斯かる読みを採用した理由の説明はない。もっとも、「四書蒙引」の引用から察するに、「致知」と「格物」の相即を主張したものと推定される。(78)

とすれば、林羅山が変則的な読みを採用したのは、「四書蒙引」に見える説を朱説の延長線上にあると認めたが故の、一種の見識と解し得ようか。

## 第七節　林兆恩の「格物」説への批判

再び、「致知格物異説」を用いて林兆恩に対する林羅山の評価に着目し、点検したい。

林子ハ格《スツ》《サル》レ物《モノヲ》トヨメリ。正シクスル義ヲモ、カ子タリ外物ノ物ニアラス。事物ノ物ニアラス。心ニ少モサ、ハリアルヲ、物ト云ナリ。コレヲ非心ト名ツケテ、ハライスツルトキハ、心明ニメ、知オノツカラ至ルト云ナリ。予ツラく林子ヲミルニ、格物ノ論、文甚タ多シ。コトくクノスルニオヨハス。其間ニ、心中不レ可《カラ》レ有《ル》レ一‐物トイヒ、此人胸‐中無《シ》レ物トイヒ、人性《ノ》上《ヘ》不レ容《ヘカラ》レ添《フ》二一‐物《ヲ》一トイヒ、心‐中不宜容絲髪事トイヒテ、心ノオホル、トコロヲスツルヲ、格物トス。物ステニ格シテ後、格ヘキモノナキニ、ナヲ（格ントスルナキハ）格モ又物ナリトキラヘリ。或ハ又玩《ハ》レ物《ヲ》レ喪《フ》レ志《ヲ》ノ語ヲ引テ、不《ル》レ玩《ハ》レ物《ヲ》、格物トオモヘリ。畢竟林子カ意ハ、虚ナリ。無心ナリト云ニスキス。チカコロ五雜組ヲ見ルニ、林子、心狂ノ病ヲ得テ、坐ナカラ溺《ユハリ》スルコトヲ、オホヘストアリ。彼カ格物果メイカンソヤ（「大學諺解」）

林兆恩は「格」字を「去」と解する。[79]林羅山によれば、林兆恩は心中の「不正」を棄却し、なおも残る「去」てようとする心の動きさえ、「物」と見なして「去」てようとする。これは、「心・現存在」の完全性を悟ることを根本命題とする心学[80]の極端な表現と解し得る。

林羅山は、林兆恩の「格」字解釈を、「畢竟林子カ意ハ、虚ナリ。無心ナリト云ニスキス」と評する。王守仁の例に比べると、林羅山は林兆恩に一段と辛辣である。(81) 一体、林羅山の批判は林兆恩の何処へと向けられているのであろうか。

次に、「大學諺解」から「明徳」と「新民」に関する諸説が並ぶ「明徳親民異説」を引用する。

明《ハ》、明《ニスルナリ》レ之《ヲ》也トハ、上ノ明ノ字ヲ釋スルナリ。之ハ、明徳ヲサスナリ。若誤テ、明明ヲ徳ト、ヨムコトモアルヘキガタメニ、先上ノ明ノ一字ヲ注スルナリ　明徳ハ、心ノ名ナリ。人生レテ、大ヨリ得タルトコロナリ。徳ハ、得ナレハ、此コトハリヲ、心ニエテアキラカナルナリ。此心、色モナク、彤モナキヲ、虚ト云。虚ナレトモ、イキテハタラクシルシアルヲ、虚灵ト云。（中略）佛氏モ老氏モ、虚ヲ用ユトイヘトモ、虚ニシテ無ナリ。虚ニシテ不灵ナリ。儒者ノ虚ハ、虚ニシテ應シ、虚ニシテ灵活ナリ。コレ其不同ナリ。（中略）林子ハ明徳ヲ以テ、顕道トス。顕道ハ、人倫ノ道ナリ。人倫ヲ明カニシテ、民ヲンタシミ、教ヲナストイヘリ。下ノ文ニアラユル、父子兄弟等ノ人倫ヲアゲテ、ヒキアハセタリ。又敬ヲサシテ、至善トス。コレ一説ナリ。顕道ハ、書ノ泰誓下篇ノ語也（「大學諺解」）

特に、本節では「明明徳」に関する部分を扱う。「明明徳」の解釈については、朱熹・王守仁・林兆恩の三者が各々異なる理解を持つ。

「大學諺解」は、「明徳」を「心ノ名ナリ。人生レテ、天ヨリ得タルトコロナリ。徳ハ、得ナレハ、此コトハリヲ、心ニエテアキラカナルナリ」と説く。これは朱熹の説明(82)から大きく逸脱するものではない。

また、林羅山は「心」字を説く際に「虚」字について語る。これもまた、朱熹が提示した枠組みに沿った解説と言える。

問題は、儒の「虚」と佛老の「虚」を分ける点にある。儒の「虚」は、「虚」にして「霊」でなければならない。ただ「虚」であるだけならば、それは「無」であり、仏老と同じなのである。

ここで、林羅山が林兆恩の「格物」解釈を「虚」と評したことを思い出されたい。林羅山は林兆恩の全てを否定するわけではないが、断固として拒んだ所もある。先の林兆恩に対する人格批判めいた言説は、林羅山が林兆恩に仏教の影を見たが故であった。

とはいえ、林羅山は林兆恩の説を「コレ一説ナリ」と評価する。林羅山は、「明明徳」の解釈については、朱熹に拠るものの、林兆恩の見解に見るべきものありとしたのである。

それは、「明徳」を「顕道」＝「人倫」と解する点に、「高」でない日常卑近な性格を認めたからであろう。

## 小　結

最後に、検証の結果を踏まえて考察を行う。

まず、藤原惺窩と林羅山の師弟関係が成立するきっかけとなる、書簡を検討した。

両者は陸九淵を、延いては王守仁の朱熹からの思想的「同」・「異」をめぐる議論していた。朱陸の「異」を強調する林羅山に対して、藤原惺窩は「異」ではなく「同」を見よと諭した。この点で、通説に誤りはない。しかし、その際に彼らは「同」と「異」の両方を視界に収めていたことも確かである。藤原惺窩はもとより、林羅山もまた「異」を説く中に「同」への目配りを忘れてはいなかった。

この時点で、「知新日録」を読んでいない藤原惺窩に対して、林羅山は既に「知新日録」に触れていた。陸九淵に対する評価の濃淡を書物の受容の差と捉えれば、議論の焦点も明確となろう。

万暦一二年の王守仁従祀解禁とは、広い視野で捉えた時に王守仁もまた儒学就中朱子学の内に位置付け得るという明朝の公認に他ならない。国家による王学解禁は、「知新日録」や「林子」を始めとする王学を容認する書物の出現を招いた(83)。林羅山が青年期に受容したのは、これら万暦一二年以降に刊行された書物であった。

もとより、藤原惺窩も舶来する書物を貪欲に求めたことに違いはあるまい。しかし、藤原惺窩は「異」中の「同」を説くとき、陸九淵の評価を軽々に下すことへの躊躇いを告白し、留保する態度を示した。逆に、林羅山の「同」中の「異」とは、明朝による王学解禁を知悉し、「同」の吟味を行った上での「異」であった。

また、両者が「同」と「異」をめぐって議論する際、陸九淵に階梯を無視して「高遠」に奔る傾向を認めるか否かが問題となった。林羅山は藤原惺窩の陸九淵評価を留保しようとする態度を咎め、その学を「心學」と形容した。同時に、林羅山は斯かる藤原惺窩の言説を「仏老」と関連付けて批判した。

そもそも、人は日々に変わってゆくものである。したがって、人の生涯に強いて一貫性を見出す態度は、厳に慎まなければならない。

しかし、両者の交渉を、後の林羅山による「高」という王守仁・林兆恩評価と併せて考えるならば、青年期の林羅山において、心学への視座は既に定まっていたと見てよかろう。

藤原惺窩と林羅山は共に「高遠」を嫌い、日常卑近な世界に向かう態度で通じていた。だからこそ、無礼な書簡から始まったにもかかわらず、「同」と「異」をめぐる対立にもかかわらず、藤原惺窩も林羅山の志を嘉し、認めるに至った。

さらに、林羅山の「大學諺解」を検討の対象として、「同」と「異」をめぐる林羅山の問題意識が如何なる結実を見たのかを論じた。

先学が指摘する通り、「大學諺解」において、「知新日録」は有力な資料として活用された。王守仁の説に関する長大な引用と丹念に付与された訓点および解説は、林羅山の心学理解において、「知新日録」が果たした役割の大きさを窺うに足る。

「大學諺解」の中で、林羅山は「致知」＝「致良知」説に言及するものの、その口吻は決して否定的ではなかった。林羅山は、王守仁が「孟子」に見える「良知」の語を重んじたことを知った上で否定せず、むしろ朱子学の枠内で説明可能と主張したのである。

林羅山によれば、「致良知」を重んじる態度はすでに「四書大全」や「四書蒙引」に見えるため、必ずしも王守仁の独創ではない。このように語りつつ、林羅山は「致知在格物」の「致知」を「致良知」と解し、それにも関わらず、自らの解釈が程朱の意に適うことを再三にわたり主張した。

また、林羅山は「格物」の「格」字を「イタス」と読んだ。この読みは「致知」と「格物」の切り離しがたい関係を強調するための見識の表れであり、やはり「四書蒙引」に依拠していた。

「大學諺解」において、「格」字の読みは、しばしば省略される。この「ス」とだけ添え仮名の付された表記は、「タダス」という読みの幅を暗黙裡に提示しているようにも見える。

ところが、林羅山は王守仁による朱熹の「格物」解釈批判を退ける。そして、まるで「大學諺解」に王学への傾斜を認めようとする読み手の期待を逆手に取るかのように、あくまでも自己の見解を程朱の意に沿うものであると強調する。

林羅山の「大学」解釈は一見すると理解しがたいが、「大學諺解」の跋で林羅山自身が語った方針に徴すれば必ずしも不可解なものではない。つまり、林羅山は「大学章句」と「大学或問」を基調とし、「四書大全」や「四書蒙引」で補い、整理したのである。

しかし、果たして林羅山の業績は斯かる諸説の取捨選択に留まるものなのであろうか。「致知」＝「致良知」説を朱子学の枠内に包摂しようとする態度や、「格物」の読みの問題、これらは必ずしも朱王のいずれを採るのかという整理作業の中だけからは浮かび上がってこない。

斯かる特徴的な態度を観察し得るのは、林羅山自身が経書に向き合ってきたからではないか。そして、この経書に向き合おうとする姿勢こそ、五山禅林の学への反省を元に、林羅山が学を志した理由であり、また藤原惺窩が林羅山を認めた理由であり、そして林羅山の人生を貫通する学問上の特質であった。

ならば、如何なる理由のために、林羅山は林兆恩の「格物」説を厳しく批判したのであろうか。それは、やはり林羅山が林兆恩の説を「高」であると判断したからであろう。これもまた林羅山が、青年期より壮年期に至るまで、一貫して持ち続けた問題意識であった。

林羅山が王守仁にも増して林兆恩に手厳しいのは、林兆恩の説に心学の「高遠」さをよりはっきりと見出したからであろう。「物」を尽く「去」てた後に、さらに「去」てようとする心の動きさえをも「物」と見なして「去」てようとする。この林兆恩の「格物」説に、林羅山は心学の精華を見た。

藤原惺窩と林羅山の立場の違いは、通説のごとき、包摂的な藤原惺窩と純粋なる朱子学者である林羅山の差異ではない。藤原惺窩は明末の思想状況を踏まえ、朱陸ひいては朱王の一致（異中の同）を説いた。対する林羅山は、それを承知しながらも飽き足らず、朱陸・朱王の差異（同中の異）を説いた。そして、壮年期において、林羅山は朱子学によって王学を包括し得るという見通しを示したのである。

林羅山は「知新日録」や「林子」を傍らに置きながら、自身で経書に向き合った上で、高遠を嫌う態度でもって宋・元・明の儒学を整理したのである。

注

（1）「羅山行状」慶長九年「惺窩告曰、本朝學業衰、而嗜文字者殊少矣。況於讀經典乎。卿何自而及此乎。先生曰、某髫年偶誦近世小説、解者以爲此語出于蘇・黄、某句出于李・杜・韓・柳。至讀李・杜・韓・柳・蘇・黄、而其所據用、渉于文選于史・漢者夥矣。至讀史・漢・文選、而其所率由、皆上世之文字也。至五經、而無出處之前乎此。於是、豁然知其爲衆説之郛郭、浩然知其斯道之所基。聊慕程朱之餘教、仰望孔孟之盛蹟。惺窩大歎之」

（2）金谷治「藤原惺窩の儒学思想」（『藤原惺窩　林羅山』日本思想体系二八、岩波書店、一九七五）「惺窩の立場はいずれかと言えば明の心学の流れのうえにあり、その包摂的折衷的な立場もそこに根拠を持つ」

（3）前掲金谷「藤原惺窩の儒学思想」「惺窩の儒学は純粋な朱子学ではなく、その点で林羅山とは違っていた」

（4）大島晃「林羅山の『文』の意識　其之一――『読書』と『文』」（『漢文學 解釈與研究』第一輯、一九九八）

（5）吉田公平「朱子学・陽明学における『大学』」（『江戸の儒学　『大学』受容の歴史』、思文閣出版、一九八八）「林羅山が活躍した十七世紀前半の中国思想界は、さしも隆盛を極めた陽明学運動に対する反省の機運が醸成され、朱子学陣営がようやく反撃体制を整備して反陽明学の書を刊行した時期である。（中略）江戸期の儒学思想は一六四〇年（慶長九年）に藤原惺窩（時に四十五歳）と林羅山（時に二十二歳）とが一連の問答を交したことにはじまるといってよい。この問答は二つの意味で象徴的である。まず第一には、質問者の林羅山が、陳清瀾の『学蔀通辯』を情報源として、惺窩に問いただしていることである」

（6）前掲吉田「朱子学・陽明学における『大学』」「中国の学会の主要論争が直接的に反影していること、陽明学（陸王学）が紹介の当初から誤まれる思想体系であると受容されたこと、などはのちの儒学思想の展開を考えるとき、さまざまな示唆を与える問答であった」

（7）大島晃「林羅山の『大學諺解』について――その述作の方法と姿勢」（『漢文學 解釈與研究』七、二〇〇四）

（8）前掲大島「林羅山の『大學諺解』について――その述作の方法と姿勢」

（9）「羅山文集」巻第二「寄田玄之」「日本自欽明佛法初行、譬如熁火不消、熾燎原之火、不可郷邇也。豈可撲滅乎。悲夫。悪之易也、善之難也。善不可失、悪不可長。烏乎、何悪之易長也。先生生長于叔世、志儒學、是善之不失者乎。儒之勝佛也、猶水勝火。（中略）先生専言陸氏之學。陸氏之於朱子、如薫蕕氷炭之相反。豈同器乎、同爐乎」

（10）「惺窩先生文集」巻之第一〇「答林秀才」「来書所謂排仏之言、更不待労頰舌。（中略）其一件者朱陸弁也。足下所弁者、諸彦排陸之緒余也。吾亦閲焉。（中略）唯見羅整庵・霍渭厓・陳清瀾等、党同伐異、排陸之諸編、未金谿家乗文集、語録年譜、及文字故旧之手録」

（11）「羅山文集」巻第二「寄田玄之」「學者不可不周密精詳也。足下素好陸氏。（中略）前足下謂朱陸不異、人見其異、不見其同。夫學豈非爲辯析同異者乎」

（12）「異端辯正」は嘉靖四年（一五二五）の成書、「困知記」は嘉靖一三年（一五三四）刊、『学蔀通辨』は嘉靖二七年（一五四八）の成書であり、「読書録」は成書年代未詳。

（13）鍋島亜朱華「明末『四書』注釈書日本伝来後の受容と影響――『四書知新日録』を中心に――」（『日本漢文学研究』一一、二〇一六）

（14）未見。

（15）前掲鍋島「明末『四書』注釈書日本伝来後の受容と影響――『四書知新日録』を中心に――」

（16）両者の会見が成った段階で、藤原惺窩はいまだ「知新日録」を読んでいなかったこと、そして藤原惺窩が林羅山から「知新日録」を借りて読んだことについては、前掲大島を参照されたい。

（17）このほか、「大学諺解」には、諸々の学者の説が「知新日録」から引用され、一概には説明できない。よって、詳細な検討は別の機会に譲りたい。ただし、大まかに共通するのは、朱熹の説を基準とした場合の、距離感の見極めを眼目とする点である。「大学諺解」から林羅山の言葉を借りるならば、「朱子ノ説ヲ、能ツマヒラカニセハ（中略）ヲトロクヘカラス」、あるいは「イワレナキニアラストイヘトモ、朱子ノ説ニ異ナランコトヲ求テ、一説ヲ挙タリ」となる。要するに林羅山は、明朝諸儒の説を、朱熹の存在を前提としたヴァリエーションと認識しているのである。また、事跡が不詳で、まとまった著述が伝存していない、徐岩泉（諱および生没年不詳）の説を最も多く引用していることを踏まえると、その意図は希少な情報の収集・整理や万暦年間の思想状況の把握にあったのではなかろうか。

（18）「羅山文集」巻第二「寄田玄之」「太極、理也。陰陽、氣也。太極之中、本有陰陽。陰陽之中、亦未嘗不有太極。五常、理也。五行、氣也。亦然。是以或有理氣不可分之論。勝雖知其戻朱子之意、而或強言之。不知、足以爲如何」

（19）国立公文書館内閣文庫には、林羅山旧蔵本「陽明先生詩録」が伝わる。しかし、この本には刊記等が附されていない。

（20）なお、藤原惺窩の林兆恩理解に言及した先行研究として、両者の思想的相違点を世俗的な立場の違いから説明した、中村安宏「藤原惺窩と林兆恩―『大学要略』をめぐって」（「文芸研究」一三八、一九九五）がある。

（21）「羅山文集」巻第五三「四書跋」「大明王守仁、作傳習録曰、格、正也。至也。正我心之物。林子曰、格、棄廢。放下外物、則本心靈明。二説非不高也」

（22）「羅山文集」巻第二「寄田玄之」「如今、先生乃衣深衣、而講儒學。則所謂若非玉色程明道、便是深衣司馬公者、於先生見之矣」

（23）「晦庵先生朱文公文集」巻八五「六先生畫像賛」（「朱子全書」修訂本二四、上海古籍出版社、二〇一〇）

（24）蒙斎「梅花」（内閣文庫所蔵林鵞峯旧蔵本「精選唐宋千家聯珠詩格」）「一樹清標萬古同、風流人物品題中。若非玉色程明道、便是深衣司馬公」

（25）「諸儒一　程子」（市立米沢図書館所蔵嘉靖三一年刊本「新刊性理大全」第三九巻）「温潤如良玉。寛而有制」

（26）「羅山文集」巻第二「寄田玄之」「自欽明佛法初行。譬如爝火不消、熾燎原之炎、不可鄉邇也。豈可撲滅乎」

（27）「羅山文集」巻第二「寄田玄之」「悲夫、悪之易也、善之難也。善不可失、悪不可長。烏乎、何悪之易長也。先生生長于叔世、志儒學、是善之不失者乎」

（28）「羅山文集」巻第二「寄田玄之」「或曰、先生今衣深衣。於儒、可也。奈人之疑何。余曰有之、居。吾語汝。（中略）是爲先生不可不言。故以書于此」

(29)「羅山文集」巻第二「寄田玄之」「先生専言陸氏之學」

(30)「羅山文集」巻第二「寄田玄之」「陸氏之於朱子、如薫蕕氷炭之相反。豈同器乎、同爐乎。其無極太極之論、問荅甚多」

(31)「羅山文集」巻第二「寄田玄之」「夫陸氏、知圍棊之出于河圖、而不知其之太極。知無極二字出于老子書、而不知其身之入于老也」

(32)「羅山文集」巻第二「寄田玄之」「古者夫子沒、而千有餘歳、逢掖之者幾多、獨濂溪擅興繼之美。於是乎、依易大傳、以作太極圖、以授之程子。朱子之於程子、猶如孟子之於子思」

(33)「羅山文集」巻第二「寄田玄之」「陸氏、却以老莊之見測之。豈可也乎」

(34)「羅山文集」巻第二「寄田玄之」「是則、禪家所謂不立文字之意乎」

(35)「惺窩文集」巻第三「荅林秀才」「足下所辨者、諸彦排陸之緒餘也。我亦閲焉」

(36)「学蔀通辨」「学蔀通辨總序」「不意、近世一種造爲早晩之説。廼謂朱子初年所見未定、誤疑象山、而晩年始悔悟、而與象山合。其説、蓋萠於趙東山之對江右六君子策、而成於程篁墩之道一編、至近日王陽明因之。又集爲朱子晩年定論」

(37)「学蔀通辨」「学蔀通辨總序」「慨然發憤、究心通辯、專明一實、以抉三蔀。前編明朱陸早同晩異之實、後編明象山陽儒陰釋之實、續編明佛學近似惑人之實、而以聖賢正學、不可妄議之實終焉」

(38)「羅山文集」巻第二「寄田玄之」「嗚呼、何躐等也、何太早計也。不經階梯而升高、不蹈躋者幾希」

(39)「羅山文集」巻第二「寄田玄之」「陸氏唯不下學而爲上達、是豈理哉」

(40)「惺窩文集」林羅山編「惺窩先生行狀」「時有浮屠和尚承兌及霊三者、與先生舊相識、頗自負文字。嘗侍秀吉公、公歿仕于幕下。時兌為僧司録、謂先生曰、有真有俗、今足下弃真還俗。我不唯惜執拂拈鎚手而已、又為叢林惜之。先生曰、而佛者言之、有真諦、有俗諦、有世間、有出世。若以我觀之、則人倫皆真也。未聞呼君子為俗也。我恐僧徒乃是俗也。聖人何廢人間世哉。兌不悦」、「羅山年譜」慶長二年「衆僧謂官既許之。乃欲誘先生、剃其髪。先生不喜。潜出寺歸家誓曰、余何為釋氏、棄父母之恩哉。且無後者不孝之大也。必不爲之。父母皆喜其志之堅也。官亦不強之」

(41)「羅山文集」巻第二「寄田玄之」「其夫子之道在六經、解經莫粹於紫陽氏。舎紫陽弗之従、而唯區區象山之是信、不幾於似惑歟。唯是學四書而後言道、亦不晩也。幸先生諒察之」
(42)「羅山文集」巻第二「寄田玄之」「先生又曰、大學之道、在明明德、在親民、在止於至善。朱子章句曰、此三者大學之綱領也。是不三也。謂之二綱領、可也」
(43)「羅山文集」巻第二「寄田玄之」「朱子又曰、大學一書、有正經、有章句、有或問。看來、看去、不用或問、只看章句了、又只看正經了、久之自有一部大學。在我胸中、而正經亦不用矣。其於餘經、亦如之與。夫象山頓悟、不可同日而語也」
(44)内閣文庫所蔵林羅山旧蔵万暦三二年序刊本「朱子語類」巻第一四「大學　一」・余大雅「只如大學一書、有正経、有解、有或問。看来、看去、不用或問、只看註解便了。久之又只看正経便了、又久之自有一部大學、在我胸中、而正経亦不用矣」
(45)「羅山文集」巻第二「寄田玄之」「唯望先生折衷之、以興儒學、則同志之者甚多乎。然則世人知儒道之大也、甚矣」
(46)「羅山文集」巻第二「寄田玄之」「今也、當于先生之儒服之服也、儒學之講也、則佛火猶未燼。而世人亦不加薪者、蓋有之矣。是豈非有功于儒門者乎」
(47)「惺窩文集」巻第三「荅林秀才」「顧我孑孑然無友、孤陋寡聞。其故如何、方今世降俗薄、而物論不公、呫呫然動其喙、高者入空虚、卑者入功利」
(48)「惺窩文集」巻第三「荅林秀才」「所謂儒服之製、非不爲栄足下之穪許。雖然他人見之、則彼指議曰、足下悦人、以溢美之言、余受人以不虞之譽。然則彼此無益、而却有害。且夫儒服之製、以余爲濫觴者、亦奚爲」
(49)「惺窩文集」巻第三「荅林秀才」「抑亦儒名而墨行乎、墨名而儒行乎。嗚呼、猿而服周公之服、鶴而乗大夫之軒。余第恐其服不穪其身」
(50)「惺窩文集」巻第三「荅林秀才」「來書所謂排佛之言、更不待労頰舌」
(51)「惺窩文集」巻第三「荅林秀才」「唐有傳大史韓吏部、宋有欧陽子、餘子不可勝計焉。程朱已往、諸儒先皆有成説。足下之所講、余無斯意哉」

(52)「惺窩文集」巻第三「荅林秀才」「其一件者、朱陸辨也。足下所辨者、諸彦排陸之緒餘也。找亦閲焉。如朱夫子者、継往聖、開來學、得道統之傳者也。後生區區置異論哉」

(53)「惺窩文集」巻第三「荅林秀才」「如陸文安者、有信而最學之者、有疑而未決之者、有排而斥之者（中略）在皇明者、儒門一代巨擘、皆有冤陸之疑、故余亦疑其所疑而已。非信而學。唯見羅整菴・霍渭厓・陳清瀾等、同黨伐異、排陸之諸編、未見金谿家乘・文集・語録・年譜、及門人故舊之手録。故曰、非敢信者、疑而未決者、足下辨陸、不遺餘力」

(54)「惺窩文集」巻第三「荅林秀才」「睠夫風雩・日省父子、異氣象、異中有同。故元氣周流之先聖、与其志、傳其道。坐春・門雪伯叔、異天資、異中有同。故光風霽月之先生、授其圖、接其統、同氣尚然、況他人哉。」

(55)「惺窩文集」巻第三「荅林秀才」「由是推之、紫陽質篤實、而好邃密、後學不免有支離之弊。金谿質高明、而好簡易、後學不免有怪誕之弊。是爲異者也。人見其異、不見其同、同者何哉」

(56)「惺窩文集」巻第三「荅林秀才」「嘗聞、有因周・程・張・朱之言、譏謗韓子者。敬軒薛氏論曰、在周・程・張・朱、誠可也。在他人、不免不識己量之罪。至哉、昌言。余所懼、又在茲矣」

(57)「惺窩文集」巻第三「荅林秀才」「其二件者、大學綱領也。前回、余雖卒然道著、而復非無所承。足下今所言、余先所言、衡決不合、何哉」

(58)「孟子」滕文公上「父子有親、君臣有義、夫婦有別、長幼有序、朋友有信」

(59)「惺窩文集」巻第三「荅林秀才」「傳曰、人之大倫是五、而然亦朋友之於人倫、其勢若輕而所係甚重、其分若疎而所關至親、其名小而所職甚大也。是足下生平素蘊、而所以問言責善而已矣」

(60)「羅山文集」巻第二「荅田玄之」「夫好者、莫若朋友。朋友之事、示諭已詳、余其何言。雖然粗擧之」

(61)「論語」顔淵「曾子曰、君子以文會友、以友輔仁」

(62)「論語」雍也「子貢曰、如有博施於民、而能濟衆、何如、可謂仁乎。子曰、何事於仁。必也聖乎。堯舜其猶病諸。夫仁者、己欲立而立人。己欲達而達人。能近取譬、可謂仁之方也已」

(63)「羅山文集」巻第二「荅田玄之」「傳曰、君子以交會友、以友輔仁。仁者、己欲立而立人、己欲達而達人」

(64)「羅山文集」巻第二「荅田玄之」「夫仁者、愛之理、心之德。至矣、盡矣。今若有先生心學之德、廣所及于余者、則非立人達人之謂乎」

(65)「羅山文集」巻第二「荅田玄之」「先生者先覺也。後學者、必倣先覺之所爲、乃可以明善、而復其初也。人非生而知之者。無先覺之使其知其所不知、能其所不能、則其倥侗顓蒙、誰能解之乎」

(66)「論語」述而「子曰、我非生而知之者。好古、敏以求之者也」

(67)「羅山文集」巻第二「荅田玄之」「示諭許余、以不可謂無友、故余言及于此。雖然先生解余之蒙、則必矣。嗚呼、益于余也。余不能輔先生之仁、則必矣。嗚呼、損于先生也。若則謂之損者而拒余、則愛之理何在哉。謂之無友不如己者而不容余、則立達之謂亦何在哉」

(68)「羅山文集」巻第二「荅田玄之」「示諭爲言朋友之道、故余亦始終言之耳」

(69)「羅山文集」巻第二「寄田玄之」「勝之得見於足下也、從春昌氏。其後二回呈書、或報、或不。後徠音容兩渺、不審。台候如何」

(70)「羅山文集」巻第二「荅田玄之」「陸子静、唯以仁爲人心。倪氏以爲、泥着孟子之詞、而不知心之德而愛之理也。子静又教人以澄坐、後爲義外之工夫。薛氏以爲、如此而后、不可不流于禅也。子静又讀論語、至孝弟章曰、夫爲人既已孝弟、則何説犯上。醫閭以爲、簡畧之病也。故學者不可不周密精詳也。足下素好陸氏。此三人之議論子静也、爲何如哉」

(71)「羅山文集」巻第二「荅田玄之」「夫學豈非爲辯析同異者乎。若不然、則古人謂之鶻圇呑棗、鮮知其味也。今謂朱陸相同者、以高遠爲道、人欲爲公之錯、盖有之矣」

(72)「大學諺解」所引「知新日録」「王陽明曰、致者ハ、至也ナリ。如下シ云三フノ喪ハ致二スト乎哀一ヲ之致上ノ。易ニ言ク、知テレ至至ルコトヲレ之スヲ、知ルハレ至者知也ナリ。至スハレ之ヲ者致也スナリ。致スハレ知ヲ云フハ者、非スレ若クナルニハ下后・儒ノ所・謂ル充・二廣スルノ其知・識一ヲ之謂上ノ也。致二スカ吾心之良・知一ヲ焉耳ノミ。良・知者ハ、孟子ノ所・謂ル、是・非之心、人皆有ナリト云レ之者ノナリ。是・非之心ハ、不メレ待レ慮而知ルコトヲ、不メレ待レ學而能クスルコトヲ、是ノ故ニ、謂フ二之良・知一ヲ。是レ則チ天・命之性、吾カ心之本・体、自・然ニ灵・覺ナル者也ノナリ、云云」

(73)「大學諺解」所引「知新日録」「物者ハ、事也ナリ。凡ソ意之發スルトキハ、必ス有リ二其ノ事一。意ノ所レ在ル之事、謂フ二之ヲ物一ト。格者ハ、正也ナリ。正シテ二其ノ不ルヲ一レ正カラ、以テ帰ス二於正一ニ也。正スハ二其ノ不ル一レ正カラ者、去ル悪之謂也ナリ」

(74)「周易」説卦伝「窮理盡性、以至於命」

(75)「大學諺解」所引「知新日録」「苟《クモ》格‐物之《ノ》説《ニシテ》、而果《シテ》‐即《ス》窮‐理之《ノ》義《ナラハ》、則《チ》聖‐人何《ンソシテハ》不レ曰二致レ知在《スヿハヲリト》一レ窮レ理《ルニヲ》、而必為《ナシテ》二此轉‐折不‐完之《ノ》語《ヲ》一、以啓《テカンヤ》二后‐世之《ノ》蔽《ヲ》一耶」

(76)「孟子」尽心上「孟子曰、人之所不學而能者、其良能也。所不慮而知者、其良知也」

(77)「大学或問」「曰、自程子以格物爲窮理、而其學者傳之、見於文字多矣。是亦有以發其師説而有助於後學者耶。曰、程子之説、切於己而不遺於物、本於行事之實而不廢文字之功、極其大而不畧其小、究其精而不忽其粗」

(78)「大學諺解」所収「四書蒙引」「蒙引云、自《リ》二誠‐意一以‐下、一‐件自《オ》為《リ》二一‐件一、惟《タヽ》致‐知格‐物、通《メ》為《リ》二一‐件一、故曰《ヘニフ》レ在《ト》レ格《スヲ》レ物。言致《心ハスヿヲ》レ知更無《ラニ》二他術《シノ》一、只《タヽ》在《ル》レ格《スニ》レ物《ヲ》而‐已《ノミ》。然既《モ》如《ニクナルトキハ》レ此、則只《チタヽ》言《テ》二致‐知《ハ》或格‐物《ト》一足矣《レリ》」

(79)「大學諺解」所収「四書標摘正義」巻第三「林子曰、格《カ》‐物二‐字正‐義、此《ノ》所‐謂物者《ルハ》、非《ス》二事‐物之物一也。記《ニ》所‐謂《ル》、人化《スルノ○ト》レ物之物也《○ナリ》。此《ノ》所‐謂格者《ルハ》、非《ス》二扞‐格之《ノ》格《ニ》一也。書《ニ》所‐謂《ル》、格《タヽスノ》二其非《ヲ》‐心《ヲ》一之格也《○ナリ》。心化《スニ》二於物《ニ》一矣。不《シテハ》レ謂《ヲ》二之非‐心《ト》一而何《ソヤ》。故格《ニスハノ》二其非《ヲ》‐心《ヲ》一者、格《タヽスナリスツル》レ物《モノヲ》也○格者《ハ》、格‐去之《ノ》義《ナリ》」

(80)吉田公平「心学について」(『中国近世の心学思想』、研文出版、二〇一二)「心・現存在が本来完全であることが、この『心学』の根本命題なのである」

(81)逆に、藤原惺窩においては、この「格物」解釈が重んぜられ、「致知」の説明で先取りする形で示される。林兆恩の「格物」解釈に関して、藤原惺窩と林羅山の理解を共有しながらも、評価を異にする。これもまた、両者の違いの一例と言えよう。なお、前掲中村は、藤原惺窩の「致知」解釈に彼自身の「実践論」を見出している。

(82)「大学章句」経一章「明、明之也。明徳者、人之所得乎天、而虚靈不昧、以具衆理而應萬事者也。但爲氣稟所拘、人欲所蔽、則有時而昏。然其本體之明、則有未嘗息者。故學者當因其所發而遂明之、以復其初也」

(83)この動向が明朝の人材登用制度に齎した影響を論じた研究として、三浦秀一「明代科挙『性学策』史稿」(『集刊東洋学』一〇一号、中国文史哲研究会、二〇一〇)がある。三浦によれば、嘉靖年間と比べて万暦年間では、試験の合否を判断することが困難となっていた。この時、人間個々人の「自得」をめぐる議論が活発となっており、試験解答にもそれが反映されていた。それ故に、科挙の試験官たちは、採点基準の相対化に煩悶していたのである。

# 後篇　寛永末年からの林羅山と編纂事業

# 第五章　五山文学批判と博への志向

## はじめに

林鵞峯は父林羅山の学を以下のごとく述べた。

天正・慶長之際、北肉山人藤君斂夫、抱間出之才、勵中興之志。當此時、而余先考羅山林先生、敏捷絶倫、博學冠世。一見山人、則有起予之歎、又有提學之稱。（中略）恭惟夫先生之學、以經爲主、以程朱之書爲輔翼、而攷諸歴史、參諸子類、網羅百家、収拾今古、而該通我國史、乃至稗官小説、亦無不見焉。（中略）方今所編輯之文與詩、總百五十卷。尋諸本朝、則未見若斯之大、而雖唐宋名家、亦不多讓焉。可謂日域千歳獨歩、唯先生一人也。乃是闔國之公言、而非余之私言也。

天正・慶長の際、北肉山人藤君斂夫、間出の才を抱き、中興の志を勵ます。此の時に當りて、余が先考羅山林先生、敏捷絶倫・博學世に冠たり。一たび山人に見ゆるときは、予を起すの歎有り、又提學の稱有り。（中略）恭しく惟れば夫れ先生の學、經を以て主と爲し、程朱の書を以て輔翼と爲して、諸を歴史に攷へ、諸を子類に參へ、百家を網羅し、今古を収拾して、我が國史に該通し、乃（いま）し稗官小説に至るも、亦た見ざること無し。（中略）方今編輯する所の文と詩と、總て百五十巻。諸を本朝に尋ぬるときは、未だ斯くの若きの大なるを見ず。而して唐宋の名家と雖も、亦た多くは譲らず。日域千歳獨歩、唯だ先生一人のみと謂つべし。乃（いま）し是れ闔國の公言にして、余が私言に非ず。（林鵞峯「羅山林先生集序」、内閣文庫所蔵「羅山文集」）

「羅山林先生集序」は寛文元年（一六六一）七月に成る。「羅山文集」の編纂が明確に企図された時期こそ不詳ではあるものの、林羅山は生前から自身の稿本を年代順に整理して保管していた。ところが、この稿本が明暦の大火で焼けてしまう。これにより、編纂に当たった林鵞峯は非常な苦労を強いられる。失われた稿本を補うため、林鵞峯は各所に林羅山の遺文を求めた。林鵞峯は服喪期間中も遺文を収拾し、万治二年（一六五九）まで続けた。「羅山林先生集序」は、収拾した遺文の分類や加訓加点などを含め、「羅山文集」編纂が一段落した時期に当たる。

また、「羅山文集」編纂は林羅山や林鵞峯の私的な問題ではない。林羅山の死後まもない明暦三年（一六五七）二月二〇日に四代将軍徳川家綱の傅役榊原忠次（一六〇五～一六六五）が林鵞峯へ要請し、寛文三年（一六六三）二月一八日に若年寄久世広之（一六〇九～一六七九）を介して徳川家綱への献上が実現している。

文集・詩集の編纂は、学を以て徳川将軍家に仕える、林という家の有り様そのものが問われる事業なのである。そうであればこそ、この序における評価も、林羅山という一人の学者のみならず、林家の学を端的に表現するものでなければならない。

そのような場面において、林鵞峯は「以經爲主」と共に「敏捷絶倫、博學冠世」という表現を選んだ。これにより、林鵞峯が経学と博学とを林羅山の学問を語る上での重要な要素と認識していたことは窺える。しかし、経学と博学との関係や博学であることの意義については不明瞭である。

林羅山自身は若き日の経験を踏まえ、博という字を五山文学批判の文脈で用いる。

桂月舟曰《カク》、長篇古‐風、吾《カ》邦賦《スルモノ》者鮮《シ》矣。往‐往所二吟翫《スル》一、唯《タヽ》七‐言絶‐句而已《ノミ》。予謂《ヘラク》、文亦《モ》然《リ》也。故詩《ニハ》則以《テシ》二唐三‐體‐詩絶‐句《ヲ》一、文則《ハ》以《テシ》二古文眞寶後‐集《ヲ》一、共爲《ニス》二之《カ》楷‐法《ト》一、可《シ》レ謂精《シト》也。或《ノ》曰《ク》、精歟《キカ》。隘《セハシ》也、非《ス》レ博《キニ》也。

桂月舟が曰く、長篇古風、吾が邦賦する者鮮し。往往吟翫する所、唯だ七言絶句のみ。予謂へらく、文も亦た然り。故に詩は則ち唐の三體詩絶句を以てし、文は則ち古文眞寶後集を以てし、共に之が楷法と爲す、精しと謂つべし。或るひとの曰く、精しきか。隘し、博きに非ず。（「羅山文集」巻第六六「随筆二」）

「随筆二」は、「此一巻亦慶長年中作」（此の一巻も亦た慶長年中の作）とある通り、慶長元年（一五九六）より慶長一九年までの作を収録する。林羅山が一四歳から三二歳までの時期である。この間、林羅山は建仁寺大統庵から出奔し、清原秀賢や藤原惺窩と交渉を持ち、徳川家康に近侍するようになる。政治史的には、両度の朝鮮出兵の戦間期から大坂冬の陣の和議が成るまでにあたる。

林羅山の「随筆」には、文の問題に言及した条が多い。ここで引用した条も、その一つである。

桂月舟は月舟寿桂（一四六〇〜一五三三）、五山における「三体詩」に関する抄を集成した人物である。内閣文庫には、林羅山旧蔵の「幻雲稿」一冊が伝わる。月舟寿桂自身が指摘する通り、この「幻雲稿」に収録される漢詩の大半が七言絶句である。

この言を承け、予＝林羅山は論点に文をも含め、五山僧が「三体詩」の絶句と「古文真宝」の後集を手本とする点を指摘する。林羅山はこの点を「精」と評するが、これに疑問を呈する者が現われる。この「或るもの」は五山僧の「精」を疑い、さらに「隘」・「非博」と評する。ここでは、「博」の欠如＝「隘」が批判の対象となっている。

いま一つ、林羅山が五山僧の「隘」を批判している例を取り上げる。

　三體詩古文眞寶辯

本朝之《ノ》泥《ム》二于文字《ニ》一者、學《ニハ》レ詩《ヲ》則專《ラ》以《テシ》二三體唐詩《ヲ》一、學《ニハ》レ文《ヲ》則專《ラ》以《テス》二古文眞寶《ヲ》一。皆以《ヲモ》爲《ク》、周伯弜・林以正、有《ト》レ益二于世《ニ》一也。寔《ニ》二集之《ノ》詩文、精-審明-暢《ナリ》。習《フハ》レ之《ヲ》則亦有《ル》レ益二于文字《ニ》一乎《カ》。曰《ク》、兪《シカリ》。雖《ト》レ然《リ》失《ス》二于隘《ニ》一矣。念《ヘヤ》哉。

　三體詩古文眞寶辯

本朝の文字に泥む者、詩を學ばんには則ち專ら三體唐詩を以てし、文を學ばんには則ち專ら古文眞寶を以てす。皆以爲らく、周伯弜・林以正、世に益有りと。寔に二集の詩文、精審明暢、之を習ふは則ち亦た文字に益有るか。曰く、兪り。然りと雖も隘に失す。念へや。（「羅山文集」巻第二六「三體詩古文眞寶辯」）

「三體詩古文眞寶辯」は慶長七年（一六〇二）に著された辯の一つである。全て「羅山文集」巻第二六に収録される。いずれも、仏教批判の色合いが強いが、この「三體詩古文眞寶辯」は「文字」という点から五山批判を展開する。

周伯弜は「三体詩」の編者周弼（一一九四〜一二五五）であり、林以正（生没年不詳）は「古文真宝」を校訂・注解した人物である。「周伯弜・林以正、世に益有り」とは、「三体詩」・「古文真宝」、世に益有りと言うに等しい。林羅山は、これを一旦は疑問で受け、「兪り」と答えた後に「隘に失す」と付け加える。やはり、「隘」が問題となるのである。最後に、「念へや」とこの篇を締めくくるが、何を「念」わなければならないのかは明白であろう。「隘」であること、つまり「博」でないということである。

博学を表章する態度は自らの建仁寺における修学経験を踏まえたものであるに違いない。一方、林羅山が経学を志した理由も建仁寺での経験に負うところが大きい(1)。林羅山は唐宋の詩文から、「漢書」・「後漢書」・「文選」を経て、あらゆる語が五経に拠ると確信するに至った。

林羅山は定められたカリキュラムを歩まず、多読を経た後に自身の道を見出した。であればこそ、林羅山には、自らの経験に根ざした確信があったに違いない。しかし、同じ苦労を後進に味わわせたくはなかったであろう。林羅山の学問に対する、博学という評価はなかば通説化している。しかし、個別の著述に関する論述がこの所与の前提を確認するだけの作業へと堕し、それら個別の著述が林羅山にとって如何なる意義を有していたのかという問いを奪うことがあってはならないであろう。何より、林羅山にとって博学であるということが如何なる意義を持っていたのかが解明されなければなるまい。また、その際に林羅山の学問として夙に指摘されている経学と如何なる関係にあったのか、具体的な資料に基づく議論が必要であろう。

本章と次章では、林羅山にとっての経学と博学との関係および林羅山における博学の意義を考察する材料として、彼の教育方法を窺いたい。特に、本章では林羅山の子と孫の年譜資料から読書に関わる記事を収拾・整理することでカリキュラムを復元する。

## 第一節　長男林左門の死と碑銘に記された学習階梯

林羅山の長男林左門が没すると、林羅山は「林左門墓誌銘」を著し、その死を悼んだ。この墓誌銘は特異な性格を持つ。林左門の読書遍歴が記されており、その学習の足跡が窺えるのである。

林羅山の死後、林鵞峯・林讀耕齋の兄弟は「羅山年譜」・「羅山行状」を編み、林羅山の歩みを後世に伝えようと試みた。この際、彼らは「林左門墓誌銘」を踏襲し、林羅山の学習階梯をも記した。以後、林家では死者の文集・詩集の編纂と共に、学習階梯を記録することが慣例となる。

本節では、林左門・林鵞峯・林讀耕齋・林梅洞の四人の年譜や碑銘といった資料を利用して、彼らの学問の階梯を整理する。これにより、林羅山が子孫に如何なる教育を施したのかを窺う。

まず、林左門の学習階梯の整理から始める。林羅山は長子林左門に大きな期待を寄せていた。この林左門の学習階梯を窺うことは、林羅山の理想を知ることに繋がろう。「林羅山林先生文集」巻第四三、「碑誌下」に見える「林左門墓誌銘」を用いる。「林左門墓誌銘」は寛永六年六月の作である。「碑誌下」は林羅山に近しい人物の碑銘を収める。「林左門墓誌銘」の前後には「菅玄同碑銘」や「刑部卿法印林永喜碑銘」がある。

元和六年（一六二〇）八歳、始めて大學を讀む。既にして論・孟・中庸通習せり。

元和八年（一六二二）十歳にして、我れ口づから春秋左傳若干巻を授く。一過して能く誦ふ。是に於て兼ねて五經を讀む。

元和九年（一六二三）十一歳、東山に遊んで、唐詩・蘇・黄が詩集、及び古文等を讀む。又我が家藏の群書を閲る。頗る歴代の編年・實錄・通鑒・綱目、洎び楚辭・文選・李・杜・韓・柳が集を涉獵す。且（そのうへ）本朝の書紀、國俗の演史・小說の類、殆ど窺見せり。

寛永四年（一六二七）十四・五歳にして、濂・洛・關・閩・性理の書、曁び薛氏が讀書錄を讀む。儒學に志有り、孔・孟を尊び、程朱を敬し、常に異端を排して象山・陽明が言を好まず。

寛永五年（一六二八）一夕試に大學の章句を講ぜしむ。早く文義に通ず。我喜んで寐ねず。

寛永六年（一六二九）周禮・儀禮・公羊・穀梁・春秋外傳を東武の家塾に讀む。


右が資料から抜粋した林左門の学習階梯である。これをさらに整理すると、左の通りである。

八歳―四書
一〇歳―五経
一一歳―三体詩・蘇東坡の詩集・黄庭堅の詩集・資治通鑑・通鑑綱目・楚辞・文選・李白、杜甫、韓愈、柳宗元らの文集詩集・日本書紀
一四・五歳―宋代諸儒の書・読書録

一七歳―周禮、儀禮、公羊伝、穀梁伝、国語

四書五経に始まり、詩文・史書に続く。日本の書物や説話・小説を挟み、宋明諸儒の書を読むに至る。固有名詞を挙げる例は経書と唐宋の詩文ばかりであり、林羅山の興味関心が何処にあるのか、火を見るよりも明らかである。

「唐詩」の語が見える。この語が特定の書名を指示しているのか、乃至はある書物の特定の部分を指しているのか、判然としない。あるいは、「三体唐詩」であろうか。内閣文庫には林鵞峯旧蔵の弘治三年（一四九〇）序刊本が伝存する。もっとも、この書が「唐詩選」でないことは当然としても、内閣文庫には曹学佺（一五七四～一六四六）編「石倉十二代詩選」の林羅山旧蔵本が伝存する。(2) しかし、この書は序によれば崇禎四年（一六三一）の成立であるため、林左門の生前に手に取ることは不可能である。いずれにせよ、なお疑いを存するところである。

## 第二節　林鵞峯の学習階梯と五山文学の影響力

次に、林鵞峯の学習状況を窺う。林鵞峯は延宝八年（一六八〇）三月四日に病を理由に致仕すると、自らの出生から致仕までを「自叙譜略」に記した。「鵞峯文集」がこれを附録として収める。林鵞峯が致仕から死に至るまでの経緯は、林鵞峯次男林鳳岡（一六四五～一七三二）が「自叙譜略」末尾に補った。林鳳岡の補足は同年七月二四日に付された。

全体的に、林鵞峯の就学は林左門より遅い。林左門存命中、林鵞峯は父や兄の講義に陪席する形で学習してお

り、自身で書物を読み始めるのは林左門の死後である。林左門の死後、林羅山は林鵞峯と林讀耕齋に後継者としての自覚を持つよう説諭をし、その後彼らの学習は急速に進む。

それだけに、林鵞峯の事例からは林左門の事例と異なる事実の発見を期待できる。


寛永二年（一六二五）余、敬吉に就ひて讀書を習ふ。

寛永三年（一六二六）先考、暫く留まって論語を講ず。余、座に陪す。冬、先考江戸に赴く。其の命に依って、松永貞徳に就ひて國字を習ふ。

寛永五年（一六二八）敬吉、大學を講ず。余、陪し聽く。

寛永七年（一六三〇）既に五經句讀を通習す。又東山に登り、山谷詩集を讀む。又中村氏が宅に過て、東坡集を讀む。先考余が爲に尚書・左傳の序を講ず。且左傳の句讀を口授す。

寛永八年（一六三一）史記・前後漢書を讀む。又十八史略を讀むこと十餘遍。

寛永九年（一六三二）先考作る所の大學諺解を見て、論・孟・中庸大全を讀み、頗る五經を窺ふ。又聯珠詩格・瀛奎律髓・唐詩選・唐詩解・古文前後集等を見て、詩文を學ぶ。門人稲春碩を召して、論語及び古文を講ぜしむ。弟靖、始めて句讀を余に承く。

寛永一〇年（一六三三）時時那波道圓に會して、其孟子を講ずるを聽く。又余が爲春秋胡氏傳を講ず。

寛永一一年（一六三四）道圓と會すること前の如し。其の感興詩を講ずるを聽く。又余が宅に來って學を講じ、文を論ず。

寛永一二年（一六三五）宅に在って専ら讀書に勵む。事文類聚を一覧し、全部朱を加ふ。暇有るときんば詩作る。

寛永一三年（一六三六）家に在って専ら學問す。

寛永一四年（一六三七）通鑑綱目を讀み、全部朱を加ふ。且群書を渉獵す。又日本の舊記を見る。

寛永一五年（一六三八）此の冬、三體絶句を講ず。

寛永一六年（一六三九）三月、自ら山谷詩集幷びに任淵が註を講ず。

寛永一七年（一六四〇）四月山谷詩幷に註を講し畢る、總て二十巻。其の後、詩經集傳を講ず。

右が資料から抜粋した林鵞峯の学習階梯である。これをさらに整理すると、左の通りである。

一三歳―黄庭堅の詩集・蘇東坡の詩集

一四歳―史記・漢書・後漢書・十八史略

一五歳―大学諺解・論語大全・孟子大全・中庸大全・五経・聯珠詩格・瀛奎律髓・唐詩絶句精選・唐詩解・古文真宝

一八歳—事文類聚
二〇歳—資治通鑑綱目

やはり、経書や詩文の学びが大部分を占める。さらに、林鵞峯の場合には史書について具体的な書名が多々確認できる。また、林羅山の諺解を読んだ後に「論語」以下の四書を読み進めて行く点が目を引く。林羅山が「大學諺解」を作成して学習を促した成果と言えよう。一方で、建仁寺や松永貞徳（一五七一～一六五四）あるいは門人に教育の一部が委託していたことも興味深い。

詩文に関する書物については、五山で愛好された「三体詩」や「聯珠詩格」さらに「瀛奎律髄」と共に、当時最新の舶来書が名を連ねる。特に、「三体詩」については寛永一五年に絶句を講じたとある。林羅山の批判にも関わらず、七絶偏重の気風が依然として残っていたために、講義の需要はあった。

なお、「唐詩選」なる書名が記されているが、これは趙蕃（一一四三～一二二九）、韓淲（一一五九～一二二四）編「唐詩絶句精選」か。内閣文庫には「唐詩絶句精選」の林羅山旧蔵写本が伝存するほか、林家旧蔵の嘉靖一三年序刊本も伝わる。林羅山旧蔵写本は謝枋得（一二二六～一二八九）による注解こそ存するものの胡次焱（生没年未詳）による箋を収録せず、また序についても謝枋得の「唐詩絶句序」を掲げるのみである。林羅山旧蔵写本の由来となるテキストは未調査であるが、古い形態を存するものと推定される。

また、林鵞峯は同年に唐汝詢（生没年未詳）撰「唐詩解」も読んでいる。「唐詩解」は「唐詩選」の種本と推定され[3]、林鵞峯幼少時にあっては最新の舶来書と認識されていたに違いない。しかし、国内には複数の万暦四三年（一六一五）序刊本が伝わり、内閣文庫もその内の一本を有する。林鵞峯が読んだ「唐詩解」も万暦四三年序刊本であり、二〇年弱のタイムラグで入手して読んだと仮定すれば、無理はあるまい。

## 第三節　林讀耕齋の学習階梯

次に林讀耕齋の学習状況を窺う。内閣文庫所蔵寛文九年刊本「讀耕先生全集」所収「讀耕林子年譜」を用いる。寛永六年の時点で林讀耕齋はいまだ六歳であった。したがって、林讀耕齋の学習には林鵞峯のような遅れがない。

寛永四年（一六二七）　初めて言ひ、初めて歩き、初めて正字を知る。

寛永六年（一六二九）　一たび聞けば、則ち忘れず、一たび見れば則ち能く記す。先考喜びて、書生中村道意に命じ、毎日通用雜字を小冊に書き、靖を使て之を知らしめ、數百字を積むに至る。

寛永八年（一六三一）　恕に就き大學・論語を讀む。

寛永九年（一六三二）　恕に就き孟子・中庸を讀み、且（そのうへ）恕が保元・平治・源平盛衰記・太平記等を誦するを聞ひて、粗ぼ其の事を諳んず。

寛永一〇年（一六三三）　詩經・書經・春秋を讀み、亦た三體唐詩及び錦繡段を誦す。

寛永一一年（一六三四）　易經・禮記を讀み、蘇・黄が集を誦す。今夏、幕府入洛し、先考之に從ふ。公務の暇、左氏傳及び古文眞寶を口授す。

寛永一二年（一六三五）　先考大學を講ず。靖往きて之を聴く。

寛永一三年（一六三六）　遷史及び李・杜・韓・柳が集等を讀む。

寛永一五年（一六三八）　先考日本紀神代巻を講ず。靖亦往て之を聴く。

寛永一六年（一六三九）　常に几に倚て案ず。先考の藏書を渉獵し、凡そ經・史・子・集・百家・小説及び本朝の舊記等、大概之を見ざること無し。

右が資料から抜粋した林讀耕齋の学習階梯である。これをさらに整理すると、左の通りである。

八歳―大学・論語
九歳―孟子・中庸・保元物語・平治物語・源平盛衰記・太平記
一〇歳―詩経・書経・春秋・三體詩・錦繡段
一一歳―易経・礼記・蘇東坡集・黄庭堅集
一三歳―史記・李白、杜甫、韓愈、柳宗元の作品集
一五歳―日本書紀神代巻

やはり、経書や詩文に関する書の割合が多い。その他、軍記物語や「日本書紀」神代巻などの国書が名を連ねる。

林讀耕齋の場合、四書五経を読む順序が整然と記されている。林羅山は四書については、「大学」・「論語」・「孟子」・「中庸」の順番で読み、五経については「詩経」・「書経」・「春秋」・「易経」・「礼記」の順番で読む方針であった。

詩文の選集としては、「三体詩」と共に天隠龍澤（青年未詳～一五〇〇）編「錦繡段」が名を連ねる。「錦繡段」は康正二年（一四五六）に成立し、唐代から明代の詩人による七言絶句を収録する。五山において重んじられ、月舟寿桂が注解を加えた「錦繡段抄」も存在する。また、和仁による勅版本にも名を連ね、慶長二年に刊行される。林讀耕齋が如何なる形態のテキストに触れていたのかは不明である。いずれにせよ、詩文に関する五山の影響は非常に強かったのである。

慶長・元和・寛永を経るなかで、軍記物語や「日本書紀」は繰り返し出版される。幼少時、林羅山は太平記読みの語りで「太平記」を暗唱したというが、林讀耕齋の場合も兄の傍で耳から「太平記」を受容したのであろう。また、「日本書紀」神代巻は中世において重視された書籍であるが、それだけに本文の異同も甚だしかった。これにより、清原国賢が和仁による勅版本「日本書紀」神代巻でテキストの統一を図っている。林讀耕齋が如何なる形態で神代巻講義を行ったのか詳らかではない。しかし、「太平記」受容の例から類推すれば、あるいは林讀耕齋は旧来の写本を用いたのかも知れない。

## 第四節　林梅洞の学習階梯

最後に、林梅洞の学習状況を見る。内閣文庫所蔵「梅洞林先生全集」所収「頴定先生事實」を用いる。

慶安元年（一六四八）初めて大學を讀んで、唐・宋の詩若干首を口誦す。

慶安四年（一六五一）乃祖、論語・孟子・中庸を口授す。讀過滞らず。

承應元年（一六五二）乃祖、毛詩二十巻を口授す。

承應三年（一六五四）尚書・禮記・易尤傳を讀む。皆乃祖の口授を受く。

明暦元年（一六五五）乃祖文選六十巻、東坡集二十五巻、山谷集二十巻を口授す。頃間朱句を遷史・班史に加ふ。其の餘、展閲する所、猶夥し。

明暦二年（一六五六）乃祖、先生の爲めに、中庸諺解、孝経諺解、及び聯珠詩格諺解を作る。皆其の口授を受けて自ら之を筆す。乃祖、手づから後漢書を授けて曰く、汝既に班・馬が史を點検す。故に今之を授けて以て激勵す。先生拜戴し、朱句を點ず。月を踰へて成る。

萬治三年（一六六〇）先生經・史・子・集及び、本朝の舊史を博覧す。

寛文四年（一六六四）孟子を講ず。朱文公感興の詩を講ず。又詩經を説く。孝經・大學・小學を講ず。

六歳―大学
九歳―論語・孟子・中庸
一〇歳―毛詩

一二歳―尚書・礼記・易尤伝
一三歳―文選・蘇東坡集・山谷集・史記・漢書
一四歳―中庸諺解・孝経諺解・聯珠詩格諺解

林梅洞も四書五経から詩文へと読み進む。この点は前の三例と同様である。ただし、林梅洞の場合、「中庸諺解」・「孝経諺解」・「聯珠詩格諺解」の三書が目を引く。林羅山は晩年に生まれたこの孫を非常に可愛がり、また期待を寄せていた。晩年の林羅山は自身の職務を子供たちへ譲り、捻出した時間を孫のために使っていたのであろう。自らの膝下で育てたため、建仁寺に教育を委託する必要もなく、手ずから句読を授けて教材を作ることも出来た。

## 小結

右の四つの事例を見較べると、確かに豊富な読書量に支えられた博への志向を見出すことも出来ようが、それ以上に顕著なのは経書と詩文を重視する傾向であった。就中、詩文については中世五山以来の七言絶句をその中心とする漢詩の選集が、林羅山の教育においてもまた重んじられていた。

五山からの連続という点では、林左門と林鵞峯が建仁寺で詩文を学んでいることも証左となる。これは彼らの住居に関わる問題である。慶長一七年、林羅山は妻を伴い駿府に移住する。林左門は翌一八年に誕生する。林左門は駿府生まれということになる。ところが、元和二年に徳川家康が没すると、林羅山は家族を京へ帰してしまう。この後、寛永一一年（一六三四）に江戸へ家族を呼ぶまで、林羅山は江戸と京を往復する日々を送る。この二〇年弱の期間が、林左門と林鵞峯の幼年期に当たる。自身の監督が及ばぬ状況に際して我が子の教育を委ねるほど、林羅山は禅林の学を高く評価していたのである。

このように、林羅山は子供への教育に心を砕き、自分なりのカリキュラムを設定していた。しかし、「羅山年譜」・「羅山行状」に記された林羅山の学習階梯は、彼の子孫たちのものとは様相を異にする。林羅山が五山や清原家に学び、藤原惺窩と出会うまでの軌跡は、決して整然とした道のりではない。むしろ、自身が定められた段階を踏んで学んでこなかったからこそ、その苦労を子供たちに味わわせたくなかったのであろう。

子供たちの学習階梯は、林羅山が手当たり次第に読んできた書物を教育という観点からソートした一覧に他ならない。そして、膨大な書物を整理し、篩にかけた結果として残ったのが、経書と詩文に関する書物であった。林羅山は五山文学批判から博を志した。しかし、林羅山が設定したカリキュラムの検討を通じて明らかとなったことは、林羅山の強硬な主張にも関わらず存続した五山文学の影響力と、自らの子供を教育するに際して五山を頼らざるを得ないという現実であった。

とはいえ、林羅山が設定したカリキュラムは経書の重視という点で概ね共通する傾向を有した。また、五山文学的な唐宋詩文の学は、あくまでもカリキュラムの一部として位置づけられていたことも事実である。そして、そこに道なき道を歩んできた林羅山の創意工夫を認めねばなるまい。

注

（1）　序論の注（4）を参照されたい。

（2）林鵞峯は検索のために、巻数と作者に絞り、この書の目録から唐代の部分のみを写している。

（3）「四庫全書総目」集部四五・總集類存目二「舊本題明李攀龍編、唐汝詢註、蔣一葵直解。攀龍有詩學事類、汝詢有編蓬集、一葵有堯山堂外紀、皆已著録。攀龍所選歴代之詩、本名詩刪、此乃摘其所選唐詩。汝詢亦有唐詩解、此乃割取其註。皆坊賈所爲。疑蔣一葵之直解、亦託名矣。然至今盛行郷塾閒、亦可異也」

# 第六章　林羅山の学問とその特質について

## はじめに

本章では、前章から引き続き、林羅山にとっての経学と博学との関係および林羅山における博学の意義を考察する

具体的には、林羅山が子供と共に表した「対策」の内容を検討することで、如何なる知識を如何に問うかを窺いたい。さらに、「対策」を著したのちに子供達へ与えたメッセージから、林羅山が教育上で重んじたものを解明したい。あわせて、林羅山自身が自らの知識を如何に生かしたのかを窺うために、徳川家康との対話を読解したい。

## 第一節　獲得した知識の運用方法

林羅山は自身の経験を元に、子供たちに理想の学習階梯を設けて学習させた。経書や詩文に重点を置くスタイ

ルには、出来るだけ体系立てて知識を習得させたいという、林羅山の望みが込められていた。しかし、知識の吸収それ自体に意味はない。それを活かすことが重要なのである。ならば、林羅山は自らの知識を如何に運用していたのであろうか。この疑問に答えることは、子供たちの教育目的と一致するに違いない。

本節では、「羅山文集」巻第三一所収「對幕府問」の読解を通じて、林羅山の知識の運用方法の一端を窺いたい。「對幕府問」は六条から成るが、本節では慶長一七年の六月二五日に林羅山と徳川家康の対話に着目する。「羅山文集」には、「對幕府問」の成立は慶長年間であると記されている。したがって、慶長一七年から慶長一九年の間に成ったものと考え得る。この対話は「駿府政事録」巻二も記録している。

六月二十五日、幕府謂春曰、曾子子貢之一貫如何。春對曰、曾子之一貫以行而言、子貢之一貫以知而言。聖門顔子之外、頴悟無如子貢。故有此告。

六月二十五日、幕府春に謂て曰く、曾子子貢の一貫は如何。春對へて曰く、曾子の一貫は行を以て言ひ、子貢の一貫は知を以て言ふ。聖門顔子の外、頴悟子貢に如くは無し。故に此の告有り。（「羅山文集」巻第三一・「對幕府問」）

両者の対話は「論語」の解釈をめぐり、緩やかに始まる。「一貫」は、孔丘が道について述べた貴重な例であり、「一」字の理解は読み手の本質を問う。なぜならば、誰しも「一」字に自らが最も重んじるものを読み込もうとするからである。また、孔丘が曾参(1)と端木賜(2)の二人に語ったことも、「論語」解釈上の焦点となる所以である。徳川家康の質問もこれらを踏まえたものであろう。

質問をうけ、林羅山は曾参の例を実践の問題、端木賜の例を知識の問題と説明した(3)。両者を認めたからこそ、孔丘は個別の事象の先にある「一」について教えたという(4)。林羅山は朱熹の言をつなぎ合わせて徳川家康の問いに答えて行く。

幕府又曰、所謂一貫何。春曰、聖人之心、唯一理而已矣。然天下之物與事、於時於處、其理莫不貫之、而相應相當。故無行而不得其處矣。譬、如春夏秋冬、寒暑晝夜之運、雖不同、而一元之周流、無一息之間斷。是以天下之事、相什佰相千萬。而我心之所應之者、唯一理耳。在君爲忠。在父爲孝。在朋友爲信。其理元來不異耳。

幕府又曰く、所謂一貫とは何ぞ。春曰く、聖人の心、唯一理のみ。然も天下の物と事と、時に於て處に於て、其の理を貫かずと云ふこと莫くして、相應じ相當る。故に行として其の處を得ずと云ふこと無し。譬へば春夏秋冬・寒暑晝夜の運、同じからずと雖ども、而れども一元の周流、一息の間断無きが如し。是を以て天下の事、相ひ什佰し相ひ千萬す。而れども我が心の之に應ずる所は、唯一理のみ。君に在って忠爲り、父に在って孝爲り、朋友に在って信爲り。其の理元來異ならざるのみ。（「對幕府問」）

林羅山は「一」を「理」とし(5)、「理」が自然現象や人間関係までをも貫通すると説いて行くが、それは決して独創的な見解ではない。とは言え、書物の記述をそのまま読み上げるだけでもない。また、「論語集注」には曾参と端木賜の軽重を論じる箇所もあるが、林羅山はこれに触れない。「聖門顔子之外、頴悟無如子貢」という言葉は、林羅山が朱熹の意に反して端木賜に肩入れしているという印象さえ抱かせる。

言い換えれば、林羅山の言は斬新ではないが、自身のフィルターを通して取捨選択を経た知見である。徳川家康は文字を読み上げるだけの機械など求めておらず、林羅山もそのようなことは承知しているからこそ、自身で整理した情報を提示しているのである。

幕府又曰、參也魯。然所以聞一貫者何。春對曰、以孔子卒考曾子歳、殆二十餘也。豈生質實愚、而年少以傳聖人之道哉。想其氣象無圭角、而人以魯斥之乎。蓋篤實不已、其外似魯耳。

幕府又曰く、參は魯なり。然るに一貫を聞く所以は何ぞ。春對へて曰く、孔子の卒を以て曾子の歳を考ふるに、殆んど二十餘なり。豈に生質實に愚かにして、年少きを以て聖人の道を傳へんや。想ふに其の氣象圭角無くして、人魯を以て之を斥すか。蓋し篤實已まず、其の外魯に似たるのみ。（「對幕府問」）

さらに、徳川家康の質問は続く。曾参は「魯」であったという(6)。その曾参がどうして「一貫」について聞くことが出来たのか。「論語」の記述に矛盾があるのではないかという質問である。上手く答えられなければ、林羅山は面目を失うに違いない。

この質問に対して、「魯」であるからこそ、曾参は道統を接ぐことが出来たという説明(7)も可能であった。また、それは気楽な回答でもあったろう。答えは「論語集注」に書いてあると言えばよい。

しかし、林羅山はそのような愚かな選択をせず、「魯」のようであったに過ぎないと説明した。そうでなければ、若輩の曾参に聖人の道を伝えることが出来たはずがない。曾参の気象や行いが「魯」のようであったに過ぎない。

林羅山は「魯」の美点を強調するという方針ではなく、「論語」の記述を否定する方針を採った。林羅山は前者を選ぶことも出来たに違いない。にもかかわらず、林羅山は後者を選んだ。林羅山の仕事は最適な回答を判断し、提示することであり、知識をひけらかすことではない。

徳川家康がこの回答に満足したのかは分からないが、質問はさらに続く。

幕府又曰、湯武征伐權乎。春對曰、君好藥。請、以藥喩。以温治寒、以寒治熱、而其疾已、是常也。以熱治熱、以寒治寒、謂之反治。要之活人而已矣。是非常也。此先儒權譬也。湯武之學、不私天下。唯在救民耳。

幕府又曰く、湯武の征伐は權か。春對へて曰く、君藥を好む。請ふ、藥を以て喩へん。温を以て寒を治し、寒以て熱を治して、其の疾已ゆるは、是れ常なり。熱を以て熱を治し、寒を以て寒を治す、之を反治と謂ふ。之を要するに人を活するのみ。是れ常に非ざるなり。此れ先儒の權の譬へなり。湯武の學、天下に私せず。唯だ民を救ふに在るのみ。（「對幕府問」）

徳川家康は天乙（いわゆる湯王）や姫発が夏后履発（いわゆる桀）や帝辛（いわゆる紂）を破ったのは、果たして「權」であるかと問う。大坂の陣を二年後に控えた時期の質問である。先学諸氏はみなこの質問に豊臣氏攻撃の内意を読み取る。この質問に対して、林羅山は先学の「權」字の理解について説き、正面からの回答を避ける。

「權」字については、「論語」に用例があり、(8)朱熹は当該箇所の注で程頤の語を引く。(9)程頤の語は「春秋公羊伝」の記述を踏まえている。(10)「春秋公羊伝」は「權」を「経」に背きながら「善」を為すこととするが、程頤はこの見解を批判して「權」こそ「経」に他ならないとする。朱熹は程頤の説に満足出来ないのか、「論語集注」

で疑義有りとする。(11)

林羅山が言う「先儒権譬」とは、この問題に関する朱熹の言(12)を指す。朱熹の説明は婉曲であるが、結局は「権」と「常（経）」を等号で結ぶことを拒否する。林羅山もまた、朱熹の言をまとめた後、人を救うことにかかっていると言う。

徳川家康はこの薬のたとえに反応し、さらに質問する。

幕府曰、非良醫如反治何。只恐殺人耳。春對曰、然。上不桀紂、下不湯武、則弑逆之大罪、天地不能容焉。世人以此爲口實。所謂淫夫學柳下恵者也。唯天下人心歸而爲君、不歸而爲一夫。

幕府曰く、良醫に非ずんは反治を如何せん。只だ恐らくは人を殺さんのみ。春對へて曰く、然り。上桀紂ならず、下湯武ならずんば、則ち弑逆の大罪、天地容るること能はず。世人此れを以て口實と爲す。所謂淫夫の柳下恵を學ぶ者なり。唯だ天下人心歸して君と爲り、歸せずして一夫と爲る。（「對幕府問」）

常ならぬ処方は、良医以外が試みればただの殺人行為となるのではないか。徳川家康の問いをうけ、林羅山は湯武放伐に話題を戻す。林羅山は大罪人となる可能性を示唆しつつも、最終的には人心を収攬することが出来れば君となり得ると結論づける。

徳川家康は同じ様なやり取りを五山僧らと行っている。徳川家康が五山僧らに「論語」為政の首章「子曰、爲政以徳、譬如北辰居其所、而衆星共之」を題材に採って漢作文を命じると、僧侶達は「北辰」を徳川家康に見立て阿ったという。また、林羅山との対話の二ヶ月後、徳川家康は藤原惺窩にも湯武放伐について質問したものの、藤原惺窩は回答を避けた。

もとより、定められた正解など存在しない問題である。五山僧たちは徳川家康に阿り、却って勘気をこうむった。かといって、豊臣政権の重鎮で居続けるように説得することなど、林羅山には求められていないだろう。徳川家康に抜擢された林羅山は藤原惺窩のように逃れることも出来ない。

切迫した状況の中で、林羅山は「春秋公羊伝」や程頤の説ではなく、朱熹の言を採った。歯切れのよい言葉ではなく、薬のたとえと婉曲な表現を選んだ方が徳川家康の耳に入りやすかろうと、林羅山は判断したのである。

林羅山は徳川家康との対話において、博識を前提としつつもそれをひけらかすのではなく、自分なりに表現を選択して応答した。ある時は朱熹に拠り、ある時は朱熹の言に反する回答を選んだ。また、大坂の陣を控えた時期に湯武放伐という話題を向けられる場面もあった。このような状況において、林羅山は必ずしも徳川家康に阿りはしないものの、最終的には武力行使を肯定した。林羅山は言辞に工夫を凝らし、徳川家康との対話に臨んだ。林羅山が問われていたのは、判断や選択の適切さであり、知識の運用能力だったのである。博識はその前提に過ぎない。学習（入力）時の整理された知識が運用（出力）時にも整理された状態でそのまま使えるとは限らない。応用が必要なのである。

このような応用力を養う訓練を、林羅山は息子たちに行っていたのであろうか。

## 第二節　林羅山が子に与えた対策

時の権力者の要求に応じるには判断力も必要であり、林羅山も適宜それを発揮していた。林羅山は自身の経験を踏まえ、どのような教育方法を選んだのであろうか。本節では、林羅山が林鵞峯と林讀耕齋らに与えた「対策」に着目したい。

寛永一七年（一六四〇）、林羅山は林鵞峯と林讀耕齋に「対策」に擬して問いを与え、(13)林鵞峯らもこれに倣って回答したという。この「策」の部分は、「羅山文集」に「示恕靖百問」「再示恕靖問條十四件」「又示恕靖問條十三件」(14)という名で収録されている。(15)これら「示恕靖」は「羅山文集」において「問對」に分類される。(16)

林羅山が与えた「策」の題をリスト化したので参照されたい。これを見れば、そのほとんどが経書に取材していることは分明である。後に、林鵞峯もまた子供や高弟に「策」を与えるが、林鵞峯の場合はその題の全てが国史に関するものである。教育上の課題一つとっても、両者の間には甚だしい懸隔がある。

「羅山文集」所収「示恕靖」は林羅山が与えた「策」を収録するのみである。したがって、林鵞峯の「對」の内容を知るには「鵞峯文集」の参照を要する。「鵞峯文集」は、「示恕靖」一二七問の内の六二問に「示恕靖」に見えない三問を加えた、計六五の「策」と「對」を収録する。(17)これらはみな「擬對策文」と題を変え、「擬文」に分類される。「鵞峯文集」所収「擬對策文」は、林羅山による「策」も含め、題に相応しい文体に整えられている。

「羅山文集」所収「示恕靖」と「擬對策文」のいずれも君臣間の問答を想定した形式をとり、特に「擬對策文」は技巧を凝らしてある。

林羅山はこの「対策」を「礼記」に拠り(18)「攻堅従容録」と名付け、一部の本としてまとめた。(19)「攻堅」とは堅木を加工する職人を以て、師を問いただす弟子にたとえた表現である。(20)質問とは、簡単なものに始まり、次第に難しくなって行くのが望ましい。また、「従容」とは鐘の鳴る様を質問される者にたとえた表現である。(21)問答には大小があり、小さな問いには小さく答え、大きな問いには大きく答えなければならない。林羅山がこの題に込めた意味については後ほど触れるが、そこには教育上の配慮があったに違いない。なぜならば、この「対策」が著された寛永一七年とは、林家にとって極めて重要な画期となる年だからである。

## 第三節　寛永一〇年代後半からの徳川幕府による編纂事業と林家親子

寛永一七年、林羅山と林鵞峯は「寛永諸家系図伝」の編纂を命じられ[22]、同年一二月朔日には事業が動き出す[23]。概して、「寛永諸家系図伝」編纂は極めて速やかに行われた。翌一八年二月には、幕府から各家に系譜提出の命が下り[24]、その真偽の吟味が始まる[25]。林鵞峯はこの時すでに職に就いていたものの[26]、林羅山に付き従って奉行の太田資宗（一六〇〇～一六八〇）宅へ通い、会議に参加した[27]。

この時、林鵞峯は相応の役割を果たすことを求められており[28]、ただのお供ではなかった。「寛永諸家系図伝」は各家から集めた系譜を精査せずに採用しているため、その完成度を低く評価されてきた[29]。その評価は必ずしも誤りではない。しかし、林羅山や林鵞峯は決して提出された鵜呑みにしたわけではなく、その時にできる範囲で真偽の判定を試みた。ただ、その試みは各家の利害と絡むため[30]、議論も紛糾し[31]、自ずと限界があった。

いずれにせよ、「寛永諸家系図伝」編纂は極めて困難な仕事であり、林鵞峯も微妙な匙加減の調整で苦労したに違いない。同時期には、「鎌倉将軍家譜」を始めとする「譜」の編纂が行われ[32]、これには林讀耕齋も参加する[33]。これ以降、林鵞峯・林讀耕齋の兄弟は林羅山の仕事を助けるようになり、「寛永諸家系図伝」献上後に始まる「本朝編年録」編纂においては、分担執筆者として活躍する。

諸家へ系譜提出を要求する一方で、歴代武家政権の系譜は幕府お抱えの林家で行う。これにより、幕府への貢献度や血縁あるいは親疎によって家格を定め、征夷大将軍を中心とした秩序が構築されて行く。

しかし、どれだけ幕府主導で編纂物を拵えても、彼らの仕事は天皇の存在を前提とせざるを得なかった。系図を作り、松平姓や清和源氏義家流に特別な地位を与えようとも(34)、所詮は皇別に過ぎず、価値の源泉は天皇と皇親にあった(35)。また、「本朝編年録」などは、編年史の体をとる以上は歴代天皇によって次序するよりなく、代案もないままに途絶してしまった。

このように、寛永一〇年代後半に始まる各種編纂事業は様々な制約と限界を抱えつつ進行した。寛永一七年とはその開始前夜にあたる時期であり、林家親子にとっては、学者として真価を問われる重大な仕事を控えた時期であった。「示恕靖」とは、林家の未来を占う試金石であり、林羅山が息子たちへ与えた課題だったのではあるまいか。

## 第四節　経書の記述とその齟齬の縫合

本節では、林羅山が与えた「策」と林鵞峯による「對」の読解を行う。これにより、林羅山の与えた課題に要求される要素を解明するとともに、林鵞峯の達成度を確認したい。この「対策」の典型的な例として、第一問目の「風雷弗迷、雷風必變」に着目し、これを検討したい。

風雷弗迷、雷風必變問〈林羅山子問以下皆同〉

〈朕〉聞。烈風雷雨、弗迷者帝舜也。迅雷風烈、必變者孔子也。其度量絶人、如此歟。敬天之怒、如彼歟。蓋其所以弗迷、所以必變、想夫有其故也。書生常讀經傳、而所講習者也。欲聞其弗迷與必變之異同。

〈朕〉聞く、烈風雷雨、迷はざる者は帝舜なり。迅雷風烈、必ず變ずる者は孔子なり。其の度量人に絶れたること、此くの如きか。天の怒を敬すること、彼の如きか。盖し其の迷はざる所以、必ず變ずる所以、想ふに夫れ其の故有らん。書生常に經傳を讀んで、講習する所の者なり。其の迷はざると必ず變ずるとの異同を聞かんと欲す。

山括弧内は「擬對策問」にのみ確認できる字句である。林羅山が与えた「示恕靖」にはただ「聞」字があるのみであったが、林鵞峯の「擬對策問」には「朕」字が増補されている。これにより、状況設定がより明確となる。「書生常讀經傳」の六字を併せ考えれば、皇帝が学問を事とする家臣に投げかけた質問という体の「対策」であることが分かる。

林鵞峯は与えられた「策」の状況設定を活かしつつ、より「対策」として相応しい体裁に整えている。「策」の内容は、姚重華と孔丘の天に対する姿勢の差異を問うものであり、「書経」(36)と「論語」(37)の記述を踏まえている。姚重華が治水のために山林川沢へ入ると、暴風雷雨に遭遇した。しかし、姚重華は決して恐れず、取り乱すこともなかったという(38)。逆に、孔丘はそのような天候に遭えば、必ず容貌を改めたという(39)。

両者の振る舞いは好対照をなし、その人となりを窺わせるものの、齟齬があるようにも見える。この「策」はその齟齬を突いており、回答者に両者の差異を説明し、姚重華と孔丘の不一致を縫合するよう求めているのである。

果たして、林鵞峯は如何に答えたのであろうか。以下、「擬對策問」の「對」を検討する。

對。臣聞、前聖後聖、其揆一也。語聖則不異、事功則有異。大舜不迷者、處時之變也。孔子必變者、守事之常也。所以者、何則詩曰、我其夙夜、畏天之威。記曰、有疾風迅雷甚雨、則必變。先儒謂、天之威也。天子察於天下、諸侯大夫察於國、士庶人察于身。然則可敬之甚、何以加之哉。孔子所行如此、宜哉。

對ふ。臣聞く、前聖後聖、其の揆一なり。聖を語るときは異ならず、事功は則ち異なること有り。大舜の迷はざるは、時の變に處するなり。孔子の必ず變ずるは、事の常を守るなり。所以の者、何となれば則ち詩に曰く、我れ其れ夙夜に、天の威を畏る。記に曰く、疾風・迅雷・甚雨有るときは必ず變ず。先儒謂く、天の威なり。天子は天下を察し、諸侯大夫は國を察し、士庶人は身を察す。然れば則ち敬しむべきの甚だしき、何を以てか之に加へんや。孔子の行ふ所此の如くなる、宜なるかな。

「臣聞」とは、「対策」の体を採るための表現であろう。まず、林鵞峯は「孟子」を引き、(40) 時間的・空間的な隔たりによって道は変わらないと断った上で、(41) 宰予の言に対する(42)程子の解を引く。(43) これは一体どういうことか。要するに、林鵞峯は最初に結論を述べているのである。すなわち、姚重華と孔丘は道という観点では全く異なることなく、ただ動作や振る舞いという点で異なるに過ぎない。姚重華が狼狽しなかったのは「変」則的な状況に対処するためであり、孔丘が容貌を改めたのは「常」にあるべき態度を乱さぬためであった。

続いて、林鵞峯は「常」とは何かについて補足し、孔丘の態度を当然のものとする。「常」とは「天之威」であり、古くは「詩経」(44)に見える表現である。

では、姚重華の対応は如何。

若夫大舜者、堯擧之于畎畝中、而歴試多難、在納大麓時、逢烈風雷雨、無奈之何。豈不敬天之怒哉。然身勤役于王事。雖風雷、何須恐懼而以懈怠哉。故確乎、不迷而已。此其度量絶人、與後世驚雷失箸者、天淵懸隔之辨也。當他日垂拱無爲之時、有烈風雷雨、則必變如孔子。若使孔子爲舜之任、則亦如舜耳。孟子曰、禹稷顏子、易地則然。臣謂、大舜孔子、易地亦然。

若し夫れ大舜は、堯之を畎畝の中より擧げて、歴試＝多難、大麓に納るるの時に在って、烈風雨に逢ひ、之を奈何ともすること無し。豈に天の怒りを敬しまざらんや。然れども身役を王事に勤む。風雷と雖も、何ぞ恐懼して以て懈怠するを須ゐんや。故に確乎として迷はざるのみ。此れ其の度量人に絶れ、後世雷に驚きて箸を失する者と、天淵懸かに隔たるの辨なり。他日拱を垂れて爲ること無きの時に當り、烈風雷雨有らば、則ち必ず變ずること孔子の如し。若し孔子を使て舜の任爲らしむれば、則ち亦た舜の如くなるのみ。孟子の曰く、禹・稷・顏子、地を易へば則ち然らんと。臣謂へらく、大舜・孔子、地を易ふるとも亦た然らんと。

姚重華については、伊祁放勲との君臣関係が焦点となる。姚重華は伊祁放勲に見いだされた人物であり(45)、悪天候に遭った時も伊祁放勲の命で治水の任にあたっていた(46)。姚重華にあっては暴風や雷雨を恐れるあまり仕事を怠る必要もなく、またそのようなことはあってはならない。姚重華は自身の仕事を遂行するために、断固たる態度を示したのである。

姚重華と孔丘の振る舞いは一見異なるようではあるが、実は変わらないのである。仮に、姚重華と孔丘の立場を入れ替えたとしても、結果は変わらない。なぜならば、最初に林鵞峯が述べた通り、状況が異なるだけで、道は不変だからである。

経典の記述に照らして、姚重華の事例と孔丘の事例に差異がないと判明し、冒頭の結論へと舞い戻った。ところが、林鵞峯はそれには飽き足らず、さらに「孟子」からの引用を重ねる。(47) 言わんとすることは、先と同様である。もし、姒文命（いわゆる禹）や姫弃（いわゆる后稷）が顔回の立場となれば、侘びた生活に楽を忘れなかったに違いなく、顔回が姒文命や姫弃の立場に立てば、民の苦しみを我が事のように憂えたに違いない。

林鵞峯による経典の引用は、なおも続く。

虞書曰、勅天之命。又曰、號泣于旻天于父母。然則雖舜、何不畏天哉。孔子不畏桓魋匡人、其度量絶人、則可知而已。故曰、聖人無優劣。由是觀之、不迷與必變者、一時之常變乎。敢竭鄙誠、不顧短才、謹對。

虞書に曰く、天の命を勅しむ。又曰く、旻天に父母に號泣すと。然らば則ち舜と雖も何ぞ天を畏れざらんや。孔子の桓魋・匡人を畏れず、其の度量人に絶れたること則ち知んぬべからくのみ。故に曰く、聖人に優劣無し。是れに由りて之を觀れば、迷はざると必ず變ずる者と、一時の常・變か。敢て鄙誠を竭し、短才を顧みずして、謹んで對ふ。

この段の眼目は禦侮にある。ここまで、林鵞峯は姚重華と孔丘の姿勢が実は変わらないと説いてきた。しかし、姚重華の天に対する敬しみと孔丘の度量を疑う余地が残ることを危惧したのか、引用を重ねることで未然に防ごうとする。

姚重華に関する引用は、皐陶に歌を作ってみせる時の発言(48)や、天と父母を呼んで泣いた逸話(49)である。孔丘については、子雝（いわゆる桓雝。または、向雝）(50)や匡人に襲撃された時の言(51)である。いずれも、天に対する言及のある箇所から引用されている。

こうして、林鵞峯は姚重華と孔丘に優劣がないことを確認したのちに、「一時之常變乎」と締めくくる。知識という面から言えば、林鵞峯の回答は「策」に引かれる逸話の出典をよく踏まえていた。だからこそ、その周辺に見える記述の中から「天之威」や「旻天」などの語を拾い、自身の「對」に活用することが出来た。また、内容という面から言えば、林鵞峯は姚重華と孔丘の振る舞いの差異を「常」・「変」という観点で説明した上で、道という観点から両者に違いなしと説いた。特に、林鵞峯は姚重華の身の処し方をよく庇い、姚重華が決して天を蔑ろにしたわけではないことを力説した。

こうして「対策」を読解すると、林鵞峯は林羅山の課題によく取り組んでいるように見える。では、林羅山はこれを如何に評価するのであろうか。

## 第五節　六経の尊重

寛永一七年一〇月一三日、百問の「対策」成立後に、林羅山は林鵞峯と林讀耕齋へ漢文でメッセージを宛てた(52)。このメッセージは二種類あり、一方は「羅山文集」巻第三五に収録されているものの、もう一方は「羅山林先生別集」(53)に収録されている。この「羅山別集」は写本でのみ伝わるため、従来十分な検討を受けてこなかった。本節では、この二種類のメッセージの読解を通じて、林羅山が両者の「對」を如何に評価したかを窺うと共に、林羅山が教育上で重んじていたものを明らかにしたい。

書百問後示恕靖

尚書述帝巡狩。而東岳以下曰、如初。曰、如岱礼。左伝楚人謂乳穀、謂虎於菟。何不曰謂乳為穀、謂虎為於菟乎。是古人作文之簡易也。後代好古者、比比皆然。不可勝数。頃聞、二林吹塤箎於書堂、磨瓊瑰於咳唾。不亦可乎。

尚書に帝の巡狩を述ぶ。而して東岳より以下曰く、初の如し。曰く、岱の礼の如し。左伝に楚人乳を穀と謂ひ、虎を於菟と謂ふ。何ぞ乳を謂って穀と為し、虎を謂って於菟と為すと曰はざるか。是れ古人文を作るの簡易なり。後代古を好む者、比比として皆然り。勝て数ふべからず。頃聞けば、二林塤箎を書堂に吹き、瓊瑰を咳唾に磨る。亦た可ならずや。（「羅山文集」巻第三五「書百問後示恕靖」）

まず、林羅山は「書経」(54)と「春秋左氏伝」(55)の例を引いて古文の簡易なるに触れ、それをよしとする。林羅山は古文の尊重を唱えているのである。

「如初」とは、天子が諸国を視察する際に立ち寄る西岳華山を、以前は泰山と呼んでいたことに則り(56)、その時の礼にならって祀ることである(57)。「如岱礼」とは、南岳衡山を祀る礼を泰山にお参りする礼と同じようにすることを言う(58)。「春秋左氏伝」の例は、謂A為Bという形より、謂ABの形の方が簡潔で平易な表現であるという趣旨か。確かに、いずれも極めて簡易な表現である。

次に、「詩経」(59)と「荘子」(60)の表現を踏まえつつ、「対策」に話題が移る。林羅山は結構なことではないかと言う(61)

ものの、そこに異を唱える者が現れる。

然有笑于列者、抄于露、纂于雪。不為不勤。其間剽掠偸竊、有所不免。卑俗繁冗、非無可厭。或似註疏解釈乎。或如抄録残賸乎。譬諸探珠者唯得鱗甲、逐鹿者唯採皮毛也耶。文已如此、理亦宜然。

然れども列に笑ふ者の有り。露に抄し、雪に纂む。勤めずと為さず。其の間剽掠・偸竊、免れざる所有り。卑俗・繁冗、厭ふべきこと無きに非ず。或は註疏・解釈に似たるか。或は抄録・残賸の如きか。諸を珠を探る者の唯だ鱗甲を得、鹿逐ふ者の唯だ皮毛を採るに譬へんか。文已に此くの如し、理も亦た宜しく然るべし。

（「書百問後示恕靖」）

この展開は韓愈「進学解」に拠る[62]。「進学解」の内容は以下の通り。冒頭部分で、国子先生（韓愈）が教え子へ、わずかでも取り柄があれば登用される世の中となったのだから、勉強しろと諭す。すると、それを否定する弟子が登場し、一旦は国子先生を褒めたたえるが、最終的にはこれを難ずる。

この「書百問後示恕靖」は「進学解」の展開を下敷きにしており、以下の部分は「笑于列者」による批判に相当する。ただし、批判の対象となるのは林羅山ではなく、林鵞峯と林讀耕齋である。

この段では文理の一致が説かれる。「笑于列者」は林鵞峯らの「對」の卑俗・冗長と難じる。当然、卑俗・冗長とは古文の簡易と対比させた非難である。そして、文が卑俗・冗長であるならば、理もまた卑俗・冗長であるに違いないと断じる。林羅山に言わせれば、それはさながら龍のあごにある珠を求めて鱗を手に入れ[63]、鹿を追っては肉ではなくわざわざ毛皮を採る者[64]なのである。

夫文也者言之所筆也。言也者意之所画也。無文則何以知言与意哉。聖人言語在于六経。六経之文置而不論。世之執簡者、有詳、有略、有繁、有質、有華、有拙、有巧、有俗、有不俗。此等之類亦不可勝数。読歴代諸大家之言、可以見焉。自今以往、益可致思歟。

夫れ文は言の筆する所なり。言は意の画く所なり。文無くんば則ち何を以て言と意とを知らんや。聖人の言語は六経に在り。六経の文は置きて論ぜず。世の簡を執る者の、詳有り、略有り、繁有り、質有り、華有り、拙有り、巧有り、俗有り、不俗有り。此等の類も亦た勝て数ふべからず。歴代諸大家の言を読んで、以て見つべし。今より以往、益々思ひを致すべきか。（「書百問後示恕靖」）

続いて、「笑于列者」は六経の尊重を唱える。人間の内面を外に表すと言葉になり、言葉を記すと文になる。したがって、文がなければ言葉も心も窺うことは出来ない。そして、聖人の言葉が文となったものこそ、六経に他ならない。とすれば、六経さえ読めれば、聖人の心に触れることが出来るのである。逆に、文がなければ聖人の言葉に触れることも、心に触れることも叶わない。だからこそ、六経は重要なのである。

韓愈の「進学解」ならば、ここで終わるはずである。しかし、この「書百問後示恕靖」には、さらに一尾の鯉が登場する。

言未既赤鯇公突出曰、郷曹欲探珠乎。我今登禹門三級、拏雲而飛。當投示明珠。唯庶幾莫買其櫝也。至其成也、則伯仲之庭、彷彿夔夔之霊囿乎。何逐外哉。原鄭樵之夢乎。

言未だ既らざるに赤鯇公突出して曰く、郷曹珠を探さんと欲するか。我今禹門三級に登り、雲を拏んで飛ふ。

當に明珠を投げ示すべし。唯だ庶幾はくは其の櫝を買ふこと莫し。其の成るに至りては、則ち伯仲の庭、夔夔の霊囿に彷彿たらんか。何ぞ外を逐はんや。鄭樵の夢を原ゆめはせしや。（「書百問後示恕靖」）

「赤鯇公」は鯉を指す。鯉（離矣切）は唐の国姓（李）と同音であるため、これを避けて「赤鯇公」と呼んだことに拠る。これは「進学解」を下敷きとするための処置であろう。鯉が禹門（龍門）の急流と三つの堰をさかのぼると、龍に化すという[65]。前段の「探珠者唯得鱗甲」のたとえが伏線となり、ここで「禹門三級」を乗り越えた「赤鯇公」が登場する運びとなる。

「赤鯇公」は櫝（空虚な文飾）の追求を戒め、それを守れば文王の狩猟場（霊囿）のような楽を得るであろう[66]と告げるものの、言い足りないと思ったのか重ねて「外を逐」うことを戒める。

時有猪一肢贈庖丁者。雖陸賈撃鮮、不能過也。団欒而食之。孔子曰、鮮能知味。伯仲其知味哉。文亦有味、道亦有腴。嗚呼、旨乎哉。理義之悦我心也、書之規以遠大。

時に猪一肢庖丁に贈る者有り。陸賈撃鮮と雖も、過ぐること能はざるなり。団欒の之を食ふ。孔子の曰く、能く味を知ること鮮し。伯仲其の味を知らんか。文も亦た味有り、道も亦た腴有り。嗚呼、旨ひかな。理義の我が心を悦ばしむること、之を書し規するに遠大を以てす。（「書百問後示恕靖」）

この段で、林羅山は美食の譬えを用いて「内」を褒めたたえる。その際、「中庸」[67]と「孟子」[68]が根拠となる。また、文と道の一致を説く。

「陸賈撃鮮」は「漢書」[69]の表現を踏まえる。楚漢戦争の後、呂氏が勢力を増すと、陸賈（生没年不詳）は身を隠す。陸賈は財産を子供たちに分け与えると、子供たちの家を遍歴する日々を送る。「撃鮮」とは、陸賈が訪ねた時に新鮮な肉を供し、歓待することを要求した言葉である。

厳しい言葉を投げつつも、林羅山は息子たちの今後について期待を込めて筆をおく。

林羅山の意図は、六経の重要性を説くことにあった。林羅山にとって、六経は二つの側面を有した。それは、聖人の心に触れる媒介としての側面と、古文の簡易さを体現する存在としての側面である。この二つの側面が林羅山に六経尊重を唱えさせた。同時に、林羅山が文を内面の表出したものと見なし、虚飾の追求を戒めている点も確認したい。

要するに、林羅山は右の主張を対策の体で展開することによって戒めると共に、自らも筆を執ることで作文の範を示しているのである。

次に、人目に触れぬ写本の形で伝わるもう一方のメッセージの内容を確認したい。

示恕靖（寛永十七年、示百問條時）
當局者迷、傍観有眼。頃聞、仲也叔也、答於老林之問。問高而答卑。如自太嶽臨衆山之為児孫乎。如郢人之不能和陽春白雪乎。問深而答浅。似観海者之於行潦乎。似厲之者之見掲之者乎。且其揮毫下字也、倡者能言、和者猩鵡乎。易曰、鳴鶴在陰其子和之。仲也叔也、曷不善和乎。不可不孳孳也。
當局者は迷ひ、傍観眼有りと。頃聞く、仲や叔や、老林の問ひに答ふ。問高くして答卑し。太嶽より衆山の児孫為るを臨むが如きか。郢人の陽春・白雪を和すること能はざるが如きか。問深くして答浅し。海を観る者の行潦におけるが似きか。これを厲する者のこれを掲ぐる者を見るが似きか。且つ其の字を下して揮毫するや、倡する者能く言ひ、和する者猩鵡なるか。易に曰く、鳴鶴陰に在り、其の子これに和すと。仲や叔や、曷ぞ善く和せざらんや。孳孳とせざるべからざるなり。（「羅山別集」「示恕靖」）

一段全てが林鵞峯らに対する叱責である。林羅山は、自分自身では分からないかもしれないが(70)、彼らの「對」は「卑」にして「浅」だと言う。

「陽春」と「白雪」は、「宋玉對楚王問一首」に見える歌である(71)。郢にいた客が「陽春」や「白雪」を歌うと、これに唱和した者は数十人に過ぎなかったという。林羅山は、「對」の出来を郢人に等しいと評価し、その原因を研鑽の不足に見る。

「観海」の語は、「孟子」に拠り(72)、林羅山と林鵞峯らの差を海と行潦（みずたまり）にたとえている。水はみずたまりに満ちなければ外へ流れない。同じように、研鑽が足りなければ、文章として外に現れないこともない。林羅山は林鵞峯らの研鑽不足を叱咤している。

「厲之者」と「掲之者」は、「詩経」(73)の表現を踏まえており、当該箇所は「論語」にも引かれる(74)。これは深浅に関わるたとえである。厲は深い水を渡るために、帯のあたりまで衣をまくることであり、掲は浅い水を渡るために、裾をちょっと引っ張ることを言う。言うまでもなく、「厲之者」が林羅山であり、「掲之者」が林鵞峯らである。

さらに、林羅山は林鵞峯らを物言う禽獣にたとえ(75)、どうして鶴の親子のように唱和できないのかと詰問する(76)。また、一層の努力を要求する(77)。

林羅山は先のメッセージで食のたとえを意識したが、ここでは音に関わるたとえを多用する。

夫天倫之才、方商季周初之際、為最盛。太伯季歴、微子微仲、夷与叔、武王与文公、皆是聖賢也。後生豈敢哉。降而眉山草木鍾秀於軾乎轍乎、雖有才之美、如其心術何哉。唯有河南伯子叔子、接千歳不伝之道統。其志以聖人為彀、然世有引而不発之師乎。否。六経不泯則有余師。何外求哉。

夫れ天倫の才、方に商季周初の際、最も盛ん為り。太伯季歴、微子微仲、夷と叔、武王と文公、皆是れ聖賢なり。後生豈に敢へてせんや。降って眉山草木鍾秀の軾か轍かに於けるや、才の美有りと雖も、其の心術を如何せんや。唯だ河南伯子叔子有るのみ。千歳不伝の道統を接ぐ。其の志聖人を以て彀と為し、然して世引きて発せざるの師有らんか。否。六経泯びざれば則ち余師有り。何ぞ外に求めんや。（「示恕靖」）

ここで、先ほどの「書百問後示恕靖」と内容が繋がる。やはり、林羅山は六経の尊重を唱え、文は内面の表出であるという持論に基づき、歴代の兄弟に評価を下す。[78] さすがに、殷周革命時の聖賢たちには及ばないとするものの、蘇軾（一〇三七〜一一〇一）・蘇轍（一〇三九〜一一一二）を内面に問題ありと退ける。[79]

その後、林羅山は程顥・程頤を採る。なぜならば、彼らが孟軻以来絶えていた道統を接いだからである。[80] 六経が今に伝わるのは二程の功績による。そして、六経こそ聖人のあり方を今に伝える書物に他ならない。

「彀」とは、弓が満ちた状態、すなわち引き絞られた状態を指す。[81] また「引きて発せ」ずとは、その弓を引き絞ったまま、放たずにおくことを言う。[82] よく学ぶ者は、その状態から矢が放たれる様子を見ずとも、矢が目標に当たる様をありありと思い浮かべることが出来る。[83] 学ぶ者が、弓の巧者が引くさまを見て、達者に学ぶのであって、弓を引く者が、学ぶ者のために、わざわざ弓を引くさまを工夫して変える必要などない。学ぶ者が示された規矩準縄に自らを重ね合わせれば、それで足る。

「聖人を以て彀と為」すとは、この意味での弓が満ちた状態を言う。それは聖人を基準とし、手本とすることである。「引きて発せざるの師」とは、規矩準縄としての聖人のあり方を今に伝える物の謂である。果たして、それは一体何であろうか。六経である。

ならば、六経を師とせずして、何を師とするのか。(84) 六経以外に学ぶことは「外に求め」ることに他ならない。この六経という根本に立ち返った時に、改めて程顥・程頤の功績が称揚されるわけである。

仲也叔也、孳孳為善、則嚮卑者高、浅者深、而後善言徳行、當免猩鵡之譏、而聞九皐之清唳於天歟。仲也叔也酷嗜古文、日記数千百言。其家敝帚何為者耶。只是充棟之書也。就中所尊敬、在六経而巳。不亦哿乎。他後所素蘊、所涵養、可以憤発於文詞、必有可観之趣。畢命曰、詞尚體要、不惟好異。孔子曰、詞達而巳矣。又曰、有徳者必有言、故古人以文章名世者、不多矣、而莫不本乎六経。

仲や叔や、孳孳として善を為せば、則ち嚮に卑き者は高く、浅き者は深くして、後に善言徳行せば、當に猩鵡の譏りを免るべくして、九皐の清唳を天に聞こえしめんか。仲や叔や、酷く古文を嗜み、日に数千百言を記す。其の家の敝帚何為る者ぞや。只だ是れ充棟の書なり。就中尊び敬ふ所、六経に在るのみ。亦た哿からざらんや。他の後素より蘊む所、涵養する所、以て文詞に憤発すべくんば、必ず之を観るべきの趣あり。畢命に曰く、詞は體要を尚び、惟れ異を好まずと。孔子曰く、詞は達するのみと。又曰く、徳有る者は必ず言有りと。故に古人文章を以て世に名ある者、多からず、而して六経に本づかざること莫し。（「示恕靖」）

この段は短いながらも、経書を典拠とする表現が多く、それだけに林羅山の意気込みが察せられる。林羅山は

内面の充実と言語表現を相即不離の関係と見なし、且つ両者を学ぶ上で最も有効な手段を古文としての六経と考えている。(85)

まず、林羅山は内面の充実を勧め励ます。「孳孳為善」は「孟子」に拠り、再度の引用である。「善言徳行」も「孟子」からの引用である。(86) そして、林羅山は鶴のたとえを用いて励ますが、今度は「易経」ではなく「詩経」(87)に拠る。

次に、林羅山は古文としての六経尊重の意を述べる。そのために、林羅山は自らの蔵書を「敝帚」と言い、敢えて卑下してみせた後に、六経に特別な価値を見出す自らの立場を表明する。さらに、「不亦嗇乎」という「論語」の表現(88)に拠って肯定する。

最後に、林羅山は内面の充実と言語表現の間にある先後関係に言及する。六経に学んで充実させた内面は、いずれ言語表現という形で表面に現れる(89)であろうし、そうであればきっと観賞に堪えるものとなるであろう。古人もまた、そうしたのである。

六経者、聖人之心見于簡冊者也、可謂有徳有言。然不易学也。欲学之、則只尚體要、勿作巧飾。只取達意、勿作冗長。只主徳性、勿作浮淫。其余品藻也、実録也、詰屈也、平易也、波瀾也、峻岩也、雄渾也、典麗也、傑奇也、博贍也、簡妙也、在所択耳。雖然是其文字而已乎。道徳文章本是一也。

六経とは、聖人の心、簡冊に見るる者なり、徳有れば言有りと謂ふべし。然れども学び易からざるなり。之を学ばんと欲せは、則ち只だ體要を尚び、巧飾を作す勿れ。只だ達意を取りて、冗長を作す勿れ。只だ徳性を主とし、浮淫を作す勿れ。其の余は品藻や、實録や、詰屈や、平易や、波瀾や、峻岩や、雄渾や、典麗や、傑奇や、博贍や、簡妙や、択ぶ所に在るのみ。然りと雖も是れ其れ文字のみならんや。道徳文章本より是れ一なり。(「示恕靖」)

再三にわたり、林羅山は六経重視の立場を唱えると共に、それを前提とすれば、いかなる文体をも選択して使いこなすことが出来ると保証する。さらに、道徳と文章を一体とする自己の立場を表明する。

林羅山にとって、博とは六経の学習による聖人の心との触れ合いを前提とする。同様に、様々な文体も簡易な古文の体の習熟を前提とする。そして、その博と様々な文体もまた、選択肢を増やすための前提なのであった。知識の入力と出力は文を通して行われる。この文が徳と一体のものであるから、入力(読書)と出力(作文)もまた、徳と切り離すことは出来ない。読書においては、聖人の心に触れて自らの心を涵養し、作文においては、養った心を画き出す。

林羅山が最も重視したのは六経である。この意味において、林羅山の学問は経学と言える。

これが、林羅山が自身の子供(後継者)へ伝えようとしたことであった。

唯願仲兮叔兮、慕座春門雪於四序、則他日游楊之輩、出自門下、而後有撤皐比之人、又有私淑之新安也。傍観之眼不誤所相。唯是祝是禱、於是老林吟曰、夜鶴鳴以弾五絃。仲兮叔兮壽千年。嗚呼吾老矣。少壮幾時乎勉旃。

唯だ願ふのみ、仲や叔や。座春門雪を四序に慕ひ、則ち他日游楊の輩門下より出で、而して後皐比を撤するの人有り、又私淑の新安有るなり。傍観の眼相る所を誤らざらん。唯是れ祝ひ是れ禱り、是に於て老林吟て曰く、夜鶴鳴き以て五絃を弾くと。仲叔、千年を壽げ。嗚呼、吾老ひたり。少壯幾時なるかな。旃を勉めよ。
（「示恕靖」）

林羅山は自分の言うことを守り、程顥・程頤を模範とすれば、門下より優れた人物を輩出するかもしれないと励ます。例えば、游酢（一〇五三～一一二三）や楊時（一〇五三～一一三五）のような門人や、張載のように二程に感化された者などである。あるいは、直接に教わることがなくとも、心の中で師と仰いだ朱熹のような人物もいた。

最後に、林羅山は再び「詩経」の鶴のたとえを引き、また「礼記」の語を引いて、兄弟を励ますと共に、自身は老いてしまったと告げる。(90)

二つめのメッセージは、前のものに増して厳しい言葉で綴られていたが、それだけに林羅山の期待が窺える。林羅山と林鵞峯らの間で交わされた「対策」は、古典籍間の記述の齟齬を問い、その整合を要求するものであった。その重点は、知識は勿論の事、なによりも判断力の測定に置かれていた。これは、林羅山が徳川家康に質問された時にも同様である。博識は前提に過ぎず、その豊富な知識に篩を掛け、適切に提示する判断力こそが林羅山に要求されていたのである。

## 小　結

本章では、林羅山にとっての経学と博学との関係および林羅山における博学の意義を考察する材料として、彼の教育方法を窺ってきた。最後に、検討の結果を踏まえて考察を行う。

経学と博学との関係について言えば、経学が主であり、博学は二の次であった。林羅山が林鵞峯・林讀耕齋へ与えた「策」は、その大半が経学に関する知識を問うものであった。この点で、後に林鵞峯が子供や門人に与えた「策」とは著しく異なる。林鵞峯が著した「策」は国史の知識を問うものばかりであった。

また、林鵞峯らに訓戒するにあたり、再三にわたって古文としての六経を重視する自身の立場を述べた。林羅山にとって、言語活動とは充実した内面の表出に外ならず、この意味で道徳と文は一体のものであった。六経への習熟は両者を一時に修めるための金科玉条であった。

もちろん、豊富な読書量から博への志向を読み取ることも可能ではあるが、それは経学と比べれば第二義的な存在と言わざるを得まい。大前提として、林羅山は六経を古文と捉え、その簡易な表現を尊んだ。博学の追求や様々な文体の習得は否定こそされぬものの、より低い位置にあった。

五山の学を否定して、林羅山が唱えたのは博であった。林羅山の後を継いだ林鵞峯もまた、父の学を博と形容した。彼らにとって博学であることの価値は疑いようもない。しかしながら、その博とは、経学への習熟を前提とし、また職務上必要となる判断力を養う前提をなしていた。

言うなれば、林羅山の博とは思考の軛を外し、人が自由にものを考えるための前提条件であった。ただし、その自由な思考は新たに生まれつつある秩序に裏付けを与え、追認することを眼目としていたのである。

最後に、林羅山が子供たちへ要求した判断力について、一言を付したい。林羅山が重んじた判断力とは、決して言語表現における整合性の追求のみを意味するわけではなく、時に矛盾を孕みながら、経書の記述に逆らうことさえ是とするものであった。

林鵞峯による「対策」は、控えめに言っても、よく出典を調べ使いこなしていたように見受けられる。のみならず、経書の記述に潜む矛盾を上手に縫合していた。

しかしながら、林羅山の徳川家康への返答に見比べてみると、また異なる印象が浮かび上がってくる。すなわち、林鵞峯は、あまりにも整然と矛盾を縫合してしまったのではなかろうか。

林羅山と徳川家康との問答には、時に経書の記述をさえ否定する言辞が含まれていた。それは、普通に考えれば、弁論における未熟さの表出に過ぎぬように見える。しかし、まさに斯かる方法によって、林羅山は自身の職責を果たしていたのである。

翻って、林鵞峯の「対策」は如何であろうか。たしかに、われわれ漢作文の素人には、林鵞峯の「対策」は、非常によく出来ていたように見える。しかし、その上手さこそが、林羅山の不満の原因であったと仮定すれば、両者の間には大きな認識の差、ないしは資質の違いがあったようにも思われる。

そして、その差異は、林鵞峯が長じるほどに、任される仕事の規模が大きくなるほどに、当事者たちの想像を超えた広がりへと繫がったに違いない。その差異をこそ、学術上の水準・程度の高低などというものを超えて、両者の学者としての個性が表出したものと考えたい。

注

（1）「論語」里仁「子曰、參乎、吾道一以貫之。曾子曰、唯。子出。門人問曰、何謂也。曾子曰、夫子之道、忠恕而已矣」

（2）「論語」衛霊公「子曰、賜也、女以予爲多學而識之者與。曰、非也。予一以貫之」

（3）「論語集注」子張「蓋孔門自顔子以下、穎悟莫若子貢」
（4）「論語集注」衛霊公「説見第四篇。然彼以行言、而此以知言也」
（5）「論語集注」里仁「聖人之心、渾然一理」
（6）「論語集注」先進「參也魯」
（7）「論語集注」先進「聖門學者、聰明才辯、不爲不多。而卒傳其道、乃質魯之人爾。故學以誠實爲貴也。尹氏曰、曾子之才魯。故其學也確。所以能深造乎道也」
（8）「論語」子罕「子曰、可與共學。未可與適道。可與適道。未可與立。可與立。未可與權」
（9）「論語集注」子罕「程子曰、漢儒以反經合道爲權。故有權變權術之論。皆非也。權只是經也」
（10）「春秋公羊伝」桓公一一年「權者何。權者反於經、然後有善者也。權之所設、舍死亡無所設。行權有道、自貶損以行權、不害人以行權」
（11）「論語集注」子罕「有反經合道之説。程子非之、是矣。然以孟子嫂溺援之以手之義推之、則權與經亦當有辨」
（12）「朱子語類」巻第三七「曰、漢儒謂反經合道為權。伊川説權是經所不及者。權與經固是兩義、然論權而全離乎經、則不是。蓋權是不常用底物事。如人之病、熱病者當服敍藥、冷病者當服熱藥、此是常理。然有時有熱病、卻用熱藥去發他病者。亦有冷病、卻用冷藥去發他病者、此皆是不可常論者。然須是下得是方可。若有毫釐之差、便至於殺人、不是則劇。然若用得是、便是少他不得、便是合用這箇物事。既是合用、此權也、所以為經也。大抵漢儒説權、是離了箇經説。伊川説權、便道權只在經裏面」
（13）「自敍譜略」寛永一七年「今歳、先考擧百問。余及靖、有對詞」
（14）以下、「羅山文集」所収「示恕靖百問」「再示恕靖問條十四件」「又示恕靖問條十三件」を「示恕靖」と略称する。
（15）巻第三四に「示恕靖百問」の前半五〇問が、巻第三五に後半五〇問が、巻第三六に「再示恕靖問條十四件」と「又示恕靖問條十三件」が収録されている。
（16）これは「文選」における「對問」を念頭に置いたものであろう。「文選」「對問」は宋玉『對楚王問一首』のみを収める。この「對楚王問一首」が君臣間のやり取りであるに対して、「羅山文集」「問對」は師である藤原惺窩や子供たちとのやり取りなどの中に徳川家康とのそれが混じっている。収録内容に微妙なブレがあるために、直截的に「對問」という表現を避けたのであろう。「羅山文集」巻第三一より巻第三六までに「問對」が収録されている。「問對」の前後には、巻第三〇が「解」と「原」を、巻第三七および巻第三八が「傳」を収める。

(17) 巻第五三より巻第五七までは一巻につき各一〇問、巻第五八は一五問を収録する。

(18) 「礼記」学記「善學者、師逸而功倍。又從而庸之。不善學者、師勤而功半。又從而怨之。善問者、如攻堅木。先其易者、後其節目。及其久也、相説以解。不善問者反此。善待問者、如撞鐘。叩之以小者則小鳴、叩之以大者則大鳴。待其從容、然後盡其聲。不善答問者反此。此皆進學之道也」

(19) 林鵞峯編「讀耕子年譜」寛永一七年「今歳、先考擬策問、而作百餘條、試示恕靖。作之對、靖聚録以一書。先考名之曰、攻堅從容録。取諸學記之語（先考、稱老林。恕、稱仲林。靖、稱叔林）」

(20) 「礼記」学記・孔穎達疏「言、善問之人、如匠善攻治堅木、先斫治其濡易之處、然後斫其節目。其所問師之時、亦先問其易、後問其難也」

(21) 「礼記」学記・孔穎達疏「待其從容、然後盡其聲者、又以鐘為喩也」

(22) 「自敘譜略」寛永一七年「有命編集諸家系圖傳」

(23) 「自敘譜略」寛永一七年「十二月朔日、會誓願寺、試系圖起筆」

(24) 「羅山年譜」寛永一八年「二月、有命聚武林諸家系譜」

(25) 「羅山年譜」寛永一八年「既而各獻其家譜。議其是非、正其眞僞、以撰定之。號寛永諸家系圖傳」

(26) 「自敘譜略」寛永一五年「自此冬、余及永甫、始列棠陰之廳、且預寺社訴論之事」

(27) 「自敘譜略」寛永一八年「二月、有命聚武林諸家系譜。從先考、屢赴奉行太田備中守資宗宅、議之」

(28) 「羅山文集」巻第七一「随筆七」「衆皆不辯是非、不識眞贋、凡就向陽子、受其指南。然一方之聾盲、終不能知也」

(29) 前掲堀「林羅山」「林羅山は、後年（元禄十四年）新井白石が『藩翰譜』において試みたような歴史的考証を殆んど行わず、諸家からの書上にあまり手を加えず輯録したので、繁簡精粗混り体裁も不同で、このため更に寛政十一年に修正増補版ともいうべき『寛政重修諸家譜』一千五百三十巻の編纂となった」

(30) 前掲堀「林羅山」「近世封建社会の武家の俸祿は、当主の手腕・功績によるものでなく、主として徳川幕府創業時代における祖先の勲功に基づくものであるから、各家の系譜と歴史は、現在の地位・祿高の由来を示すという重大な意義がある」

(31) 「羅山文集」巻第七一「随筆七」「有議于列者、有言。聞説、武夫自夸戰功、嚇祖父之勇名。未知果然否。其見者已死、聞者亦死。傳稱者、人人之口不同、比比叨叨、其間有之者、纔晨星而已」

(32) 「鎌倉将軍家譜」以外の三つは、「京都将軍家譜」「織田信長譜」「豊臣秀吉譜」である。

(33) 林鵞峯編「讀耕子年譜」寛永一八年「今年、先考蒙台命、撰鎌倉・京都将軍家譜、織田・豊臣譜。恕・靖預其事、而豊臣譜三巻使靖代作之。自十一月中旬起筆、至明年仲春而成、乃獻之」

(34) 「羅山文集」巻第五七「寛永諸家系図伝示諭」「賜松平稱號、則各入其本氏之部、而當註其恩賚之所由。若至賜於異姓、則不可混清和源氏之部」、「羅山文集」巻第五七「清和源氏系図伝条例」「義家者、源家之正統、武門之棟梁也。且其子孫、世爲天下武將。故此流者、諸家所不敢爭也」

(35) 「羅山文集」巻第七一「随筆七」「若原其本、則闔國皆其遠遥之冑、與日神・月神共同胞。分其枝、則爲皇別、爲神別、來自異域者、爲蕃別、是萬多親王所既叙也。又何贅哉。夫自兄弟別者、悉從自父。故曰、從。所謂從兄弟・再從兄弟之三也。出自日神、至于今、曰千從・萬從、亦不爲不可也」

(36) 「書経」虞書・舜典「愼徽五典、五典克從。納于百揆、百揆時敍。賓于四門、四門穆穆。納于大麓、烈風雷雨弗迷」

(37) 「論語」郷党「寢不尸、居不容。見齊衰者、雖狎、必變。見冕者與瞽者、雖褻、必以貌。凶服者式之。式負版者。有盛饌、必變色而作。迅雷風烈、必變」

(38) 「書集伝」虞書・舜典「愚謂、遇烈風雷雨非常之變、而不震懼失常。非固聰明誠智確乎不亂者不能也」

(39) 「論語集注」郷党「此一節、記孔子容貌之變」

(40) 「孟子」離婁下「孟子曰、舜生於諸馮、遷於負夏、卒於鳴條、東夷之人也。文王生於岐周、卒於畢郢、西夷之人也。地之相去也、千有餘里。世之相後也、千有餘歲。得志行乎中國、若合符節。先聖後聖、其揆一也」

(41) 「孟子集注」離婁下「其揆一者、言度之而其道無不同也」

(42)「孟子」公孫丑上「宰我曰、以予觀於夫子、賢於堯舜遠矣」
(43)「孟子集注」公孫丑上「程子曰、語聖則不異、事功則有異。夫子賢於堯舜、語事功也。盖堯舜治天下。夫子又推其道以垂敎萬世。堯舜之道、非得孔子、則後世亦何所據哉」
(44)「詩経」周頌・我將「我其夙夜、畏天之威、于時保之」
(45)「孟子」萬章下「堯之於舜也、使其子九男事之、二女女焉、百官牛羊倉廩備、以養舜於畎畝之中。後擧而加諸上位。故曰、王公之尊賢者也」
(46)「書集伝」虞書・舜典「史記曰、堯使舜入山林川澤。暴風雷雨舜行不迷。蘇氏曰、洪水爲害。堯使舜入山林、相視原隰。雷雨大至、衆懼失常。而舜不迷。其度量有絶人者。而天地鬼神、亦或有以相之歟」
(47)「孟子」離婁下「孟子曰、禹稷顔回同道。禹思天下有溺者、由己溺之也。稷思天下有饑者、由己饑之也。是以如是其急也。禹稷顔子、易地則皆然」
(48)「書経」虞書・益稷「帝庸作歌曰、勅天之命、惟時惟幾。乃歌曰、股肱喜哉、元首起哉、百工熙哉。皐陶拜手稽首、颺言曰、念哉。率作興事、愼乃憲。欽哉。屢省乃成、欽哉。乃賡載歌曰、元首明哉、股肱良哉、庶事康哉」
(49)「書経」虞書・大禹謨「三旬、苗民逆命。益贊于禹曰、惟德動天、無遠弗屆。滿招損、謙受益、時乃天道。帝初于歷山往于田、日號泣于旻天于父母。負罪引慝、祗載見瞽瞍、夔夔齋慄、瞽亦允若。至誠感神、矧茲有苗。禹拜昌言曰、兪。班師振旅。帝乃誕敷文德、舞干羽于兩階。七旬有苗格」、「孟子」萬章上「萬章問曰、舜往于田、號泣于旻天。何爲其號泣也。孟子曰、怨慕也。萬章曰、父母愛之、喜而不忘、父母惡之、勞而不怨。然則舜怨乎。曰、長息問於公明高曰、舜往于田、則吾既得聞命矣。號泣于旻天于父母、則吾不知也。公明高曰、是非爾所知也。夫公明高以孝子之心、爲不若是恝。我竭力耕田、共爲子職而已矣。父母之不我愛、於我何哉」
(50)「論語」述而「子曰、天生德於予、桓魋其如予何」
(51)「論語」子罕「子畏於匡。曰、文王既沒、文不在茲乎。天之將喪斯文也、後死者不得與於斯文也。天之未喪斯文也、匡人其如予何」
(52)「羅山文集」巻第三五「庚辰十月十三日、時先生五十八歳、恕二十三歳、靖十七歳」

(53) 以降、「羅山別集」と略記する。

(54) 「書経」虞書・舜典「歳二月、東巡守、至于岱宗、柴、望秩于山川。肆覲東后、協時月、正日、同律度量衡、修五禮・五玉・三帛・二生・一死贄。如五器、卒乃復。五月、南巡守、至于南岳。如岱禮。八月、西巡守、至于西岳。如初。十有一月、朔巡守、至于北岳。如西禮。歸格于藝祖、用特」

(55) 「春秋左氏伝」宣公四年「楚人謂乳穀、謂虎於菟」

(56) 「尚書正義」虞書・舜典・孔安国伝「西岳華山初謂岱宗」

(57) 「尚書正義」虞書・舜典・孔穎達疏「八月西巡守、至于西岳之下、其禮如初時」

(58) 「尚書正義」虞書・舜典・孔穎達疏「如岱宗之禮」

(59) 「詩経」小雅・何人斯「伯氏吹壎、仲氏吹篪。及爾如貫」、「詩経」秦風・渭陽「我送舅氏、悠悠我思。何以贈之、瓊瑰玉佩」

(60) 「荘子」雑篇・漁父「孔子曰、曩者先生有緒言而去、丘不肖、未知所謂、竊待於下風、幸聞咳唾之音以卒相丘也」

(61) 「論語」雍也「子曰、雍也可使南面。仲弓問子桑伯子。子曰、可也簡。仲弓曰、居敬而行簡、以臨其民、不亦可乎。居簡而行簡、無乃大簡乎。子曰、雍之言然」

(62) 韓愈「進学解」「言未既、有笑于列者曰、先生欺予哉」

(63) 「荘子」雑篇・列禦寇「夫千金之珠、必在九重之淵而驪龍頷下、子能得珠者、必遭其睡也」

(64) 「史記」淮陰侯伝「秦失其鹿、天下共逐之」

(65) 「書経」夏書・禹貢「浮于積石、至于龍門・西河」、「碧巌録」巻第一「禹門三級浪。孟津即是龍門。禹帝鑿為三級。今三月三。桃花開時。天地所感。有魚透得龍門。頭上生角昂鬃鬣尾。拏雲而去。跳不得者點額而回。癡人向言下咬嚼。似戽夜塘之水求魚相似。殊不知。魚已化為龍也」

(66) 「詩経」小雅・吉日「吉日庚午、既差我馬。獸之所同、麀鹿麌麌。漆沮之從、天子之所」、「詩経」大雅 霊台「王在霊囿、麀鹿攸伏。麀鹿濯濯、白鳥翯翯」、「孟子」梁恵王上「詩云、經始靈臺、經之營之。庶民攻之、不日成之。經始勿亟、庶民子來。王在靈囿、麀鹿攸伏、麀鹿濯濯、白鳥鶴鶴。王在靈沼、於牣魚躍。文王以民力爲臺爲沼。而民歡樂之。

謂其臺曰靈臺、謂其沼曰靈沼。樂其有麋鹿魚鼈。古之人與民偕樂。故能樂也」

(67)「礼記」中庸「子曰、道之不行也、我知之矣。知者過之、愚者不及也。道之不明也、我知之矣。賢者過之、不肖者不及也。人莫不飲食也。鮮能知味也」

(68)「孟子」告子上「謂理也、義也。聖人先得我心之所同然耳。故理義之悦我心、猶芻豢之悦我口」

(69)「漢書」陸賈伝「孝惠時、呂太后用事、欲王諸呂、畏大臣及有口者。賈自度不能爭之、乃病免。以好畤田地善、往家焉。有五男（中略）賣千金、分其子、子二百金、令為生產。賈常乘安車駟馬、從歌鼓瑟侍者十人、寶劍直百金。謂其子曰、與女約、過女、女給人馬酒食極、十日而更。所死家、得寶劍車騎侍從者。一歳中以往來過它客、率不過再過、數擊鮮、毋久溷女為也」

(70)「夢窓国師語録」天龍資聖禪寺語「當局者迷、傍觀有眼」

(71)「文選」宋玉對楚王問一首「客有歌於郢中者。其始曰下里巴人。國中屬而和者數千人。其為陽阿薤露、國中屬而和者數百人。其為陽春白雪、國中屬而和者不過數十人。引商刻羽、雜以流徵、國中屬而和者、不過數人而已。是其曲彌高、其和彌寡」

(72)「孟子」尽心上「孟子曰、孔子登東山而小魯、登太山而小天下。故觀於海者難爲水、遊於聖人之門者難爲言。觀水有術、必觀其瀾。日月有明、容光必照焉。流水之爲物也、不盈科不行、君子之志於道也、不成章不達」

(73)「詩経」邶風・匏有苦葉「匏有苦葉、濟有深涉。深則厲、淺則揭」

(74)「論語」憲問「子擊磬於衛。有荷蕢而過孔氏之門者、曰、有心哉、擊磬乎、既而曰、鄙哉、硜硜乎、莫己知也、斯己而已矣。深則厲、淺則揭。子曰、果哉、末之難矣」

(75)「礼記」曲禮上「鸚鵡能言、不離飛鳥、猩猩能言、不離禽獸。今人而無禮、雖能言、不亦禽獸之心乎」

(76)「易経」繫辞伝上「鳴鶴在蔭、其子和之、我有好爵、吾與爾靡之。子曰、君子居其室、出其言善、則千里之外應之、況其邇者乎。居其室、出其言不善則千里之外違之、況其邇者乎。言出乎身、加乎民、行發乎邇、見乎遠。言行、君子之樞機、樞機之發、榮辱之主也。言行、君子之所以動天地也、可不慎乎」

(77)「孟子」尽心上「孟子曰、雞鳴而起、孳孳爲善者、舜之徒也。雞鳴而起、孳孳爲利者、蹠之徒也。欲知舜與蹠之分、無他、利與善之間也」
(78)「春秋穀梁伝」隠公元年「兄弟、天倫也。為子受之父、為諸侯受之君。已廢天倫、而忘君父、以行小惠、曰小道也」
(79)「論語」述而「子曰、若聖與仁、則吾豈敢。抑為之不厭、誨人不倦、則可謂云爾已矣。公西華曰、正唯弟子不能學也」
(80) 朱熹「中庸章句序」「既皆以此、而接夫道統之傳」、「宋史」道学傳一「千有餘載、至宋中葉、周敦頤出於舂陵、乃得聖賢不傳之學、作太極圖説、通書、推明陰陽五行之理、命於天而於人者、瞭若指掌」
(81)「孟子」告子上「孟子曰、羿之教人射、必志於彀。學者亦必志於彀」、「孟子集注」告子上「彀、弓滿也。滿而後發、射之法也」
(82)「孟子集注」尽心上「引、引弓也。發、發矢也」
(83)「孟子集注」尽心上「君子教人、但授以學之法、而不告以得之之妙。如射者之引弓而不發矢。然其所不告者、已如踊躍而見於前矣」
(84)「孟子」尽心上「君子引而不發、躍如也。中道而立。能者從之」、「孟子」告子下「曰、夫道若大路然、豈難知哉。人病不求耳。子歸而求之、有餘師」
(85)「論語」衛霊公「子曰、辭達而已矣」、「論語」憲問「子曰、有德者必有言、有言者不必有德。仁者必有勇、勇者不必有仁」
(86)「孟子」公孫丑上「宰我・子貢、善為説辭。冉牛・閔子・顏淵善言德行」、「孟子集注」公孫丑上「德行、得於心而見於行事者也。三子善言德行者、身有之。故言之親切而有味也」
(87)「詩経」小雅・鶴鳴「鶴鳴于九皐、聲聞于天」
(88)「論語」雍也「仲弓曰、居敬而行簡、以臨其民、不亦可乎。居簡而行簡、無乃大簡乎」なお、「支那文を讀む爲の漢字典」によれば、「哿」は「可」である。構文としても「論語」学而の「子曰、學而時習之、不亦説乎」という例がある。
(89)「論語」述而「子曰、不憤不啓。不悱不發。擧一隅、不以三隅反、則不復也」、「論語集注」述而「憤者、心求通而未得之意。悱者、口欲言而未能之貌。啓、謂開其意。發、謂達其辭」

(90)「礼記」楽記「昔者、舜作五弦之琴以歌南風、夔始制樂以賞諸侯。故天子之為樂也、以賞諸侯之有德者也。德盛而教尊、五穀時熟、然後賞之以樂。故其治民勞者、其舞行綴遠。其治民逸者、其舞行綴短。故觀其舞、知其德。聞其謚、知其行也」

# 第七章　「本朝神社考」上巻の構成について

## はじめに

近世の神道や国学は近代の国体論やナショナリズムの前史と見做されてきた(1)。就中、林羅山の著述は垂加神道や国学の前史として扱われてきた(2)。本章および次章で着目する「本朝神社考」もまた前史の前史という扱いを受けてきたのである。この前史の前史という視点の下、近年では林羅山の著述に使われるいくつかのタームに着目して、その用例の検討が進んでいる。また、書物の引用に着目して、如何なる書物を如何に利用するかを点検することで、林羅山の学術上の特質を論じようとする研究も現れている(3)。

しかしながら、先行研究は「本朝神社考」を始めとする宗教関係の著述を扱いかねている。そして、その原因は複数存在する。すなわち、成書年代および想定される読み手が不明瞭な点や、何よりも出処不確かなテキストを使用している点にある。

「本朝神社考」の成書年代は確定されていないものの(4)、寛永一五年から正保二年にかけてと推定されている(5)。この推定の通りであるとすれば、「本朝神社考」は慶長年間から寛永年間にいたる徳川幕府の宗教政策がひと段落する画期に著されたことになる。

また、林羅山からすれば、「本朝神社考」は寛永後半の系図や家譜および歴史などの各種編纂物と同時期の著述ということになる。林羅山の著述は、その大半が将軍や諸大名の要請の下で編まれたものである。「本朝神社考」の成書年代が先の推定通りであるならば、同時期の編纂物と共に将軍への献本を目的とするものと考えるのが妥当である。(6) よって、本章および次章では「本朝神社考」もまた寛永年間後半からの各種編纂事業の一部として扱う。

以上を踏まえ、いま必要なことは「本朝神社考」を始めとする林羅山の神道関係の著述を歴史的に位置付け、(7) 徳川幕府の宗教政策との連動を確認することである。そのように扱うことで初めて、林羅山が生きていた時代や社会あるいは政治状況に即して林羅山とその著述の性格を理解出来る。

斯かる現状認識の下、本章では林羅山の「本朝神社考」上巻に着目し、その構成を検討する。

## 第一節　「本朝神社考」のテキストについて

本章では整版本や整版本を底本として翻印したものではなく、島原図書館肥前島原松平文庫所蔵の写本「本朝神社考」を用いる。

「本朝神社考」には夥しい数の伝本があるものの、それらは概ね整版本である。これら整版本は大別すると二系統あるものの、(8) いずれの伝本についても林羅山本人の意向が出版に至る過程でどの程度まで反映されたかは明瞭でない。三男の林鵞峯が編んだ「編著書目」の「神社考詳節」の項を参照すると、「是亦今既刊行。然其中二三件、或人私増之。可以家本考之」（是れも亦た今既に刊行す。然れども其の中の二・三件、或る人私かに之を増す。家本を以て之を考ふべし）とある。出版に際して、林羅山の著述は林羅山本人や息子の林鵞峯の意に反して改竄されていたのである。

このような事例がある以上、林羅山の著述を検討する際には、テキストの選択に意を用いなければならない。

島原図書館肥前島原松平文庫本は全三冊、上中下の三巻から成る写本であり、林鵞峯による「編著書目」は「神社考」として採録する。ほぼ「羅山文集」巻第四八の「本朝神社考序」に同じながら、(9)「羅山文集」所収の序は「夕顔巷叟林道春撰」の八字を欠く。書誌事項は以下の通り。

原装油色表紙、四つ目綴、外題なし。毎半葉一〇行二〇字。首「本朝神社考上／目録」、次〔序〕、次「本朝神社考上　羅浮子道春撰」（第一冊全九九丁）、次以下至下（巻中第二冊全九九丁、巻下第三冊全八一丁）、各巻前付に「目録」、巻中「目録」次に序あり。印記「尚舎源忠房」（陽刻長方印、各冊末）。

松平忠房は吉田藩、刈谷藩主、福知山藩主を経て、島原藩の藩主となる。島原の乱の後、譜代の高力家が島原に入るものの、失政が続き改易となる。寛文九年（一六六九）、松平忠房は高力家に代わり島原へ入ると、宗門改めや減税などの諸改革に成功する。

松平忠房は島原に入る以前から林羅山・林鵞峯親子と親交があり、その様子は林鵞峯による日記から窺える。(10)このような事情もあり、松平忠房は古典蒐集に意を用い、その蔵書は現在も島原図書館肥前島原松平文庫として伝わる。

この島原図書館肥前島原松平文庫に林羅山や林鵞峯の著述が多く含まれており、本章で用いる島原図書館肥前島原松平文庫本もその一つである。少なくとも、島原図書館肥前島原松平文庫本は林家と縁ある大名家の旧蔵書であり、林羅山や林鵞峯の意に反する形で書写され、伝来したものとは考えがたい。よって、本章ではこの島原図書館肥前島原松平文庫本を利用したい。

## 第二節　「本朝神社考」編纂の目的と方針

本節では、「本朝神社考序」の記述に沿って「本朝神社考」編纂の目的と方針を窺う。本章で用いる島原図書館肥前島原松平文庫本には返り点と添え仮名が附されていない。したがって、本節では内閣文庫所蔵寛文二年版「羅山文集」巻第四八所収「本朝神社考序」に附されたものに拠って訓読する。なお、島原図書館肥前島原松平文庫本には句読点が附されているが、適宜改めた。

延喜式所載神名帳、日本國中大小神社、三千一百三十二座。其外、石清水・吉田・祇園・北野、號式外之神。後朱雀院長暦三年秋八月、定二十二社之數、毎歳勅神祇官、以奉幣帛。祈年穀、除禍災、名之曰祭。先是、毎歳仲春四日、遣幣使于郡國。至是其國司奉詔、各祭其國之神。伊勢大神宮・八幡宮、謂之宗廟、賀茂・松尾・平野・春日・吉田・大和・龍田等、謂之社稷。又祖神之祠、謂之苗裔。

延喜式神名帳に載する所の、日本國中大小の神社、三千一百三十二座。其の外、石清水・吉田・祇園・北野を、式外の神と號す。後朱雀院長暦三年秋八月、二十二社の數を定め、毎歳神祇官に勅し、以て幣帛を奉く。年穀を祈り、禍災を除く、之を名づけて祭と曰ふ。是れより先、毎歳仲春四日、幣使を郡國に遣はす。是に至りて其の國司詔を奉けて、各々其の國の神を祭る。伊勢大神宮・八幡宮、之を宗廟と謂ひ、賀茂・松尾・

平野・春日・吉田・大和・龍田等、之を社稷と謂ふ。又祖神の祠、之を苗裔と謂ふ。（島原図書館肥前島原松平文庫本「本朝神社考」「本朝神社考序」）

まず、林羅山は神社とその祭祀について概括する。日本国中の神社は大きく二つに分類し得る。「延喜式」「神名帳」に記載される式内社と、これに採録されていない式外社である。これら式内社・式外社のなかでも、国家の危機が迫った時に奉幣を受ける二二の神社があった。それが二二社であり、二二社はさらに宗廟・社稷・苗裔に細分化される。二二社の数は紆余曲折を経て、最終的には長暦三年（一〇三九）に定まる。朝廷より奉幣を受ける三一三二の神社を記した目録が「延喜式」の「神名帳」であり、格別の崇敬を受けて臨時に幣帛を奉るのが二二社である。本邦における神社とその祭祀の大枠は、両者が形成しているのである。したがって、この二二社を扱う「本朝神社考」上巻も当然重要な意味を持つ。

夫本朝者、神國也。神武帝繼天建極已来、相續相承、皇緒不絶、王道惟弘、是我天神所授道也。中世寖微、佛氏乘隙、移彼西天之法、變吾東域之俗。王道既衰、神道漸廢。而以其異端離我而難立故、設左道之説曰、伊弉諾・伊弉冊者、梵語也。日神者大日也。大日本国故名曰日本国。或其本地佛、而垂迹神也。大權同塵故名曰權現。結縁利物故日菩薩。時之王公大人、國之侯伯刺史、信伏不悟。遂至令神社・佛寺混雜而不疑、巫祝・沙門同住而共居。嗚呼、神在而如亡。神如爲神、其奈何哉。

夫れ本朝は、神國なり。神武帝天に繼ぎ極を建てしより已来、相續ぎ相承けて、皇緒絶えず、王道惟れ弘まる、是れ我が天神の授くる所の道なり。中世寖く微にして、佛氏隙に乘り、彼の西天の法を移して、吾が東域の俗を變ず。王道既に衰へ、神道漸く廢る。而も其の異端我を離れて立ち難きを以ての故に、左道の説を設けて曰く、伊弉諾・伊弉冊とは、梵語なり。日の神は大日なり。大日の本国なるが故に名づけて日本国と曰ふ。或いは其の本地佛にして、垂迹神なり。大権塵に同じふするが故に名づけて権現と曰ふ。結を縁び物を利するが故に菩薩と曰ふ。時の王公大人、國の侯伯刺史、信伏して悟らず。遂に神社・佛寺混雑して疑はず、巫祝・沙門同じく住して共に居らしむるに至る。嗚呼、神在まして亡きが如し。神如し神爲らば、其れ奈何ぞや。（「本朝神社考序」）

ここで、林羅山は神道衰微の過程を略述する。本来、天皇は祭祀と政治の頂点にあったが、天皇が政治的実権を失うと、祭祀も徐々に廃れて行く。仏教の進出を許し、風習の変化を招いてしまう。しかし、仏教も神道なしでは立ち行かないため、様々な邪説を拵えて神仏習合を進める。そして、これを制止すべき者たちは却って服従して目を覚ますことなく、神社に僧侶を招き入れて同居させてしまい、神など存在しないも同然という状況に至る。

当該箇所の要点は二つである。一つは、本来的に神仏は別個の存在であるということ。いま一つは、僧侶の邪説と、それを容れた朝廷の不見識が本地垂迹説の流布を招いたということ。

雖然、猶幸有日本書紀・延喜式等之諸書、而可以辨疑。是亦讀書知理之人、可少覺也。非爲庸人而言之。夫沙門之不得入伊勢、伊勢・賀茂之有忌詞、内侍所不獻僧尼贈物、敏達帝之不信佛法、尾輿鎌子之不拝佛像、是猶上古之遺風餘烈也。今我窺諸書、將修神事。惜哉、舊記古史之之《ママ》燼于入鹿之乱也。其後、世雖不乏史筆、或秘在官庫、或漫爲蠹魚、僅在千一于今時、亦只脱簡残編、兵燹之餘耳。

然りと雖も、猶ほ幸ひに日本書紀・延喜式等の諸書有って、以て疑ひを辨ずべし。是れも亦た書を讀み理を知るの人、少しく覺ゆるべし。庸人の爲にして之を言ふに非ず。夫れ沙門の伊勢に入ることを得ざる、伊勢・賀茂の忌み詞有る、内侍所の僧尼の贈り物を獻ぜざる、敏達帝の佛法を信ぜざる、尾輿・鎌子の佛像を拝せざる、是れ猶ほ上古の遺風餘烈なり。今我れ諸書を窺ひ、將に神事を修せんとす。惜しひかな、舊記・古史の入鹿が乱に燼けたること。其の後、世々史筆に乏しからずと雖も、或いは秘して官庫に在り、或いは漫して蠹魚と爲る、僅かに千が一を今時に在るも、亦た只だ脱簡残編、兵燹の餘のみ。（「本朝神社考序」）

この段で、林羅山は「本朝神社考」編纂の目的を述べる。それは古書に徴して、邪説を判別することである。「日本書紀」や「延喜式」には、仏教を異物と捉えていた時代の出来事が記されている。これこそが先人たちの功績である。

「今我れ諸書を窺ひ、將に神事を修せんとす」とある通り、林羅山も朝廷による祭祀の復元に尽力しようと言う。しかし、林羅山は本来そのようなことを行うべき立場にはない。なぜならば、林羅山は天皇から勅を奉り祭祀を掌る「神祇官」に属するわけではなく、祭祀の現場を担う「幣使」でもないからである。

昔太史公之修史記也、上自黄帝下及天漢、殆三千歳、一百三十巻之中、楚漢居太半。今我於神社考、尋遺篇、訪耆老、伺縁起、而證之舊事記・古事記・日本紀・續日本紀・延喜式・風土記抄・古語拾遺・文粹・神皇正統紀・公事根源等之諸書、以表出之。其間又有關于浮屠者、則一字低書而附之、以令見者不惑也。且又議以己意、幷書而附。上巻記二十二社、中巻記諸社之有名者、下巻記霊異方術之事、合爲三巻。庶幾世人之崇我神、而排彼佛。然則國家復上古之淳直、民俗致内外之清浄、不亦可乎。

昔太史公の史記を修せし、上黄帝自り下天漢に及ぶまで、殆ど三千歳、一百三十巻の中、楚漢太半に居る。今我れ神社考に於て、遺篇を尋ね、耆老に訪ひ、縁起を伺って、之を舊事記・古事記・日本紀・續日本紀・延喜式・風土記抄・古語拾遺・文粋・神皇正統紀・公事根源等の諸書に證して、以て之を表出す。其の間又た浮屠に關かる者有るをば、則ち一字低書して之を附す、以て見る者を令て惑はざらしむ。且つ又た議するに己が意を以てし、幷せ書して附す。上巻に二十二社を記し、中巻に諸社の名有る者を記し、下巻に霊異方術の事を記す、合せて三巻と爲す。庶幾はくは世人の我が神を崇んで、彼の佛を排せんことを。然れば則ち國家上古の淳直に復し、民俗内外の清浄を致さん、亦た可ならざらんや。（「本朝神社考序」）

最後に、林羅山は「本朝神社考」編纂の方針と、上・中・下各巻の構成について述べる。「日本書紀」や「延喜式」を始めとする確かな資料に依拠して、後に付会依託された邪説との選別を行う。林羅山によれば、これによって国家を古代の姿に復元できるという。上述の方針の下、上巻では二二社を扱い、中巻では諸社の名あるもの、特に諸国一宮を扱い、下巻では霊異方術を扱う。

では、各巻内部の構成には如何なる創意工夫を認めうるのであろうか。本章では、上巻に着目したい。なぜならば、林羅山が「本朝神社考序」で特に重視した概念が二二社であり、この二二社を扱っているのが上巻だからである。

## 第三節　「本朝神社考」上巻の構成について

前節を承け、「本朝神社考」上巻に着目して、その構成上の工夫を窺う。

上巻の構成は図示した通りである。比較対象として、北畠親房（一二九三～一三五四）「二十一社記」および吉田兼倶（一四三五～一五一一）「神道大意」所収「定二十二社次第事」を参照し、二二社の序列を整理した。林羅山の提示する序列は北畠親房や吉田兼倶のものと著しく異なる。

とりわけ顕著なのが三輪と石清水および鶴岡の例である。

まず、三輪の例を見たい。林羅山は大神と大和をまとめ、三輪で統一した。これによって、二二社から一社が欠けて二一社となった。もっとも、北畠親房も貴布禰を賀茂の摂社として異なる扱いを与えている。だからこそ、その著述も「二十一社記」と呼ばれている。しかし、林羅山は「三輪　一に云く、大和。一に曰く、大神。皆此の神なり」と言い、いずれも大国主神を祀ることを理由に整理した。

したがって、島原図書館肥前島原松平文庫本「本朝神社考」には大和という項目自体が存在しない。島原図書館肥前島原松平文庫本「本朝神社考」は林羅山の方針に対応した構成となっているため、読み手に混乱の余地がない。逆に、先行研究が成立年代を比較的古く見積もっている上村新右衛門本[11]と、この上村本を底本とする「神道大系」は大和で立項する。しかしながら、対応する記述がないため、項目だけ存在して、内容は空白となっている。過去、上村本を手に取った読み手は、皆不可解な印象を持ったに違いない。

また、二二社内には上・中・下の位階が存在するが、「本朝神社考」を見ると上七社と中七社の間で移動がある。

三輪で統一された大神と大和は、本来どちらも中七社に位置するが「本朝神社考」においては上七社の待遇を与えられている。

次に、石清水の例を見たい。石清水は二二社の中でも伊勢に亜ぐ位置にあり、歴代の為政者から特に崇敬されてきた神社の一つである。「二十一社記」も「神道大意」所収「定二十二社次第事」も、この点に変わりはない。ところが、林羅山はこの石清水の前に八幡という項目を立て、後には鶴岡を立項する。八幡とは誉田別尊（いわゆる応神天皇）である。石清水は鶴岡・誉田・宇佐・筥崎と共に、この誉田別尊を祭神とする。鶴岡を立項するのは、同一の神を祭るためであろう。

しかし、この処置はダブルスタンダードである。林羅山は大神と大和を三輪にまとめた。その理由は祭神を同じくするからであった。ならば、石清水の後に鶴岡を割り込ませるのはなぜか。

次章で触れるように、鶴岡八幡宮は源氏の祖である源頼義・源義家（一〇三九～一一〇六）親子と縁が深い。そもそも、この親子が鶴岡八幡宮を建立し、整備したのである。また、源義家は八幡太郎義家と呼ばれ、源氏の祖とされる武士である。この親子の後も鎌倉将軍家や足利将軍家のみならず、豊臣秀吉（一五三七～一五九八）からも格別に崇敬を受けた。

逆に、朝廷からすれば鶴岡は特に重要な神社ではなかろう。鶴岡は歴史が浅く、林羅山が重視すると強調した「古事記」・「日本書紀」などには記述がない。なぜならば、記紀が成立した時代に鶴岡は存在しないからである。

鶴岡はあくまでも武家の崇敬社なのである。そして、これこそが林羅山の不可解な方針の原因である。古来、伊勢・石清水は二所の宗廟と呼ばれ、尊崇されてきた。この二社に亜ぐ位置に鶴岡を配置することにより、林羅山はより武家の立場に配慮した秩序を構築しようと目論んだのである。

このように、島原図書館肥前島原松平文庫本「本朝神社考」において、石清水は八幡という項目の下位分類となる。また、鶴岡と併記されることにより、石清水は誉田別尊を祭る複数の神社の一つとなる。逆に、上村本と「神道大系」は八幡を伊勢の下位分類として扱っている。これでは八幡から鶴岡へ至る構成上の連絡が絶たれ、内容理解に不備が生じてしまう。

## 第四節　上村本「本朝神社考」の不備について

ここまで、「本朝神社考」上巻の構成について論じると共に、先行研究が底本としてきた上村本および「神道大系」本について、その問題点を縷々指摘してきた。しかし、従来用いられることのなかった島原図書館肥前島原松平文庫本を採用することには、なお疑問視する向きもあろう。よって、本節では上村本と島原図書館肥前島原松平文庫本との相違を再度検討したい。その際、「本朝神社考」上巻の構成上の問題を主として扱う。また、文字の異同に関しても、写本と整版本の性格上の差異が顕著となる箇所をとり上げる。

まず、八幡の項について触れたい。すでに指摘した通り、上村本は伊勢の附として、外宮・齋宮と共に八幡の項目を置く。しかし、これもまた既に触れたことであるが、八幡とは誉田別尊のことである。伊勢神宮において皇大神宮と並ぶ豊受大神宮の別称である外宮や、伊勢神宮に奉仕する皇女の謂である斎宮と、同日の談ではない。したがって、それらと別の項目で論じるのが妥当である。

そして、この妥当な位置づけを八幡に与えていないのが、上村本なのである。逆に、島原図書館肥前島原松平文庫本は八幡を附に置いていない。これにより、八幡は伊勢の下位項目より脱し、後続の石清水や鶴岡との連続性の下に、その所を得る。

すなわち、島原図書館肥前島原松平文庫本が提示する構成においてこそ、八幡以降の各項目は意味を持ちうるのである。

たしかに八幡宮は、皇大神宮と並び、皇祖を祀る二所の宗廟である。しかし、だからといって八幡の項目を伊勢の下位分類とすることが妥当であるかと言えば、そうではない。

八幡を伊勢の附とする上村本の処置に、林羅山の見識が適切に反映されているとは、到底かんがえがたい。そこに反映されているのは、林羅山自身の学者としての見識や「本朝神社考」述作の意図とは異なる、別の原理ではないだろうか。

つぎに、大和・大神の両社についてである。林羅山は両社が同一の神を祀るという理由を掲げ、新たに三輪を立項してまとめてしまった。この方針の是非は一旦おく。問題は、斯かる方針を林羅山が示したにもかかわらず、上村本がこれを無視して勝手に大和を立項したことにある。これでは、「本朝神社考」の記述内容と形式上の項目に齟齬が生じてしまう。

このため、上村本は項目内部の記述を空白のままにせざるをえない。なぜならば、上村本が立項した大和には、該当する記述など存在しないからである。であれば、三輪から対応する記述を抜き出して大和に移行すれば、体裁だけは整えることができる。しかし、上村本はそこまで手の込んだ操作もしない。ただ、形だけを従来からある二二社の秩序に適合させようと辻褄合わせをするから、不可解な編目となってしまう。

しかしながら、林羅山はまさしく斯かる従来の序列を利用しながら、その実あらたな秩序を表現するために三輪という項目を立てたのではなかったか。であれば、上村本の配慮は、林羅山の意図を無視した余計なお節介と言わざるを得ない。したがって、上村本の構成が林羅山の意図に適うものであるとは、到底かんがえがたい。それだけに、島原図書館肥前島原松平文庫本が大和などという項目を立てていないことを、従来検討の俎上に載せられてきた諸本と際立って異なり、林羅山の意図により即していると判断せざるを得ないのである。

つづいて、文字の異同を問題としたい。まずは序において確認できる文字の異同を取り上げる。すでに引用した箇所から再度の引用となるが、了承されたい。

昔太史公之修史記也、上自黄帝下及天漢、殆三千歳、一百三十巻之中、楚漢居太半。（島原図書館肥前島原松平文庫本「本朝神社考」）

昔太史公之修史記也、上自黄帝下及天漢、殆三千歳、一百三十巻之中、梵漢居于大半。（内閣文庫所蔵上村本「本朝神社考」）

最初に掲出したのが、島原図書館肥前島原松平文庫本「本朝神社考」であり、続いて掲出したのが、上村本である。

前者は楚漢戦争の「楚」字を正しく作り、後者は誤って「梵」字に作る。また、前者は「于」字を欠き、かつ「大」字を「太」字に作る。

二つのテキストは、いずれも問題を含むものであり、ことさらに前者の優越を説くことに疑問を抱く向きもあろう。しかし、当該箇所のテキストの異同は、写本と整版本の差異を明瞭に反映するものである。また、それだけに商業出版の問題点を端的に示すものと言える。

というのも、「楚」字を「梵」字に作るというのは、教養ある人間の手になる写本においては、ほとんどありえない程に稚拙な誤りであり、かつ当該箇所の解釈に影響を及ぼす類の誤りである。逆に、「于」字の欠落は、筆写の過程によくあるヒューマンエラーであり、かつ最終的な解釈に即座に影響を及ぼす脱字とは言えまい。「大」字と「太」字の異同も、写本にままある表記の揺れに過ぎない。

前者のような誤りが起こる原因は、出版に至る過程で原稿が学者の手から離れることにあろう。すなわち、学者の論理ではなく、商業的な原理の下に行われた出版であるが故に、当該箇所の如き文字の異同が出現するのである。

今度は、伊勢から引用したい。

仍立磯堅城神籬。神籬、此云比莽呂岐。（島原図書館肥前島原松平文庫本「本朝神社考」）

仍立磯堅城神籬。神籬、此云比美呂岐。（内閣文庫所蔵上村本「本朝神社考」）

やはり、最初に掲出したのが、島原図書館肥前島原松平文庫本「本朝神社考」であり、続いて掲出したのが、上村本である。

漢字音によって「神籬」の読み方を示しているわけであるが、前者が正しく「ひもろぎ」の音を示しているに対して、後者は「しみろぎ」ないしは「しびろぎ」となっている。これでは、わざわざ漢字音で読みを示す意味がないではないか。

大前提として、「神籬」を「しみろぎ」と読む者など、まさか存在するはずがない。したがって、この例も後者の誤りと捉えなければならない。

もっとも、斯かる事例を目にしても、いずれのテキストも単純なミスを犯している点には相違なく、上村本が写本に劣るとも思われぬと考え、ましてや声高に商業出版の非を鳴らすなど、と眉を顰める者もあるかもしれない。しかし、それこそが、商業出版や電子媒体による情報のやり取りに慣れ親しみ、写本を作成する労苦など想像できなくなった者の陥る過誤に他ならない。

いったい、写本を作る際に、「神籬」と自分の手で記した後に、その音を「しみろぎ」などと表記してしまう者が存在するであろうか。当然、いるわけがない。なぜならば、人は文字を書くときに、無意識のうちに自分が記している文字を読み上げているからである。ましてや、当該資料は大名家の蔵書である。筆写する者も、それ相応の教養の持つ能筆家を選んだに違いない。

本節で挙げた四ケ所の差異は、全て写本と整版本の差異と受け止めてよかろう。もとより、国史において出版文化の発展が果たした役割を等閑視することは、あってはなるまい。しかし、林羅山について論じる際に、如何なる資料に依拠すべきかといえば、写本を用いることが望ましい。

なぜならば、商業的な出版物に、原著者の意向が適切に反映されているとは限らないからである。「本朝神社考」は、この問題を研究者へ否応なしに突きつけるからこそ、扱い難い著述という評価を受けてきたのである。

## 小　結

本章では、林羅山が示した二二社の序列は北畠親房や吉田兼倶のそれとは大きく異なることを確認した。この点を林羅山の創意工夫と評価することも出来るかもしれない。武家の崇敬社の権威向上が、武家の棟梁の権威向上に資するであろうことは想像に難くないからである。そして、林羅山の工夫を、島原図書館肥前島原松平文庫本はよく反映させていた。しかし、たとえ然く重要な含意があるとしても、二二社の序列を操作して石清水を数ある八幡宮の一つとして扱い、従来の序列を乱して鶴岡を挿入する態度は、恣意的という誹りを免れ得ない。なによりも、従来の秩序に反する林羅山の構想は寺社や朝廷の反発を招く可能性を秘めていた。(12)

注

(1)　前田勉「近世神道と国学」(ぺりかん社、二〇〇二)「スミスによれば、ナショナリズムは知識人のアイデンティティの危機に対する解決策であるという。(中略) このスミスの示唆から、近世日本の天皇が浮上してくる理由をとらえることはできないだろうか。(中略) この東雄のいう『世に生けるしるし』として『現人神』天皇が登場してくる、その過程を垂加神道から国学への発展のなかでとらえてみたい」

(2)　前掲前田「近世神道と国学」「まず、近世の天皇浮上という問題で画期的な意義をもつ垂加神道の登場の前史として、近世前期の儒仏論争に注目しておきたい」

(3)　この種の業績としては、宮地直一による「解説」(『本朝神社考』、改造社、一九四二)が先駆けと言える。その後、森瑞枝「林羅山の『本朝神社考』における『元亨釈書』の利用状況」(『神道研究集録』一一、一九九二)が現れた。近年では、野上潤一「林羅山『本朝神社考』と清原宣賢『日本書紀抄』:『本朝神社考』における文献批判の非在と林羅山の学問の一隅をめぐって」(『古代中世文学論考』三二、二〇一五)がある。

(4)　肥後和男「林羅山の神道思想」(『近世思想史研究』ふたら書房、一九四三)「明らかなる著作年代は遂に定め得ないことになるのであらう」

(5)　前掲宮地「解説」「その成立年代は今遽かに決するを得ないが、神社考の之の抄本たる神社考詳節が既に正保二年京都二條通鶴屋町田原仁左衛門の手によつて開板せられ世に流布して居るから少くとも之れより以前で又年譜によると寛永十五年に多数の神書を渉猟して之れを読んで居る所からして、恐らく寛永十五年から正保二年までの間に作られたものと見て差し支へなからう」

（6）石田一良「解題　総論」（『神道大系』論説篇「藤原惺窩・林羅山」、神道大系編纂会、一九八八）「『本朝神社考』も私は幕閣の要求に応じたものと考えている。林羅山は晩年―正保に入ると、しばしば老臣（大老酒井忠勝や老中松平信綱）らと将軍家光の召によって御前会議をしている。（中略）幕府には行政上全国の神社の社伝を編集する必要があったのであろう」

（7）こうした試みが従来全くなかったわけではない。しかし、それは以下のようにごく大雑把なものであった。前掲石田「解題　総論」「江戸時代を大観すると、幕初（一六〇三開幕）より五代将軍綱吉までの時代においては、幕府は朝廷をあがめて幕藩体制の外に置き、朝廷の宗教的権威を借りて、実力によって獲た諸藩に対する優位を確かなものにしようとしている。ところがそれ以降、ことに八代将軍吉宗以後になると、幕府の実力は朝廷の権威を借らずとも諸大名を制圧するまでに強大となる」

（8）高橋美由紀「解題　所収文献紹介」（『神道大系』論説篇「藤原惺窩・林羅山」、神道大系編纂会、一九八八）「板本、上中下三巻六冊。主要な神社、霊跡および・方術についての故事を収め、項目数は約百六十に及ぶ。上巻は二十二社、中巻はその他の著名な神社、そして下巻は「霊異・方術の事」について解説する。（中略）本巻では『二条通玉屋町上村次郎右衛門』板の影印本を底本として翻刻した。板本としてはこの他に『京都寺町五条　玉水屋北尾八兵衛』板がある。両板ともに刊年の記載を欠くので、いずれが古い板かは詳らかではない。しかし、寛文六年（一六六六）頃のものとされる最古の書林出版書目録の中に、「神社考六巻」と本書の名がみえる（『江戸時代書林出版書籍目録集成一』参照）。矢島玄亮氏の『徳川時代出版者出版物集覧』によると、上村板の刊記をもつ書物は寛文を中心に正保から宝永にかけて板行されている」

（9）島原図書館肥前島原松平文庫本上巻の序には、一行あたりの文字数を揃えるために「之」字を消した上で次の行の頭に書き直した痕跡がある。

（10）林鵞峯は松平忠房を榊原忠次と共に自身の理解者と目し、好意的に接している。

(11) 以下、上村本と略称する。なお、本書では上村本として内閣文庫所蔵本を用いる。
(12) 事実、林羅山の子である林鵞峯は「本朝通鑑」付録で二二社を列記するに際し、林羅山が改めた序列から、それ以前の序列へ戻している。この一件だけを見ても、林羅山の定めた序列に相当の反発があったことが察せられる。

# 第八章　徳川幕府の宗教政策と「本朝神社考」との連動について

## はじめに

本章では前章の内容を承け、慶長年間から寛永年間にいたる徳川幕府の宗教政策を略述したのち、「本朝神社考」上巻における記事の内容を検討する。これにより、「本朝神社考」と徳川幕府の動向との連動を確認したい。

## 第一節　慶長年間から寛永年間にいたる徳川幕府の宗教政策

本節では、徳川幕府の宗教政策を略述する。より具体的な叙述を期するため、時期を慶長年間から寛永年間に限定し、寺社統制・天皇と寺社の分断・武家独自の権威創出の三点に着目したい。

まず、寺社統制について言えば、慶長一三年の「比叡山法度」七カ条を皮切りに、徳川家康は諸宗諸寺諸法度を頻繁に発布して行く。その目的は寺領の削減や守護不入権の剝奪、あるいは本末制度の再編による幕府の支配機構への取り込みにあった(1)。

寛永年間に入ると徳川幕府の動向は本格化し、徳川家光は寛永八年（一六三一）に寺院の新規建立を禁止し、翌年には諸宗に本末帳提出を命じた。これにより、全宗派にわたる寺院経営の実態調査が全国的に行われたのである。さらに、同一二年（一六三五）には寺請証文作成を命じることでキリスト教徒禁圧を行いつつ、寺の住職に幕藩領主の下級役人としての役割を付与する。(2)

また、徳川幕府は寺社と天皇の分断を図った。慶長一八年に勅許紫衣法度を発し、元和元年に禁中並公家諸法度が定めることにより、天皇の柴衣勅許や僧綱補任あるいは上人号勅授を規制したのである。律令体制下において、僧官の叙任権は天皇にある。徳川幕府の目的は、この天皇と寺社の関係に割って入ることであった。(3)

さらに、徳川幕府は従来の宗教的権威を分断して個別に統制する一方で、独自の権威創出を試みる。元和二年四月、徳川家康が没すると、遺体は久能山に移送され、葬式は増上寺において行われ、位牌は大樹寺に安置され、徳川家康の神霊は日光に勧請する事となる。

そもそも、死者を神として祀ることで、生前の権力の永続化を図る試みには織田信長（一五三四〜一五八二）や豊臣秀吉の例がある。豊臣秀吉の場合は吉田神道の協力を得て、豊国大明神として祀られることとなった。徳川家康も豊臣秀吉の例に倣い、吉田神道の協力の下に明神号を朝廷から賜るはずであった。

しかし、天海が横槍を入れて権現号を押したのである。結局、翌三年二月に朝廷より大権現号の勅許を得て、徳川家康は東照大権現という名の神になった。天海の活躍はなおも続く。同年四月、徳川家康の遺骨を日光山に改葬する際、天海が導師となり山王一実神道の儀式で執り行う。

日光東照社はこのような経緯で造立され、寛永一三年（一六三六）には徳川家光の指示で大造替される。さらに、正保二年に朝廷より東照宮号を下賜され、翌年奉幣勅使が下り、同四年（一六四七）には例幣使となる。

こうして、徳川家康という個人の法事は国家的な祭事として位置付けられて行くものの、これらの手法はあくまでも朝廷がこれまで維持してきた秩序を前提とするものであった。寺社への統制には僧綱補任制度を前提とし、本寺の頂点には門跡を利用せざるを得なかった。また、東照大権現号を下賜した者は天皇であり、そもそも征夷大将軍を任ずる者も天皇であった。さらに、日光例幣使の実現も伊勢例幣使の復活という譲歩なくしては達成し得なかった。(4)

かくの如く、徳川幕府は寺社の統制を進めて天皇と分断し、独自の権威を志向しながらも、天皇を頂点とする既存の秩序に寄生せざるを得なかったのである。

## 第二節　林羅山の神仏習合批判

前章では、林羅山が二二社の序列を大胆に改めたことを確認した。本節では、八幡と石清水の例に着目して、各項目内部の記述を検討したい。

日本紀第十、誉田天皇、足仲彦天皇第四子也。母曰気長足姫尊。天皇以皇后討新羅之年、歳次庚辰冬十二月、生於筑紫之蚊田。幼而聡達。玄監深遠、動容進止、聖表有異焉。皇太后摂政之三年、立為皇太子。時年三初天皇在孕、而天神地祇、授三韓。既産之、完生腕上。其形如鞆。是肖皇太后為雄装之負鞆。肖、此云阿叡。故称其名、謂誉田天皇。上古時俗、号鞆謂褒武多焉。一云、初天皇、爲太子、行于越国、拝祭角鹿笥飯大神。時大神与太子名相易。故号大神、曰去来紗別神、太子名誉田別尊。然則可謂大神本名誉田別神、太子元名去来紗別尊。

然無所見也。未詳。二十二年三月、幸難波、居大隅宮。

四十一年二月、天皇崩于明宮。年百十歳。一云、崩于大隅宮。


日本紀第十、誉田天皇、足仲彦天皇の第四子なり。母を気長足姫尊と曰（まう）す。天皇皇后の新羅を討ちたまひし年、歳の次庚辰の冬十二月を以て、筑紫の蚊田に生（お）へり。幼（いとけな）くして聡く達（いま）す。玄（はる）かに監（みそな）はすこと深く遠く、動容（みすがた）進止（みふるまひ）、聖の表異（あや）しきこと有り。皇太后の摂政（まつりごとふさねをさめたまふこと）三年に、立って皇太子と為りたまふ時に年三。初め天皇在孕（はらましたま）ひて、天の神地の祇、三の韓を授けたまへり。既に産しませるとき、完腕の上に生（お）ひたり。其の形鞆の如し。是れ皇太后爲（し）たうひて雄装鞆を負（は）きたまへるに肖（あ）えたまへり。肖、此れ阿叡を云ふ。故に其の名（みな）を称（たと）へて、誉田の天皇と謂ふ。上古の時の俗（ひと）、号（い）ひて鞆を褒武多と謂ふ。一に云く、初め天皇、太子と爲りたまひて、越の国に行でまして、角の鹿の箇飯の大神を拝祭（おがみたてまつ）りたまふ。時に大神と太子と名（みな）相易（かへたま）ふ。故に大神を号ひて、去来紗別の神、太子の名をば誉田別尊と曰す。然らば則ち大神の本名を誉田別神、太子の元（はじ）めの名をば去来紗別の尊と謂ふべし。然れども見ゆる所無くして、未だ詳らかならず。

二十二年三月、難波に幸（い）でまして、大隅の宮に居ます。

四十一年二月、天皇明りの宮に崩りましぬ。年百十歳。一に云く、大隅の宮に崩りましぬ。（「本朝神社考」八幡）

訓読は内閣文庫所蔵林羅山旧蔵本「日本書紀」に拠り、句読点は適宜改めた。

まず、林羅山は石清水・鶴岡・誉田の祭神である八幡こと誉田別尊の紹介をする。「日本紀第十」とある通り、「日本書紀」巻第一〇を適宜省略しつつ引用しており、その大半が誉田別尊の呼び名に関する記述である。林羅山は信頼出来る資料（「日本書紀」）を用いることにより、誉田別尊が生前に八幡と名乗っていなかったことを確認しているのである。

「日本書紀」「古事記」に拠れば、誉田別尊は第一五代天皇である。もとの名は去来紗別尊であったが、角鹿の笥飯の大神と名を交換したために、誉田別尊と称するようになった。足仲彦尊（いわゆる仲哀天皇）の第四子で、母は気長足姫尊（いわゆる神功皇后）である。足仲彦尊の死後、皇后が三韓征伐に赴いたときにはその胎内にあったために胎中天皇という。

神皇正統紀云、応神天皇、本名誉田天皇、又胎中天皇。居于大和輕嶋豊明宮。此御宇、召博士於百濟、傳經史、大子以下、各習学之、是本朝經學之始也。

神皇正統紀に云く、応神天皇、本の名は誉田天皇、又たは胎中天皇なり。大和の輕嶋豊明りの宮に居ます。此の御宇、博士を百濟より召し、經史を傳へられ、大子以下、各々之を習ひ学ぶ、是れ本朝經學の始めなり。

（八幡）

訓読は内閣文庫所蔵林鵞峯旧蔵本「神皇正統記」を参照して行い、句読点は適宜改めた。

次に、林羅山は「神皇正統記」から誉田別尊に関する記述を漢訳の上で引用する(5)。最も信頼出来る資料である「日本書紀」に続き、クロスチェックすべき資料を掲げた形である。やはり、「神皇正統記」も「応神天皇紀」では生前の誉田別尊を八幡と称していない。

一応のところ、王仁の渡来に関する記事も拾っているが、林羅山が当該箇所を引用したのはあくまでも誉田別尊の名称を問題とするためである。なお、誉田別尊は「日本書紀」によれば第一五代天皇であるが、「神皇正統記」は第一六代に数える。この代数のズレは、気長足姫尊を女帝として数えるか否かという、見解の相違のために生じる。しかし、林羅山はこの問題には立ち入らない。また、「神皇正統記」はこの箇所に続いて太伯皇祖説を否定しているが、林羅山はこの点についても言及しない。

欽明天皇三十一年冬、肥後国菱形池邊、民家兒、甫三歳、神託云、我是人皇第十六代誉田八幡麻呂也。諸州、垂跡于神明。今又顕于此。其後差勅使。移而鎮座於豊前國宇佐宮。誉田本名、而八幡爲神後自所称者也。

欽明天皇三十一年冬、肥後の国は菱形の池の邊り、民家の兒、甫めて三歳、神託して云く、我れは是れ人皇第十六代誉田八幡麻呂なり。諸州、跡を神明に垂る。今又た此に顕はる。其の後勅使を差はし、移して豊前の國は宇佐の宮に鎮まり座します。誉田は本の名にして、八幡は神爲るの後に自ら称する所の者なり。（八幡）

訓読は内閣文庫所蔵林羅山旧蔵本「元亨釈書」と内閣文庫所蔵林鵞峯旧蔵本「神皇正統記」を参照して行い、句読点は適宜改めた。

誉田別尊が八幡神として祭られる契機が記されている。天国排開広庭尊（いわゆる欽明天皇）の時代、肥後国にある池のほとりにある民家に住む、わずか三歳の子供を通じて託宣があった。誉田八幡麻呂を名乗るその神は、勅命により宇佐八幡宮に祭られることとなった。

ここでようやく八幡の名が登場するが、この記事は「日本書紀」には見えない。一体、林羅山は如何なる書物からこの記事を引用したのであろうか。前の引用文から行を改めてあるものの、何も断りがないため「神皇正統記」からの引用が続いているように見える。事実、「本朝神社考」の記述と「神皇正統記」の当該箇所は共通する記述を含む。引用の上、確認してみよう。

欽明天皇の御代にはしめて神とあらはれて、筑紫の肥後の國菱形の池と云所にあらハれ給ふ。我は人皇十六代譽田の八幡丸也と、の給ひき。譽田はもとの御名、八幡は垂迹の号なり。後に豊後《ママ》國宇佐の宮にしづまり給ひしが、聖武天皇東大寺を建立の後、巡礼し給ふへきよし託宣ありき。依て威儀をとゝのへて迎へ申さる。又神託ありて御出家の義ありき。やかて彼寺に勧請したてまつらる。されと勅使なとは宇佐にまいりき。

（内閣文庫所蔵林鵞峯旧蔵本「神皇正統記」）

おおむね共通する記述ではある。特に、「譽田はもとの御名、八幡は垂迹の号なり」という名乗りは「本朝神社考」の記述に反映されている。

しかし、託宣が「冬」にあったことや、「甫めて三歳」の「民家の兒」を通じて行われたという情報は、「神皇正統記」に盛り込まれていない。また、「諸州、跡を神明に垂る。今又た此に顕はる」という記述も「神皇正統記」の記述とは一致しない。それでは、何に拠っているのであろうか。

三十有一年。春三月甲申。僕射蘇稲目薨。夏秋。冬建宇佐神祠于豊前州。

三十一年三月。蘇公薨。書官。貴也。是歳豊前州宇佐郡厩峯菱潟池畔民家児。甫三歳。託曰。我是第十六主譽田天皇廣幡八幡也。我名護國霊験威身神大自在王菩薩。諸州諸所。垂跡於神明。今顯坐此地耳。因之勅建祠。（内閣文庫所蔵林羅山旧蔵本「元亨釈書」巻第二〇・資治表一・欽明天皇）

右は内閣文庫所蔵林羅山旧蔵本「元亨釈書」からの引用である。本来は加点された資料であるが、ここでは割愛した。

「元亨釈書」は鎌倉時代末期に虎関師錬（一二七八～一三四六）が著わした仏教史書であり、三〇巻から成る。仏教の伝来から元亨二年（一三二二）までを漢文体で記す。ここで引用した「資治表」は仏教関係の記事が年代順に配列されており、範囲は天国排開広庭尊の御宇から守成（いわゆる順徳天皇。一一九七～一二四二）の承久三年（一二二一）にわたる。また、この「資治表」は概略を述べた後に、一字低書して詳しい記事の説明をする綱目体を採用している。

綱の箇所に見える「冬建宇佐神祠于豊前州」という記述や、目の箇所に見える「是歳豊前州宇佐郡厩峯菱潟池畔民家児。甫三歳」と「諸州諸所。垂跡於神明。今顯坐此地耳。因之勅建祠」という記述に着目されたい。これらによって、「神皇正統記」の記述不足は補われる。

もっとも、当該箇所における「本朝神社考」・「神皇正統記」・「元亨釈書」の関係は単純に処理するのは危険である。例えば、「本朝神社考」の「我是人皇第十六代誉田八幡麻呂也」という記述の典拠を「神皇正統記」の「我は人皇十六代譽田の八幡丸也」という記述に求めるか、「元亨釈書」の「我是第十六主譽田天皇廣幡八幡也」という記述に求めるかについては、断定しがたい。

しかし、少なくとも「本朝神社考」の「欽明天皇三十一年冬」以下の記述が、「神皇正統記」と「元亨釈書」の記述を組み合わせたものであることは確かである。「本朝神社考序」において、林羅山は彼にとって信頼出来る資料を利用し、僧侶による付会依託の説を選り分け、低書して区別すると述べた。これは、仏教への批判の意図を含むものと理解出来る。とはいえ、林羅山は「元亨釈書」の記述全てを否定するつもりもない。だからこそ、林羅山は低書していない「元亨釈書」を用い、「日本書紀」に存在しない記事を補ったのである。

では、林羅山は如何なる場合において仏教を批判するのであろうか。

余案舊記、欽明帝時、託云、吾是誉田天皇、廣幡八幡也。我名護国霊験威身神大自在王菩薩。又案、桓武帝延暦二年五月、八幡大神託曰、我無量劫来、化生於三有、修善功方便、済度諸衆生。我名曰大自在王菩薩。又案、寛平二年十二月、石清水大神託曰、欲得菩薩服色道具、勅獻瓔珞・香炉・念珠等。

余舊記を案ずるに、欽明帝の時、託に云く、吾れは是れ誉田天皇、廣幡八幡なり。我を護国霊験威身神大自在王菩薩と名づく。又た案ずるに、桓武帝延暦二年五月、八幡大神託して曰く、我れ無量劫より来（このかた）、三有に化生し、善功方便を修して、諸衆生を済度す。我が名を大自在王菩薩と曰ふ。又た案ずるに、寛平二年十二月、清水の大神託して曰く、菩薩の服色道具を得んと欲す。勅して瓔珞・香炉・念珠等を獻ず。

（八幡）

林羅山が低書した箇所である。林羅山は「案ずるに」と断った後に、三つの記事を引用する。三つの記事に共通するのは、誉田別尊＝八幡神を菩薩と結び付ける点である。

最初の記事は、先ほど引用した「元亨釈書」巻第二〇の記述を踏まえる。「誉田天皇、廣幡八幡」という名乗りの後に、「我名護国霊験威身神大自在王菩薩」と続き、誉田別尊が実は菩薩であったと主張する。つぎは延暦二年（七八三）の記事である。こちらも、「元亨釈書」に同様の記述が確認出来る。[6]やはり、八幡神が自らを「大自在王菩薩」と名乗り、託宣を下す。最後の寛平二年（八九〇）の記事についても同様である。[7]こちらは、八幡神ではなく、石清水の大神が「菩薩の服色道具」を求める。

これにより、林羅山が神仏習合を批判しようとしていることを知る。就中、日本の神を仏の化身と捉える本地垂迹説がやり玉にあげられる。続いて、林羅山による批判の具体例を見たい。

余以謂、夫佛法来于本朝者、欽明十三年也。百濟唯貢佛像経論而已。先于八幡示現者、雖及十有八九年、而浮屠草昧、未有習修者。其間有若排闢之尾輿・鎌子輩者。然則此神有菩薩号者、始於延之際乎。唯其曰我是誉田天皇八幡麻呂者、余有信之。大倭姫命在雄略帝時、曰西天有真人、亦是類也。悉皆浮屠者、依託附會而爲言、筆諸書耳。不可不辨折。夫伊勢・八幡者、本朝二所宗廟、而君臣上下、各無不欽敬奉仕。浮屠氏見如此曰、本地佛也。垂迹神也。遂引神明、入于佛氏。時君感《ママ》而不悟、至令其恣睢横行。或奪神戸。掠有封。而納之于寺院。吁、神何不罰之哉。

余以謂へらく、夫れ佛法の本朝に来るは、欽明の十三年なり。百濟唯だ佛像・経論を貢ぐのみ。八幡の示現することに先んずる者、十有八九年に及ぶと雖も、而れども浮屠の草昧、未だ習修する者有らず。其の間排闢の尾輿・鎌子が輩の若き者有り。然らば則ち此の神の菩薩の号有るは、延暦の際に始まるか。唯だ其の我れは是れ誉田天皇八幡麻呂と曰ふは、余之を信ずること有り。大倭姫命の雄略帝の時に在って、西天に真人有りと曰ふも、亦た是の類なり。悉皆浮屠は、依託附會して言を爲し、諸を書に筆するのみ。辨折せざるべからず。夫れ伊勢・八幡は、本朝二所の宗廟にして、君臣上下、各々欽敬奉仕せざること無し。浮屠氏此くの如くなるを見て曰く、本地は佛なり。垂迹は神なりと。遂に神明を引き、佛氏に入る。時君感（惑か）ひて悟らず、其をして恣睢横行せしむるに至る。或いは神戸を奪ひ、有封を掠めて、之を寺院に納る。吁、神何ぞ之を罰せざるや。（八幡）

基本的には、この段の趣旨は本地垂迹説批判と神仏分離の必要性を説くことにある。しかし、それに留まらぬ面も備えている上に、説明不足の気味がある。したがって、この段は丁寧に処理する必要があろう。

林羅山は、先の三つの記事が僧侶による依託付会の説であるという前提に立ち、その成立年代の推定を行う。「夫れ佛法の本朝に来るは、欽明の十三年なり」とは、林羅山が「日本書紀」の記述を採用していることを示す。百済聖明王の使者が来訪したことをもって、仏教伝来の始めと見なしているのである。「八幡の示現することに先んずる者、十有八九年に及ぶと雖も」以下は、先ほど引用した「欽明天皇三十一年冬」以下の記事を踏まえる。つまり、仏教伝来から八幡神示現までの期間は二〇年弱である。しかし、この二〇年弱という時間は、仏教が日本に根付き本地垂迹説が流布するには余りにも短い。ましてや、物部尾輿や中臣鎌子によって仏教排斥運動が行われたのであるから、なおさらである。ならば、八幡神を菩薩の化身と見なすようになるのは、山部王（いわゆる桓武天皇。七三七〜八〇六）の治世であろうか。八幡神の示現とは、山部王の時代に作られた逸話であろうか。

林羅山はかくの如く推定し、その上で「唯だ其の我れは是れ誉田天皇八幡麻呂と曰ふは、余之を信ずること有り」と言う。誉田別尊が神託を下し、自らを八幡麻呂と名乗ったことは事実と見なすのである。こうして、「日本書紀」に見えぬ記事が採用される。

しかしながら、「悉皆浮屠は、依託附會して言を爲し、諸を書に筆するのみ。辨折せざるべからず」とあるように、あくまでも本地垂迹説は批判の対象となる。林羅山は神仏分離の必要性を強硬に主張する。

続いて、林羅山は神仏習合が起こった原因と責任の所在を問う。伊勢神宮と八幡宮は皇祖を祀る宗廟であり、古くからの崇敬社であった。それを見た「浮屠氏」が神田を掠め取るために本地垂迹説を唱え、「時君」の心が定まらぬためにそれを許してしまったという。では、「時君」とは誰を指すのか。日本における祭祀の最終的な責任者は誰であろうか。それは天皇である。

## 第三節　林羅山の天皇批判

次に、林羅山の神仏習合批判が僧侶を突き抜けて天皇に刺さることを、より明確に示す事例を検討したい。

又元正天皇養老四年九月、異国襲来、日向・大隅国大乱。朝廷祈宇佐神宮、平冠賊。大神託曰、是戦其死傷多矣。我甚憐之。願冠平之後、置放生于諸国。八幡放生會、自此始焉。年中行事載。所謂石清水放生會、是也。最勝王經、長者子流水品、放池魚。是其因縁也。

又た元正天皇養老四年九月、異国襲来し、日向・大隅国大いに乱る。朝廷宇佐神宮に祈って、冠賊を平らぐ。大神託して曰く、是の戦其れ死傷多し。我れ甚だ之を憐む。願はくは冠平らぎて後、放生を諸国に置け。八幡の放生會、此自り始まる。年中行事に載す、所謂石清水の放生會、是れなり。最勝王經、長者子流水の品

に、池魚を放つ。是れ其の因縁なり。（八幡）

放生会開始の契機が記されている。一方、放生会の概要については石清水の項目に記されている。(8) 八幡と石清水以下の連続性を裏付ける記事の配置である。「冠」字は、「寇」字の謂か。

大隅隼人の反乱鎮圧後、宇佐八幡の神託により放生会が始まる。やはり、「元亨釈書」に類似する記事が見え、(9)「是の戦其れ死傷多し。我れ甚だ之を憐む」と八幡神の慈悲を強調する。放生会は菩薩と仏教の慈悲を示す儀式なのである。

この箇所には「元亨釈書」や「二十一社記」などに確認できない記述がある。「本朝神社考」は、細字双行で「金光明最勝王経」「長者子流水品」と放生会との関係を指摘する。また、「年中行事載」の五字も他書に見えない。

林羅山はこの記事の何処を批判するのであろうか。

余思、退夷平賊者神助、而請放生者妖巫・贋僧之託也。我邦神代事代主神、以釣魚・遊鳥爲樂。又天孫之子、兄弟有山幸・海幸。依此見之、神亦何必専好放生哉。想有義存耳。

余思ふ、夷を退け賊を平らぐるは神の助けにして、放生を請ふは妖巫・贋僧の託なり。我が邦神代の事代主神、釣魚遊鳥を以て樂と爲す。又た天孫の子。兄弟に山幸・海幸有り。此れに依りて之を見れば、神も亦た何ぞ必ず専ら放生を好まんや。想ふに義有って存するのみ。（八幡）

林羅山は「放生を請ふは妖巫・贋僧の託なり」と断言する。僧侶は神や仏の慈悲を強調するが、記紀神話には漁猟をする神も存在する。だからこそ、「神も亦た何ぞ必ず専ら放生を好まんや」となる。「有義存」は「論語」里仁の「子曰、君子之於天下也、無適也、無莫也、義之與比」への朱熹の注。こうしなければならないとか、こうしてはならないということは無く、ただその時々の心の宜しきに従うまでである。大隅隼人による反乱の折、朝廷は宇佐八幡へ平定祈願を行った。これは「本朝神社考」にある通り。では、祈願を享けた八幡神は死傷者を悼み、悔いたであろうか。そのようなことはない。「夷を退け賊を平らぐるは神の助け」であり、「義」なのである。

要するに、林羅山は放生会と八幡神の神託に何の関係もないと主張しているのである。林羅山にとって、放生会は捏造された儀式に過ぎない。

ところが、この儀式は朝廷による権威ある年中行事として定着した。ここで先ほど引用した「最勝王經、長者子流水の品に、池魚を放つ。是れ其の因縁なり」と「年中行事に載す」という記述を思い出されたい。前者は、放生会が仏教徒による付会依託の説であることを示唆する記述であった。後者は、放生会が年中行事として組み込まれていることを示す。「年中行事」とは「建武年中行事」である。

十五日石清水放生会内裏ことなることなし上卿宰相弁衞府など向ふ宣命内蔵寮の使に給ふ（内閣文庫所蔵林鵞峯旧蔵本「禁裏政要」）

「建武年中行事」は、四方拝から追儺・節折にいたる朝廷の年中行事を記したもの。尊治（いわゆる後醍醐天皇。一二八八～一三三九）の撰とされる。別称が多く存在し、本章で用いる内閣文庫所蔵林鵞峯旧蔵本の外題は「禁裏政要」である。

「年中行事に載す」とは、「建武年中行事」に放生会の記事がある、という単なる事実確認の記述ではない。このような重要な書物にまで放生会の記述が見えることは、依託付会の説が深く浸透していることを示す。それにも関わらず、「時君」は迷い目を覚ますことがない。林羅山はこの現状を批判しているのである。

林羅山の神仏習合批判は、究極的には天皇に向けられている。

## 第四節　二二社に含まれない神社

「本朝神社考」上巻が二二社を扱うことは既に述べた。これは林羅山が「上巻記二十二社」と明言している。しかし、実際に「本朝神社考」上巻の項目を確認すると、二二社ではない神社が混入されていることに気付く。それは鶴岡八幡宮と誉田八幡宮である。

鶴岡八幡宮の保護者は河内源氏義家流であった。「本朝神社考」上巻において、この鶴岡八幡宮は二二社の中に混入され、伊勢・石清水に次ぐ位置を占める。林羅山がこのような構成を採用したことには、相応の理由があるに違いない。本節では、鶴岡八幡宮に関する「本朝神社考」の記述を検討の俎上に乗せ、その理由を窺いたい。

伊豫守源朝臣頼義、祈八幡・賀茂・新羅之三神、求男子、果有三子。其嫡男義家、号八幡太郎。次男義綱、号賀茂二郎。三男義光、号新羅三郎。

伊豫守源朝臣頼義、八幡・賀茂・新羅の三神に祈り、男子を求む、果たして三子有り。其の嫡男義家、八幡太郎と号す。次男義綱、賀茂二郎と号す。三男義光、新羅三郎と号す。（「本朝神社考」石清水）

右は、「石清水」末尾からの引用であり、八幡宮が武家からの崇敬を集める契機に関する記述である。整版本では低書されているが、島原図書館肥前島原松平文庫本では低書されていない。

八幡太郎義家からは鎌倉将軍家・新田氏・足利氏が生まれ、新羅三郎義光（一〇四五～一一二七）からは武田氏・小笠原氏・佐竹氏などが生まれる。[10] 伊豫守源朝臣頼義はこれら諸氏の祖である。この源頼義の祈願が後の八幡宮崇敬のきっかけとなる。

後冷泉院時、伊豫守源朝臣頼義奉詔、征安倍貞任。祈八幡大神、遂定東夷。康平六年秋八月、潜勸請石清水、而建瑞籬于相模国鎌倉由比郷、今号之下若宮永保元年春二月、陸奥守源朝臣義家修復之。治承四年、十月十二日、源武衛頼朝、爲崇祖宗、点小林郷之北山、構宮廟、迁鶴岡社于此處、以走湯山専光坊良暹、爲別當職、令大庭平大景義、執行其事。先是武衛潔齋、以思念、當社所在、其本新両處、未決何所、因隨神鑒、於宝前自取鬮、時定爲當處。於是作茅茨之営、致蘋蘩之禮云々。明年正月一日、武衛詣焉奉神馬、因以正月朔、定爲奉幣之日。

後冷泉院の時、伊豫守源朝臣頼義詔を奉けたまはって、安倍貞任を征す。八幡大神に祈り、遂に東夷を定む。康平六年秋八月、潜かに石清水を勸請して、瑞籬を相模国鎌倉由比の郷に建て、（今之を下若宮と号す）永保元年春二月、陸奥守源朝臣義家之を修復す。

治承四年、十月十二日、源武衛（頼朝）、祖宗を崇めんが爲に、小林郷の北山を点じ、宮廟を構へ、鶴岡社を此の處に迁し、走湯山専光坊良暹を以て、別當職と爲し、大庭平大景義を令て、其の事を執行せしむ。是れより先武衛潔齋し、以て思念す。當社の所在、其の本新両處、未だ何れの所か決せず、因りて神鑒に隨ひ、宝前に於て自ら鬮を取り、時に定めて當處と爲す。是に於て茅茨の営を作し、蘋蘩の禮を致すと云々。明年正月一日、武衛詣る。神馬を奉り、因りて正月の朔を以て、定めて奉幣の日と爲す。（「本朝神社考」鶴岡）

「東鑑」の記事を踏まえる。(11)「東鑑」は治承四年（一一八〇）の記事に源頼義・源義家の事跡を添えているが、林羅山は時系列に従いを改めている。また、「東鑑」は日記風の変則的な漢文体で記されているが、林羅山はこれに手を加えている。

「東鑑」はまず、治承四年の源頼朝（一一四七〜一一九九）による鶴岡八幡宮遷座の記事を掲げ、振り返る形で源頼義・源義家親子による八幡宮崇敬の事跡を繋げる構成を取る。これは、源頼朝が河内源氏源義家流の嫡流であることを印象づけるための処置であろう。

これに対して、林羅山は時系列順に事跡を配列する。「征安倍貞任」とは前九年の役において、源頼義・源義家親子が安倍貞任（生年不詳〜一〇六二）を破ったことを指す。前九年の役の勝利に先立ち、源頼義は八幡神に戦勝祈願を行っていた。康平六年（一〇六三）、源頼義は石清水八幡宮を勧請して、鶴岡八幡宮の前身となる若宮を創建する。この若宮を修復したのが源義家であり、遷座したのが源頼朝である。

時系列に沿った記事の配列により、源頼義・源義家親子から源頼朝に至る河内源氏の嫡流が如何に八幡宮を重視してきたのかが強調される。「東鑑」の配列は鎌倉将軍家に権威を付与するものであり、「本朝神社考」の配列は鶴岡を含めた八幡宮に権威を付与するものである。

文治五年九月、源頼朝、於奥州伊澤郡鎮守府、奉幣八幡宮瑞籬。号第二殿是田村丸將軍、征東夷時、此處奉勸請之靈廟也。彼郷所帯弓矢及鞭等、納置之、于今在寶藏東鑑

文治五年九月、源頼朝、奥州伊澤郡鎮守府に於て、八幡宮の瑞籬を奉幣す。第二の殿と号す。是れ田村丸将軍、東夷を征せし時、此の處に勸請し奉るの靈廟なり。彼の郷帯する所の弓矢及び鞭等、之を納置し、今に于て寶藏に在り。東鑑（鶴岡）

やはり、「東鑑」の記事が改変の上で引用される。(12) 奥州合戦の際、源頼朝は先例に沿って戦いを進め、自己の権威付けを試みる。ここで林羅山が「東鑑」から引用した箇所もそのような例の一つである。文治五年（一一八九）九月二一日、既に奥州平定を済ませた源頼朝は伊澤八幡宮を第二殿と号す。伊澤八幡宮は、坂上田村麻呂（七五八〜八一一）が宇佐八幡宮を勧請して創立した神社である。

この記事は、源頼朝が坂上田村麻呂の名声を利用して自らを権威付ける際に、八幡宮が関わっていたことを示すと共に、前の記事と併せ、八幡宮が源氏と密接な関係に会ったことをも強調するのである。

寛元四年、宋道隆来本朝、赴相陽。副元師平時頼、啓巨福禪苑、請隆開山説法。福山寢室之後有池、池測有松。其樹條直、一日斜偃向室、衆僧怪之。隆曰、偉服之人居松上、与我語。我問住何處。對曰、山之左鶴岡也。語已不見、以其人之居故松偃耳。諸從曰、鶴岡者、八幡大神之祠所也。恐神来此耳。自此其徒、欄楯其樹、名曰靈。（隆者大覚禅師。）

寛元四年、宋道隆本朝に来り、相陽に赴く。副元師平時頼、巨福禪苑を啓き、隆を請して開山説法せしむ。福山寢室の後ろに池有り、池の測らに松有り。其の樹條直なり、一日斜めに偃（のべふ）して室に向ふ、衆僧之を怪しむ。隆曰く、偉服の人松上に居り、我と語る。我問ふ何れの處にか住すると。對へて曰く、山の左の鶴岡なり。語り巳（お）はって見へず、其の人の居するを以ての故に松偃すのみ。諸従曰く、鶴岡は、八幡大神の祠所なり。恐らくは神此に来るのみ。此れ自り其の徒、其の樹に欄楯して、名づけて霊（松）と曰ふ。隆とは大覚禅師なり。（鶴岡）

右は「元亨釈書」から低書しての引用である。[13]「師」字は「帥」字、「測」字は「側」字、「従」字は「徒」字の謂か。前段までと打って変わり低書してあるのは、蘭溪道隆（一二一三～一二七八）が禅僧であること以上に北条時頼（一二二七～一二六三）の帰依を受けたことに原因があろう。北条氏は桓武平氏と目されていた。とはいえ、この記事は、八幡宮が朝廷や旧仏教あるいは源氏からだけでなく臨済宗や平氏からも崇敬を集めていたことを示すのである。

後冷泉院御宇、新造宮社。去本處一町餘、有行幸。

後冷泉院の御宇、新たに宮社を造す。本處を去ること一町餘、行幸有り。（鶴岡）

右は、親仁（いわゆる後冷泉天皇。一〇二五～一〇六八）による誉田八幡宮遷座および行幸の記事であり、「誉田宗廟縁起図」に拠る。[14]引用箇所は、整版本においては鶴岡ではなく誉田に当たるが、島原図書館肥前島原松平文庫本においては誉田の項目がないため鶴岡に繋かる。また、整版本においては引用箇所が鶴岡（誉田）の最後の記事に当たるが、島原図書館肥前島原松平文庫本においてはさらに記事が続く。

建武元年三月十一日、後醍醐帝行幸八幡宮。

延元二年七月、南朝軍士、築城於男山、与尊氏武将高師直挑戦故八幡宮殿、罹于兵燧矣。

建武元年三月十一日、後醍醐帝八幡宮に行幸す。

延元二年七月、南朝の軍士、男山に築城し、尊氏が武将高師直に挑戦せらるるが故に八幡宮殿、兵燧に罹（かか）る。（鶴岡）

右の記事はいずれも「太平記」からの引用である。(15) 前段の誉田八幡宮に関する記事の後に低書されているが、親仁が行幸した神社も高師直（生年不詳～一三五一）が焼き払った神社も石清水八幡宮を指す。石清水八幡宮は歴史の長い神社であるため、幾度も災害に晒されてきた。高師直の狼藉もその一例である。現存する石清水八幡宮は寛永一一年に再建された。それを指示したのは徳川家光その人である。

鶴岡の記事は主に源氏との関わりを示すものであった。天皇や平氏あるいは禅僧に関する記事も採録されていたが、焦点はあくまでも武家の棟梁としての河内源氏義家流にある。そして、徳川家康が自称した世良田氏もまた、源義家の子源義国（一〇九一～一一五五）を祖とする源氏の一流であった。してみれば、林羅山が鶴岡を立項することも、源氏との関わりを強調することも当然と言える。

林羅山は二二社の中に鶴岡を混入し、伊勢と石清水に亜ぐ位階を与えることで、旧来の秩序を利用しつつ、より主家に都合の良いかたちに改めようとしたのである。

# 小結

最後に、検討の結果を踏まえて考察を行う。慶長年間から寛永年間にいたる徳川幕府の宗教政策は寺社統制・天皇と寺社の分断・武家独自の権威創出に大別し得る。このような動向の中に「本朝神社考」を位置付けた時、両者の間に連動を認め得るのであろうか。順番に確認して行こう。

まず、徳川幕府の寺社統制は寺社を支配下に置き、宗教的な権威ではなく下級役人としての役割を要求するものであった。これに対して、「本朝神社考」の仏教批判も、神仏習合の原因を神田の剽窃という極めて卑俗な動機に求めるものであった。両者は僧侶を世俗的な原理に属せしめようとする点で共通する。

次に、天皇と寺社の分断という点について言えば、徳川幕府は一貫して天皇の僧官叙任権を侵犯しようとした。これにより、天皇と寺社の関係に割って入ろうとしたのである。一方、林羅山は「本朝神社考」において神仏習合を上古の風習にあらずと判じ、痛烈に批判した。また、神仏習合が起こった責任を僧侶のみならず天皇に求めた。両者は天皇と僧侶を分断せしめようとする点で共通する。

さらに、武家独自の権威創出について言えば、徳川幕府は徳川家康を神格化することで従来と異なる宗教的権威を作り出そうと試みた。これに対して、林羅山は二二社の序列を操作し、従来名を連ねていない鶴岡を立項するのみならず、伊勢神宮と石清水八幡宮に亜ぐ位階を与えた。武家の棟梁である河内源氏義家流の崇敬社に格別の待遇を与えることで、現在の武家の棟梁＝徳川氏に宗教的権威を付与しようと図ったのである。両者は徳川幕府に宗教的権威を与えようとする点で共通する。

このように、一見すると無関係な徳川幕府の宗教政策と「本朝神社考」の内容は、その実密接に連動していたのである。また、一言を付せば、「本朝神社考」の成立時期は徳川幕府の宗教政策が一応の落着を見る時期と符合する。

言うなれば、林羅山は現世の秩序に即した宗教秩序を構想したのである。

慶長年間から寛永年間にいたる徳川幕府の宗教政策は硬軟織り交ぜて巧みに推し進められて行くが、自ずと限界を存した。それは、朝廷が維持してきた律令制に基づいた制度や天皇その人の権威に寄生せざるを得ない点にあった。僧綱補任制や本寺における門跡の利用、そして日光への例幣使派遣などは、一七世紀前半における徳川幕府の宗教政策が抱える限界の象徴であった。

同様に、「本朝神社考」もまた限界を有した。林羅山は二二社という枠組みを利用し、その枠組み内部の序列を操作することで、主君である徳川氏に宗教的権威を付与しようと試みた。しかし、当然それは中世以来の枠組みを所与の前提として受け入れることを意味した。

両者が目的を同じくするならば、その限界をも同じくすることは自明の理であった。

注

（1）圭室文雄「日本仏教史　近世」（吉川弘文館、一九八七）

（2）前掲圭室「日本仏教史　近世」

（3）前掲宮地「天皇制の政治史的研究」

（4）前掲宮地「天皇制の政治史的研究」

（5）内閣文庫所蔵林鵞峯旧蔵慶安二年刊本「神皇正統記」「第十六代、第十五世、應神天皇ハ仲哀第四の子。御母ハ神

功皇后なり。胎中の天皇とも、又は譽田天皇ともな付け奉る。庚寅の年即位。大倭の軽嶋豊明の宮にまします。此時百濟より博士をめし、経史をつたへらる。太子以下是を学びならひき。此國に経史および文字をもちゐる事ハ、是よりはじまれりとそ。異朝の一書の中に、日本は呉の太伯が後なりといふといへり。返々あたらぬことなり」

(6)　内閣文庫所蔵林羅山旧蔵寛永元年跋刊本「元亨釈書」（以降、羅山旧蔵本「元亨釈書」と略記する）巻第二三・資治表四・桓武天皇「延暦二年三月。藤僕射薨。僕射帰鑑真久矣。嘗受菩薩戒。五月八幡大神託曰。我無量劫来。化生於三有。修善功方便。濟度諸衆生。我名曰大自在王菩薩」

(7)　羅山旧蔵本「元亨釈書」巻第二四・資治表五・宇多天皇「寛平二年五月。石清水寶蔵震。（中略）十二月石清水大神託曰。欲得菩薩服色道具。敕獻瓔珞香爐念珠等」

(8)　島原図書館肥前島原松平文庫所蔵「本朝神社考」石清水「公事根源載、石清水放生會、八月十五日也。自毎年八月一日、至十五日、遣人諸所、買數萬喉魚、而放之山下小河」

(9)　羅山旧蔵本「元亨釈書」巻第二二・資治表三・元正天皇「養老四年正月。（中略）九月日・隅二州亂。朝廷祈宇佐神宮平寇。大神託曰。交鋒之間。死傷多矣。我甚憐之。願寇平之後。置放生於諸州。八幡放生會。自此始焉」

(10)　賀茂二郎義綱の流は新羅三郎義光に滅ぼされ、一七世紀中頃には、すでに追跡不可能であった。

(11)　内閣文庫所蔵黒田家献上写本「東鑑」（以降、献上本「東鑑」と略記する）巻第一・治承四年一〇月一二日「十二日　辛卯、快晴、寅尅、為崇祖宗、點小林郷之北山、搆宮廟、被奉遷鶴岡宮於此所、以専光坊暫為別當職、令景義、執行宮寺事。武衛此間潔斎給、當宮御在所、本新両所用捨賢愚猶危經之間任神鑒、於寶前、自令取探給治定當砌訖。然而未及花搆之餝、先作茅芝之営。本社者後冷泉院御宇伊与守源朝臣頼義奉　勅定、征伐安倍貞任之時、有丹祈之旨。康平六年、秋八月、潜《ママ》動請石清水、建瑞籬於當國由比郷、今号之下若宮永保元年、二月陸奥守同朝臣義家加修復。今又奉遷小林郷、致蘋蘩礼奠云云」、献上本「東鑑」巻第二・治承五年正月元日「一日　戊申、卯尅前武衛参鶴岳若宮給、不及日次沙汰、朔旦被定、當宮奉幣之日云云」

(12)　献上本「東鑑」巻第九・文治五年九月二一日「廿一日　戊寅、於伊澤郡鎮守府、令奉幣八幡宮号第二殿瑞籬給云云。是田村磨將軍、為征東夷下向時、所奉勧請崇敬之霊廟也。彼郷所帯弓箭幷鞭等納置之、于今在寶藏云云」

(13)　羅山旧蔵本「元亨釈書」巻第六・浄禅一「蘭渓道隆本朝寛元四年丙午也、乃入都城、寓泉涌寺之來迎院、又杖錫赴相陽。時了心踞亀谷山、隆掛錫於席下。副元帥平時頼、聞隆之來化、延居常樂寺、軍務之暇、命駕問道。平帥乃啓巨福之基趾、構大禪苑、請隆開山説法。(中略) 福山寢室之後有池、池側有松。其樹條直、一日斜偃向室、衆僧怪之。隆曰、偉服之人、居松上、與我語。我問住何處。對曰、山之左鶴崗也。語已不見、以其人之居故松偃耳。諸徒曰、鶴崗者八幡大神之祠所也。恐神來此耳。自此其徒、欄楯其樹、名曰靈松」

(14)　内閣文庫所蔵林鵞峯旧蔵写本「誉田宗廟縁起図」「後冷泉院御宇天の告によりて御庿前の宮をあらためて南去こと一町はかりを引うつして造替せらるる事厳重なり是則今の社なりさらにくくかはる事なし」、「後冷泉院行幸永承六年二月十五日宮社新に造替して御願成就の報賽なれは御志のおよふところさらに丁寧なり」

(15)　内閣文庫所蔵元和八年版「太平記」(以降、元和八年版「太平記」と略記する) 巻第一三・藤房卿遁世事「三月十一日ハ、八幡ノ行幸ニテ、諸卿皆路次ノ行粧ヲ事トシ給ケリ」、元和八年版「太平記」巻第二〇 八幡炎上事「急八幡ノ合戰ヲ閣テ、京都へ歸テ、北國ノ敵ヲ相待ベシト、高武藏守ノ方ヘゾ下知シ給ヒケル。師直此由ヲ聞て、此城ヲ責カ、リナガラ、落サデ引返シナハ、南方ノ敵ニ利ヲ得ラレツベシサテ又京都ヲ閣ハ、北國ノ敵ニ隙ヲ伺レツベシ。彼此如何カセント、進退谷テ覚ヘケレバ、或夜ノ雨風ノ紛ニ、逸物ノ忍ヲ八幡山ヘ入レテ、神殿ニ火ヲゾ懸タリケル」

# 第九章　修史事業から窺う林羅山と林鵞峯の差異



## はじめに

「本朝通鑑」は漢文による編年体の史書であり、林羅山と林鵞峯の代表的な著述である。林鵞峯はこの書物の編纂過程を詳細に記録しており、これにより寛文一〇年に完成したことを知る。「本朝通鑑首巻」一巻、「本朝通鑑提要」三〇巻、「本朝通鑑附録」五巻、「本朝通鑑前編」三巻、「本朝通鑑」四〇巻、「続本朝通鑑」二三〇巻から成り、全三一〇巻である。

「本朝通鑑」は「本朝神社考」や「寛永諸家系図伝」と並び、寛永末年以降の編纂事業の中核を占める。これらは本来天皇が率先して編むべき性質の著述である。しかし、幕府主導の元号制定に表れるように(1)、寛永末年以降の徳川幕府はこれら天皇の専権事項を侵犯し、自己の権能の拡大を図った。既成事実を積み重ね、天皇と征夷大将軍という名分を曖昧にすることで、臣下であるまま支配者たらんとした。このように、幕藩体制の確立と安定化は天皇ひいては朝廷に寄生するかたちで進行した。就中、修史事業はその重大な一部分を占めた。であればこそ、幕府お抱えの林家がこの任に就かねばならなかった。

本章ではこの修史事業の内実を検討するが、それは「本朝通鑑」の「大日本史」と比べた時の不出来さを確認するための作業であってはならないであろう。何より、林羅山と林鵞峯が負った重責を如何に果たしたのかが、問われなければならない。

かつて安井小太郎は林家の学問を経学と国史と看破し、林鵞峯の学識を林羅山のそれに比べて「數等を加へ居たるに似たり」と評した。続いて、宇野茂彦は「本朝通鑑」編纂を指して「もっともその精力を費やした」「鵞峯の仕事」と形容した。さらに、大島晃は古典の注釈という面から林鵞峯を「篤実」と評しつつも、林羅山とは学問の質を異にすると述べた。ところが、このような先行研究が存在するにも関わらず、林羅山と林鵞峯の差異や学問上の展開に関する具体的な検討は行われてこなかった(2)。

よって、本章では国史研究における林羅山と林鵞峯の差異を解明し、両者の間にある学問上の展開を論じたい。そのためにも、まず「本朝通鑑」が完成するまでの経緯を窺う。次に、「本朝通鑑」の草稿を紹介する。続いて、「本朝通鑑」編纂に際して出来した問題とその解決策について触れる。その後、三節にわたり「本朝通鑑」の具体的な記述を検討する。その際、適宜「本朝通鑑」草稿を利用した比較検討を行う。これにより、林羅山と林鵞峯の差異を解明すると共に両者の間に存する学問上の展開を論じたい。

## 第一節　「本朝編年録」編纂の経緯

正保元年、林羅山は将軍徳川家光から日本の通史を編纂するよう命じられた(3)。これが「本朝編年録」であり、後の「本朝通鑑」正編四〇巻に相当する箇所である。これに先立って、林羅山は「寛永諸家系図伝」や「鎌倉将軍家譜」を始めとする「将軍家譜」四部を徳川家光に献上している。「本朝編年録」編纂は寛永末年以降の編纂事業を締めくくるに相応しい一大事業であった

ところが、林羅山はこの事業を完結させることが出来なかった。以下、編纂開始から途絶に至る経緯を略述する。

「本朝編年録」編纂が開始すると、林羅山は彦火火出見（いわゆる神武天皇）から鸕野讚良（いわゆる持統天皇。六四五～七〇二）までの草稿を林鵞峯に作成させ、同年一〇月一四日に献上した(4)。この際に「本朝編年録」の首巻として「本朝王大系図大綱」が併せて献上された。この「本朝王代系図大綱」は彦火火出見から良仁（いわゆる後西天皇。一六三八～一六八五）までの天皇の系図であり、内閣文庫所蔵の一六巻一七冊本「本朝編年録」草稿に付されている(5)。これによって「本朝編年録」では収録されなかった定省（いわゆる宇多天皇。八六七～九三一）以降の歴史に対する、林羅山の見解が窺いうる。

その後、林羅山は珂瑠（または軽。いわゆる文武天皇。六八三～七〇七）から神野（または賀美能。いわゆる嵯峨天皇。七八六～八四二）弘仁六年（八一五）三月までの草稿を林讀耕齋に作成させる(6)。林讀耕齋が眼病を患って編纂に関わることが出来なくなると、代わりに林羅山が筆を執り(7)、大伴（いわゆる淳和天皇。七八六～八四〇）までの草稿を林羅山自身が作成して正保二年に献上した(8)。大伴から定省までは侍史に草稿を作成させて林羅山がこれを監督するという体制を布いたが、細かい所まで監督の目が行き届かず(9)、定省までを最後に「本朝編年録」の編纂は途絶してしまった(10)。

編纂途絶の原因は諸説ある。のちに、林鵞峯が様々な場面でこれに言及するが、彼はその時々で異なる原因を挙げる。それらはみな途絶の原因であることに相違あるまいが、林鵞峯の説明は背後に隠れた別の理由の存在を

想像させる。

林羅山は修史事業から撤退したのではあるまいか。

## 第二節　「本朝通鑑」編纂の経緯

前節で確認した通り一度は途絶した修史事業であったが、寛永末年以降の編纂事業を完結させるために再開する。かつて「本朝編年録」編纂を命じた徳川家光はすでに亡く、その子徳川家綱が征夷大将軍職を襲っている。また、実働部隊であった林家も林羅山と林讀耕齋を失い、林鵞峯が事業を監督することになる。「本朝編年録」は将軍家と林家の上下二代にわたる挑戦として再スタートを切る。(11)

しかし、林鵞峯は以前の編纂事業の経緯を知るため、事業展開をシビアに捉えており、時に悲観的でさえあった。「本朝編年録」の出版を仄めかされても、林鵞峯は疑いの目を向け(12)、また修史事業の再開に伴い幕閣からは地誌編纂の必要性を唱える声も上がるが、林鵞峯は修史事業と同時に進めることには懐疑的であった。(13)

このように、林鵞峯は修史事業の展開を概して深刻に捉えていたが、そのために酒井忠清（一六二四～一六八一）を始めとする幕閣との認識の相違に苦しむことになる。以下、「本朝通鑑」編纂の経緯を略述したい。

寛文二年（一六六二）一〇月三日、林鵞峯は酒井忠清を通して将軍徳川家綱から、途絶した「本朝編年録」編纂を再開するように命じられ、「編集条目」数十件を開陳する。(14)だが、それからおよそ一年半の間、何ら具体的な進展を見ないまま同四年（一六六四）に至り、林鵞峯は酒井忠清に「本朝編年録」の編纂が進まない原因を詰問される。(15)

この時、林鵞峯は史料・人材・資金の不足を訴え、[16]「寛永諸家系図伝」を先例に引き、[17]修史事業が幕府からの協力がなければ達成困難な事業であることを訴える。だが、酒井忠清は冗談と受け取ったのかこれを笑い、林鵞峯の訴えを聞き入れようとしなかった。[18]ひとまず、この時は編纂事業を監督する奉行を選定することが決まる。[19]

同年八月二一日、幕府から資金が供出され筆吏らが雇われることになるが、林鵞峯は不満の色を露わにする。[20]またも「寛永諸家系図伝」の例を引き、動員人数が当時の半分にも満たないことを指摘する。また、幕府の支援不足を譬えて寡兵で城攻めをするようなものであると訴え、この事業に自分の精力を尽くして死ぬと覚悟を述べる。[21]さらに、酒井忠清が冗談として受け取ったと見るや、重ねて冗談ではないと念を押す。この時は阿部忠秋が取り成したものの、林鵞峯の形相はその場にいた者全員が驚かずにはいられぬような有り様であったという。[22]

翌日、林鵞峯は酒井忠清宅に赴いて前日の非礼を詫びるが、[23]次第に感情が昂ってきたのか、自分一人が生きていればどんなに遅れても「本朝編年録」は完成するが、もし自分が死んでしまえば他の者が何人いようと完成しないであろうと言い始める。[24]すると、ようやく酒井忠清が協力を確約するに至り、[25]同年一〇月以降、史料収集の命が下り、[26]「本朝編年録」の表題を「本朝通鑑」と改め、[27]編纂に参加する者への月俸が定まり、[28]人員が増加する。[29]また、「本朝通鑑条例」一六件を狛高庸（一六二九～一六八六）に清書させ、[30]この「本朝通鑑条例」を起筆に備えて国史館の壁に貼り付け、[31]同年一一月一日に正式に「本朝通鑑」の編纂が開始した。

修史活動が始まると、四人の撰者が皆それぞれの担当する年代の草稿作成を開始する。[32]撰者の一人である林梅洞が寛文六年（一六六六）九月一日に没したため、林梅洞がすでに作成した長徳年間（九九五～九九八）以降については、林鵞峯が草稿作成を引き継ぎ、翌七年七月二八日に林梅洞が担当するはずであった箇所の草稿を作り終えている。また、草稿作成が遅れていた人見友元の担当箇所については、のちに坂井伯元が正応元年（一二八八）から文保二年（一三一八）までを与る。林梅洞・林鵞峯以外の撰者は、人見友元が寛文八年（一六六八）五月二一日に、坂井伯元が寛文七年八月五日に、林鳳岡が寛文八年八月一六日に、それぞれの担当を終え、草稿は全て林鵞峯による改正を経ることとなる。(33)

「本朝通鑑」は一応のところ寛文元年六月一二日に献上されるが、この時点で林鳳岡の担当箇所が全てに渡って林鵞峯の改正を経ていなかったため、元亀元年（一五七〇）以降の三〇巻については、寛文一〇年一〇月一八日に献上された。以上が「続本朝通鑑」二三〇巻である。

撰者が草稿作成を始める一方で、林鵞峯は「本朝編年録」を「本朝通鑑」正編として体裁を整えて取り込もうとした。寛文四年一〇月二二日、正式に国史館の活動が始まる前から「本朝編年録」の旧稿二種類を手元に置いて筆写させ、同年一一月九日にこの新写本への加点を開始し、翌五年（一六六五）二月二三日に終了してから校合を繰り返す。同七年八月一二日には清書本が成り、やはり寛文一〇年六月一二日に「本朝通鑑」正編四〇巻として献上された。

「本朝通鑑」編纂の経緯を見ると、この事業を楽観的に捉える幕府と、「本朝編年録」の途絶を体験し、幕府からの積極的な協力を必要不可欠と考える林鵞峯との認識の相違が窺える。林鵞峯は「本朝編年録」編纂途絶の原因として、史料の不足、将軍徳川家光と林羅山の死と共に「遺書難私求（遺書私かに求め難き）」ことも挙げている。(34)

「本朝通鑑」編纂のために林鵞峯は、幕府の支援の下に史料収集を行っている。紅葉山文庫所蔵和書の利用や、大名家や寺社、朝廷にまで協力を求めたこれらの史料収集活動は「私」という体ではない。林鵞峯は「本朝編年録」編纂時の幕府による支援が不十分であったと考えていた節があり、それを教訓として、「本朝通鑑」編纂時に積極的な働きかけを行うことで幕府の支援を確約させた。こうして、「本朝通鑑」は「本朝編年録」よりもその公的な性格が強化されたのである。

## 第三節　「本朝編年録」および「本朝通鑑」草稿について

「日録」の寛文一〇年九月二九日の記事を見ると、「本朝通鑑」には清書本・中書本・下書の他に、さらに巻子本が一本存在したことがわかる。この内の清書本と中書本は内閣文庫が所蔵しており、この二者を校合したものが国書刊行会版の「本朝通鑑」である。それ以外の、編纂過程で生まれた草稿を図として整理しておく。

「本朝編年録」の草稿としては、内閣文庫所蔵本と国立国会図書館所蔵本が存在する。内閣文庫所蔵本は全一七冊、一六巻から成る写本である。末尾には跋を備える。その内容は「羅山文集」巻第五五「本朝王代系図大綱跋」と、わずかな文字の異同を除けば、ほぼ同じい。書誌事項は左の通り。

原装青鈍色表紙、五つ目綴。外題は左肩打付墨書「本朝編年録」。毎半葉一〇行。外顕の下方に、打付墨書の細字双行で巻数及び各巻で扱う天皇の漢風諡号。首「本朝王代系図大綱」、次〔跋〕（正保元年一〇月一四日、林羅山）。次「本朝編年録巻之一目録」、次〔系図〕、次「本朝編年録巻之一」、次以下至第一七冊、第二冊以降は各巻「目録」の後に各巻で扱う天皇の系図、第五冊に〔跋〕（正保元年一〇月一四日、林羅山）あり、第一七冊に〔跋〕（成立年月不詳、林羅山）あり。印記「昌平坂学問所」（陽刻墨字長方印、各冊表紙右肩／各冊末尾左肩）、「林氏蔵書」（陽刻朱字正方印、第四冊を除く各冊右肩）「日本政府図書」（陽刻朱字正方印、各冊左肩）、「浅草文庫」（陽刻双辺朱字長方印、各冊右下）、「江雲渭樹」（陰陽刻双辺朱字長方印、第二冊右下）。

「本朝王代系図大綱」とは、彦火火出見より素戔宮（いわゆる後光明天皇。一六三三〜一六五四）に至る歴代天皇の系図である。

国立国会図書館所蔵の「本朝編年録」草稿は全一冊、一巻の写本である。末尾に林羅山による「和賦」を収め、その内容は「羅山文集」巻第一所収「倭賦」の内容と、若干の文字の異同を除けば、同じい。書誌事項は以下の通り。

改装暗緑色表紙、五つ目綴、左肩無辺題簽墨書「本朝編年録」。毎半葉一〇行。首「本朝編年録　巻卅二之三」、次〔系図〕、次「本朝通鑑巻第二十三／本朝編年録巻之十七」、次「和賦」。印記「讀耕齋家蔵之印」（陽刻双辺朱字長方印、〔系図〕冒頭右下）、「帝國圖書館」（陽刻朱字長方印、〔系図冒頭右下〕）

この草稿は「本朝通鑑」正編においては第二五巻に相当するが、巻首に「本朝通鑑第二十三巻」と書してあり、その脇の附箋の下には「本朝編年録巻之十七」と透けて見える。これは「本朝編年録」が「本朝通鑑」へと組み込まれてゆく過程を示すものである。林鵞峯は自身と、林読耕斎の子林春東（一六五四〜一六七六）が所持していた旧本の書体を正して筆写させ、「本朝編年録」を「本朝通鑑」正編として取り入れたのである。(35)

足利学校所蔵の「続本朝通鑑」は全四〇冊、四〇巻の写本。その収録内容は「続本朝通鑑」巻第五六より巻第一一〇に対応するものの、都合一五巻にわたり（巻第七一、七三、七五、七六、八五、八八、九〇、九一、九二、九四、九六、九九、一〇一、一〇六、一〇九）欠落する。

原装海松色表紙、枡形折本、中央双辺題簽墨書「續本朝通鑑　自保元元年至同三年」、次「續本朝通鑑　自保元元年至同三年」、次以下至第四〇冊、第四〇冊末尾に〔跋〕（寛文八年夏、林鵞峯）あり。印記「朱文正方印１」（印文不明）

現在、この草稿は折本状で保存されているが、開いてみると紙と紙を繋ぎ合わせて跡が残っている。また、継ぎ目の間隔は一定しない。したがって、本来巻子本としてあったものが後に手を加えられて冊子の形態となったことが窺える。

内閣文庫および国会図書館所蔵本からは林羅山存命時の「本朝編年録」の状態が窺え、足利学校所蔵本からは「本朝通鑑」編纂最初期の草稿の様子が窺える。これらと最終的に献上された清書本・中書本を校合した国書刊行会版の「本朝通鑑」を比較することで、「本朝通鑑」が成立する過程でいかなる改正を経たのかが見て取れるのである。

## 第四節　「本朝通鑑」編纂の方針と林鵞峯の認識

第二節で確認した通り、林鵞峯は再開された修史事業の展開をシビアに捉えており、条件闘争を通じて幕府からのより積極的な支援を獲得する。しかし、林鵞峯が直面していた問題は資金・人員・資料収集だけにとどまらなかった。

事業の運営に関する問題だけでなく、林鵞峯は「本朝通鑑」の編纂方針に関する問題を抱えていた。これは幕閣に相談すれば解決するものではなく、むしろ相談すればせっかく再開した修史事業が再び中止となりかねない深刻な問題であった。

本節では、林鵞峯の抱えていた問題の内実を「国史館日録」から窺うと共に、林鵞峯がその問題を如何に解決しようとしたのかを確認する。

「国史館日録」寛文四年一〇月晦日の記事を参照すると、林羅山の門人野間三竹（一六〇八〜一六七六）との会話が描かれている。

先日三竹来時、謂余曰、此度盍傚朱文公綱目之例。余答曰、綱目者続春秋者、余雖慕之、然不可企及焉。今暫傚温公之例、則後世又有追文公之跡者乎、呵々。余自少好聞本朝之事、故頗諳知大概。今所修唯記実事、若幸終編、進呈而後猶有余命、則私修綱目、亦未可知焉。国朝之事、有難公言者、又有未詳正邪者、又有所忌憚、況夫当時無知春秋・綱目書法者、則公言而誰知我卓識哉。是以今般書式、唯記実事而可也。

先日三竹来る時、余に謂ひて曰く、此度盍ぞ朱文公綱目の例に傚はざる。余答へて曰く、綱目は春秋を続ぐ者にして、余之を慕ふと雖も、然れども企及すべからざるなり。今暫く温公の例に傚へば、則ち後世又文公の跡を追ふ者有るか、呵々。余少自り本朝の事を聞くことを好む。故に頗る大概を諳知する。今修むる所は唯だ実事を記すのみにして、若し幸ひに編を終へ、進呈して後猶を余命有るときは、私かに綱目を修むるも、亦た未だ知るべからず。国朝の事公言し難き者有り、又未だ正邪を詳らかにせざる者有り、又忌憚する所有り、況んや夫れ当時春秋・綱目の書法を知る者無くんば、則ち公言して誰か我が卓識を知らんや。是を以て今般の書式は、唯だ実事を記すのみにして可なり。（「日録」寛文四年一〇月晦日）

野間三竹が朱熹「通鑑綱目」に倣った史書編纂を提案するものの、林鵞峯はこれを退ける。「然不可企及焉」とは謙辞ではない。「通鑑綱目」に倣う気がないという、林鵞峯の意志表示なのである。むしろ、当座は司馬光「資治通鑑」に倣い、「実事を記す」という枠に留まらなければならないという。

なぜならば、「国朝の事」については「公言し難き者」や「未だ正邪を詳らかにせざる者」、そして「忌憚する所」があるからである。「本朝通鑑」の起筆以前から、林鵞峯は政治的に不適切な言説の混入を恐れていた。では、林鵞峯が忌避しようとしていたのは如何なる問題であろうか。

起筆から間もない寛文四年一一月二八日、林鵞峯が徳川光圀（一六二八～一七〇一）を訪ねると、「本朝通鑑」の編纂方針に疑問を投げかけられる。(36)林鵞峯も徳川光圀の学識を高く評価しているためか、これに率直に答えている。(37)また、野間三竹が「資治通鑑」と「通鑑綱目」の対比で問うた際には、林鵞峯はこれに応じて「資治通鑑」を採ったが、徳川光圀に対しては、胡寅（一〇九八～一一五六）「読史管見」や范祖禹（一〇四一～一〇九八）「唐鑑」の名を挙げてより詳しく応答している。(38)

さらに、話題は治承・寿永の東西両朝や南北朝に移り、徳川光圀がいずれを正統とするか正面から尋ねると、林鵞峯は内心を打ち明ける運びとなる。

この対話は両者の考えを表して余蘊がない。また、林鵞峯と徳川光圀の言はよく嚙み合っており、両者が問題意識を共有していたことが窺える。とりわけ、「日録」の当該箇所は「本朝通鑑」編纂に関する林鵞峯の認識を示す好資料と言える。よって、長大ではあるが、ここでは繁を厭わず引用する。

参議曰、然。抑安徳西狩之後、正統猶在安徳乎。然平氏之所立、則以在洛帝、為正統乎。後醍醐不伝位、高時立光厳、尊氏立光明、此等之所孰以為正統乎。余曰、此是本朝之大事。然非無微意。先父曾於大友・天武事、亦有所思、然上覧之書、非無遠慮。故以大友不為帝。唯不準叛臣之例、亦馬子弑逆、厩戸不逃其罪、先父想、可記厩戸弑天皇。其事見文集。然於上覧之書、則不能如意。今於某亦然。曾私修治承以来、百余年之事、於安徳未崩之時、繫正統於此、分注記元暦年号。若夫於吉野事、則未決考。帝統二流之本、則光厳・光明為嫡、後醍醐為庶。然光厳・光明即位、出賊臣之意、則熟思以定之。馬公以曹魏為正統、其論世儒以為不正。然今所修、妄以当時帝王之祖為僭、以南朝為正、則書出之後、未知朝議以為如何。是非公命、則所難私議也。若夫国老執政如君侯、知和漢先例、則余亦可開口。今以如此事、妄与権臣議、則此度編修半塗廃、亦不可知也。某自少年好和朝事、而世人所不知者、非無所発開。今幸承此命、欲使七百年来之治乱興廃、以著于後世。故聊記事実、以傚通鑑之体、於筆誅謹厳之事、則未能太快。然書成、而如君侯之人見之、則或夫知某所有微意乎。参議莞爾。

参議曰く、然り。抑々安徳西狩の後、正統猶を安徳に在るか。然れども平氏の立つる所なれば、則ち洛に在るの帝を以て正統と為すか。後醍醐位を伝へず、高時光厳を立て、尊氏光明を立つ。此れ等の孰れを以て正統と為す所なるか。余曰く、此れは是れ本朝の大事なり。然れども微意無きに非ず。先父曾て大友・天武の事に於ても、亦た思ふ所有り。然れども上覧の書、遠慮無きに非ず。故に大友を以て帝と為さず、唯だ叛臣の例に準ぜざるのみなるも、亦た馬子弑逆し、厩戸其の罪を逃れず。先父想ふ、厩戸天皇を弑することを記すべしと。其の事文集に見ゆ。然れども上覧の書に於ては、則ち意の如くすること能はず。今某に於ても亦た然り。曾て私かに治承以来、百余年の事を修む。安徳未だ崩ぜざるの時に於ては、正統を此れに繫け、分けて元暦の年号を注記す。若し夫れ吉野の事に於ては、則ち未だ考を決せず。帝統二流の本、則ち光厳・光明嫡為り、後醍醐は庶為り。然れども光厳・光明の位に即くことは、賊臣の意に出づれば、則ち熟思して以て之を定む。馬公曹魏を以て正統と為し、其論世儒以為らく正しからず。然らば今修むる所、妄りに当時帝王の祖を以て僭と為し、南朝を以て正と為さば、則ち書出の後、未だ知らず朝議以為らく如何。是れ公命に非ざれば、則ち私かに議し難き所なり。若し夫れ国老・執政・君侯の如き、和漢の先例知れば、則ち余も亦た口を開くべし。今此くの如きの事を以て、妄りに権臣と議せば、則ち此度の編修半ばにして塗廃するも、亦た知るべからざるなり。某少年自り和朝の事を好みて、世人知らざる所の者、発開する所無きにも非ず。今幸いに此の命を承け、七百年来の治乱興廃を使て、以て後世に著さんと欲す。故に聊か事実を記し、以て通鑑の体に傚ひ、筆誅謹厳の事に於ては、則ち未だ太だ快なること能はず。然らば書成りて、如し君侯の人之を見れば、則ち或は夫れ某の微意有る所を知るか。参議莞爾たり。（「日録」寛文四年一一月二八日）

林鵞峯は徳川光圀の問いを「此是本朝之大事」と受け、その重要性を強調する。続いて、「然非無微意」と告白し、皇統や君臣関係について自分なりの見解があることを伝えるものの、即答を避ける。一旦、「本朝編年録」を振り返り、治承・寿永の乱や南北朝の動乱の際のみならず、壬申の乱や蘇我馬子による泊瀬部（いわゆる崇峻天皇）弑逆についても同様の問題が生じることを指摘する。そして、林羅山もまたこれらの問題で悩んでいたことを打ち明ける。

元来、林羅山は名分論や正統論に関して非常に明快な観念の持ち主であり、かつて足利尊氏（一三〇五～一三五八）を「賊」と切り捨てているが、その林羅山ですら、「本朝編年録」において大友（または伊賀。六四八～六七二）を天皇の一人に数えなかったのである。また林羅山は、蘇我馬子による泊瀬部弑逆を厩戸（いわゆる聖徳太子。五七四～六二二）が傍観したことを、「厩戸弑天皇」と記述したかったが、これも果たせなかった。

なぜならば、「本朝編年録」が「上覧の書」すなわち将軍に献上する書であったためである。

林鵞峯も、治承・寿永の東西両朝や南北朝のいずれを正統とすべきか、内心では答えが出ていた。林鵞峯が言う「微意」とは、その答えに他ならない。そして、その答えとは「然光厳・光明即位、出賊臣之意」の言に尽きる。「賊臣」とは北条高時（一三〇四〜一三三三）や足利尊氏を指す。

要するに、南北朝時代における北朝の天皇とは「賊臣」に擁立され、「君」を僭称した皇親に過ぎない。それにも関わらず、林鵞峯が「然於上覧之書、則不能如意。今於某亦然」と言わざるを得ないのは、朝幕関係の悪化を恐れる幕府首脳陣の意向に配慮したためであろう。

もし、林鵞峯が「本朝通鑑」において南朝を正統とすれば、現在にまで至る北朝系の皇統を否定することになる。林鵞峯は南朝を「正」とし、北朝を「僭」とみなしたが、現実には「正」の南朝が勢力で「僭」の北朝に劣り、やがて吸収されてしまった。南北朝が合一した後も、北朝系の天皇は続いているのである。

林鵞峯の考えを敷衍すれば、今上（当時帝王）までもが僭主の子孫ということになり、その僭主の子孫から任じられている征夷大将軍職にまで泥を塗ることになる。したがって、国史における正統論や名分論の貫徹が政治的に不適切な言説を齎すことは疑いようもなく、そうなれば朝廷の怒りを買うことは勿論、幕閣に相談しただけでも修史事業自体が中止となる恐れがあった。

「本朝通鑑」の編纂は、言うなれば一七世紀の朝幕関係における幕府側の攻勢の一環である。寛永末年以降の編纂事業とそれを引き継ぐ「本朝通鑑」編纂の意義は、本来朝廷で行うべき事業を幕府側で推し進めることにあった。こうした既成事実の積み重ねにより、徳川幕府は朝廷に対する主導権を握ると共に、自らの支配を自明のものとすることを目論んでいた。

しかしながら、それは朝幕関係の極端な悪化や将軍家の権威失墜に繋がってはならない。林鵞峯はこうした幕府首脳陣の意向を忖度しているのである。とはいえ、方々への過度な配慮もかえって危険である。もし筆を曲げれば、後世の誹りは必定である。

まことに、徳川光圀の問いは林鵞峯のジレンマを的確に突いていた。林鵞峯は朝廷や幕府首脳陣に配慮した歴史記述を求められる一方で、曲筆の誹りを回避しなければならなかった。

であればこそ、林鵞峯は「資治通鑑」に倣い、「事実」を記して「七百年来之治乱興廃」を描くことにより、「微意有る所」が伝わることを期した。これにより、政治的に不適切な言説を避けつつも後世の嘲を免れようとしたのである。林鵞峯が示した方針に、徳川光圀は笑みをうかべて応えた。しかし、それは細く険しい夜の山道を明かりもなく歩むに等しい試みであり、この時点の林鵞峯は具体的な方策に言及していない。

ところが、その後草稿の作成が進み、改正を行うにつれて、段階的に林鵞峯の考えも進む。

館事如例。見伯元所草元弘二年紀。是光厳帝正慶元年也。巻首表出二帝、分書二年号、以先帝・新帝別二主也。此年多事。（中略）抑後醍醐・光厳二帝、未詳何為正統。後醍醐為武臣被廃、然不譲神器、無伝位之詔、而光厳者武臣所立也。由是言之、則正統不待辨而明也。宜用元弘年号、書帝在隠岐、分注書光厳帝正慶元年。然以後嵯峨帝以来、皇統両流而言之、則光厳為嫡、後醍醐為庶。若雖無兵乱、後醍醐可即位者光厳也。且今日之皇統、出自光厳、則不忍除此一帝。故兼示諭伯元、而並書二帝及元弘・正慶。自此以後、南北朝亦准之。

館事例の如し。伯元草する所の元弘二年紀を見る。是れ光厳帝正慶元年なり。巻首に二帝を表出し、二つの年号を分書し、先帝・新帝を以て二主に別くるなり。此の年事多し。（中略）抑々後醍醐・光厳の二帝、未だ何れを正統と為すか詳らかにせず。後醍醐は武臣の為に廃せ被る。然れども神器を譲らず、位を伝ふるの詔無くして、光厳は武臣の立つる所なり。是れに由りて之を言へば、則ち正統辨を待たずして明らかなり。宜しく元弘の年号を用ひ、帝隠岐に在りと書し、分注して光厳帝正慶元年と書くべし。然れども後嵯峨帝以来、皇統両つながらに流るることを以てして之を言へば、則ち光厳嫡為り、後醍醐庶為り。若し兵乱無しと雖も、後醍醐位に即くるべき者は光厳なり。且つ今日の皇統、光厳自り出づれば、則ち此の一帝を除くに忍びず。故に兼ねて伯元に示諭して、二帝及び元弘・正慶を並書す。此れ自り以後の南北朝も亦た之に准ず。

（「日録」寛文五年三月五日）

結局、林鵞峯は巻首に二人の天皇を掲げ、先帝・新帝という表記を採用することで、軽重を問わずに済ませようとした。これがブレイクスルーとなり、言仁（いわゆる安徳天皇。一一七八～一一八五）と尊成（いわゆる後鳥羽天皇。一一八〇～一二三九）の東西両立についても同様の処理を施すこととなった(39)。

林鵞峯の最終的な方針は「続本朝通鑑序(40)」と「本朝通鑑凡例(41)」に示されている。林鵞峯は「本朝通鑑」を「乙夜の英覧」に備える「鑑戒」の書と位置づけた。また、「事に拠り直書」したため、読む者が読めば正義が「自ら見は」れ、「勧懲の意」もまた「其の中に在」ると述べた。「事」とは、林鵞峯が再三にわたり語った「実事」であり、「勧懲の意」とは「微意」であろう。

林鵞峯は厄介なジレンマを抱えながらも、自分なりの方針のもとに亡父林羅山が完遂できなかった編纂事業を終わらせた。「実事」を記して政治的に不適切な言説を避けつつも、曲筆の誹りを免れるだけの「微意」や「勧懲の意」を込め得たのである。ただし、完成に至る道は決して平坦ではなく、林鵞峯は多方面への非常な配慮に心を砕いたのである。

## 第五節　壬申の乱に関する記述から窺う林羅山の「勧懲の意」

本節からは、林羅山と林鵞峯が憚りながらも史書に込めた「微意」を窺うために、「本朝編年録」や国書刊行会版「本朝通鑑」と「本朝通鑑」草稿の比較検討を行う。

まず、壬申の乱に関する記述を問題としたい。壬申の乱は、叔父である大海人（いわゆる天武天皇）と甥である大友による、皇位継承をめぐる闘争である。葛城（いわゆる天智天皇）即位の後、同母弟の大海人が皇太弟（皇太子）に指名される。しかし、大海人は病身の葛城に大友の立太子を勧めると出家し、吉野に隠遁する。自らは皇位の継承を放棄し、大友に譲ったかたちである。ところが、葛城崩御の後に挙兵すると、大友を破り自殺に追い込む。

要するに、大海人の行いは簒奪なのであるが、この間に大友の立太子と即位の有無を認めるか否かが論点となり、葛城以降の皇位継承に関して史家の立場が分かれる。

なぜならば、この時期の根本史料である「日本書紀」は大友の立太子と即位に全く触れていないからである。もし、「日本書紀」に忠実な歴史記述を行うならば、大友の立太子と即位の事実はなかったことになる。他方、「日本書紀」が敢えて大海人に都合の悪い事実（大友の立太子と即位）を記事に拾わなかったと見る立場もある。なぜならば、「日本書紀」が大海人の子である舎人親王に編纂され、孫である氷高（または新家。いわゆる元正天皇。六八〇～七四八）の治世に献上されたためである。

結局、「日本書紀」以上に有力な文献が存在しない以上、大友に関する記述は史家各々の裁量に委ねられることになる。であればこそ、歴史記述の姿勢を問うには最適な箇所とも言える。「日本書紀」には大海人の正統性を主張する様々な方法が見出せる。すでに述べた通り、「日本書紀」には大友の立太子と即位の記述がない。また、「日本書紀」は壬申の乱を「天武天皇紀」に繋げる。これは大海人による皇位継承を前提として、葛城崩御の後に起こる争乱を大海人の統治が始まる前史とするが故の処置である。さらに、「日本書紀」は大海人の一人称に「朕」字を即位以前から用いる。これもまた、大海人による皇位継承を前提とするが故の処置である。

一方、「本朝編年録」は大友を天皇に数えておらず、葛城から大海人へと系図を繋げるものの、大友の立太子(42)を記事に採る。また、「本朝編年録」は壬申の乱の記事を「天武天皇紀」ではなく「天智天皇紀」に繋け、大海人の一人称にも「吾」字を用いる。

太弟曰。朕吾所以譲位者。為治病全身也。然今応承福禍。則何黙亡身哉。

太弟曰く、朕吾位を譲る所以は、病を治し身を全うせんが為なり。然れども今応に福禍を承くべくんば、則ち何ぞ黙して身を亡ぼさんや。（内閣文庫所蔵一七冊本「本朝編年録」、第五冊）

大海人が近江朝廷と戦うことを決意する場面である。草稿における改正の痕跡を縦線で示した。一七冊本は大海人の一人称を一旦「朕」字とした後に「吾」字と改める。これは「日本書紀」の記述に引かれたが故の書き損じと推察される。同じく、一七冊本では「福」字を「禍」字に改めている。当然、「本朝通鑑」には改正が反映され、「朕」字と「福」字は無い。

大海人と大友に関して、林羅山は次のように述べた。

今按、日本紀繫今年於天武紀、然大友在朝為儲君、則天命雖不遂、其正統可有辨也。

今按ずるに、日本紀は今年を天武紀に繫く、然れども大友朝に在り儲君為れば、則ち天命遂げずと雖も、其の正統辨ずること有るべきなり。（一七冊本「編年録」第五冊）

林羅山は、「日本書紀」が壬申の乱に関する記事を繫けることに言及した後に、大友が「儲君」であった旨を明言する。国史における「儲君」の語意は必ずしも一定しないが、当該箇所における林羅山の用法と意図は明白である。つまり、林羅山は「儲君」の語を皇太子の意で用いており、大友は確実に立太子礼を行ったという歴史認識を表明しているのである。

また、「天命雖不遂」の五字は「懐風藻」の記述を踏まえている。[43]「懐風藻」は大友の漢詩を採録し、伝において大友を皇太子として扱っている。[44]「本朝編年録」も「懐風藻」の記述を利用している。そして、「本朝編年録」における「懐風藻」の利用は、大友を正統なる皇位継承者として見なす直接的な根拠としてのものであり、単純な記述の引用に留まらない。

無論、大海人と大友の正統性を論じる上で「懐風藻」の記述を参照することは、むしろ当然と言える。ただ、ここでは林羅山が「日本書紀」に言及した上で、大海人の正統性に疑義を唱える点を確認したいのである。「本朝編年録」における林羅山の方針は婉曲であると言わざるを得ない。まず、林羅山は「本朝王代系図大綱」で「日本書紀」を追認する素振りを見せる。ところが、「本朝編年録」本編を見ると、壬申の乱の記事はる。

「天智天皇紀」に繋かり、大友の立太子は認められ、「天智天皇紀」末尾で大海人の正統性へ疑義が唱えられている。

これらを確認することで、読み手は林羅山の意図を辛うじて了解できる。林羅山は大友を正統なる皇位継承者と認識しているのである。

林鵞峯の場合はさらに回りくどい。林鵞峯は「本朝編年録」に附されていた系図を削除した。壬申の乱の例ではあまり問題が表面化しなかったが、治承・寿永の乱や南北朝の動乱の場合、系図の存在は歴史記述における足枷としかならない。しかし、それは史家の側からみた話であり、読み手にとって系図は皇統の推移を視覚的に確認するツールであった。林鵞峯がこれを削除したことにより、「本朝通鑑」の記述は読み手にとってやさしくないものとなるであろう。

とはいえ、林鵞峯もやはり「本朝通鑑」において壬申の乱の顚末を「天智天皇紀」に繋ける。また、「天武天皇紀」以前の大海人の一人称を「吾」としている。林鵞峯は亡父の方針を尊重し、残したのである。

## 第六節　治承・寿永の東西両朝に関する記述から窺う林鵞峯の「勧懲の意」

次に言仁と尊成の事例を見たい。両帝は異母兄弟の関係にあるが、治承寿永の乱の折に天皇として並立する時期がある。言仁は平清盛（一一一八～一一八一）の意向の下で先に即位したが、都落ちする平家に擁せられて西国へ去る。これを承け、雅仁（いわゆる後白河天皇。一一二七～一一九二）は尊成を立てようとするが、平家は三種の神器をも保持していたため、尊成の践祚・即位の礼はこれを欠いた状態で執行される。

このために史家は二択問題を突き付けられる。すなわち、家臣に擁立されて京都を去った言仁を君とするか、皇祖に擁立されて京都に居るものの、践祚・即位の礼に瑕のある尊成を君とするかの二択問題である。

林羅山は「本朝王代系図大綱」において言仁の在位期間を三年とする。林羅山は治承七年（一一八三）の尊成即位を受けて、言仁から尊成へと位が移ったと認識していることになる。したがって、その後元暦二年（一一八五）に海に没するまでの言仁は一皇別に過ぎないことになる。

林鵞峯がこの問題で悩んだことはすでに述べた。結局、林鵞峯は巻首における二帝の併記と先帝・新帝という表記によってこの問題を解決しようとした。両帝に軽重を設けぬための工夫である。ところが、実際に「本朝通鑑」を注意深く読むと、軽重が尊成に傾いていたことが分かる。

続本朝通鑑巻第七十四　自元暦元年三月至同年十二月

弘文院学士林恕撰

安徳天皇朩九

後鳥羽天皇二

甲　朮　寿永三年

辰　曆　元暦元年

（足利学校所蔵四〇冊本「続本朝通鑑」草稿、第一七冊）

足利学校所蔵本第一七冊の巻首からの引用である。縦線により改正の痕跡を示した。当該箇所には白い擦過痕が確認でき、その上に濃い墨で文字が上書きされている。当然、国書刊行会版には改正が反映されている。

ここで林鵞峯は自身で決めた方針の通り、二人の天皇を対等に扱おうとしているように見える。だが、巻数の下に細字で記されている「自元暦元年三月至同年十二月」という表記のために、尊成の方に軽重が傾いていたことが窺える。尊成を正統とする意識のためであろうか、一度は元暦と大書したものの、方針に反することに気づき改正し、元暦元年と寿永三年を併記した痕跡が残っているのである。

尼佩宝剣。挟神璽。抱帝投於海。時帝八歳。（中略）建礼門院太后見帝没海。

尼宝剣を佩き、神璽を挟み、帝を抱き海に投ず。時に帝八歳。（中略）建礼門院太后、帝海に没するを見る。

（国書刊行会版『本朝通鑑』）

二位尼平時子（一一二六～一一八五）が言仁を抱えて入水自殺を試み、それを建礼門院平徳子（一一五五～一二一四）が目撃する場面である。「没」字は世を去るという意味の「歿」字に通じるため、たとえ海に沈むという意味で用いるとしても不用意な表記である。ましてや、林鵞峯は天子と上皇の死を「崩」と記す旨を規定している。(45)したがって、ここでも規定を遵守して然るべきである。

それにも関わらず、林鵞峯が斯かる記述を採用したのは故あってのことであり、これこそ林鵞峯の「微意」に他ならない。本当は、林鵞峯は尊成即位後の言仁を君として認めていなかった。それがこの箇所で回りくどく示されているのである。

結論だけ比べれば、林羅山と林鵞峯に変わりはない。両者は共に尊成を君とした。しかし、歴史記述の方法としては、林鵞峯の方がより婉曲の度合いを増している。壬申の乱に関する記述を思い出されたい。林鵞峯は林羅山のように巻末で自己主張など決してしない。林鵞峯の歴史記述における婉曲さは、その慎重さの裏返しではあるまいか。

## 第七節　南北朝に関する記述から窺う林羅山と林鵞峯の差異

最後に、南北朝期の例を見たい。南北朝の対立以前より、皇位の継承は二統交互に行う流動的な状況（両統迭立）にあった。かかる状況において、尊治は鎌倉幕府に対して自立的な大覚寺統から即位するが、鎌倉幕府に近い持明院統への譲位は時間の問題であった。しかし、これを嫌った尊治は討幕計画を推進し、失敗しつつも建武政権を樹立する。この間、尊治の笠置遷幸にあたり、持明院統の量仁（いわゆる光厳天皇。一三一三～一三六四）が践祚する。ところが、尊治が隠岐に流されながらも帰京を果たすと、量仁は廃位となる。さらに、足利尊氏らが建武の乱を起こし、建武政権を破綻させると、やはり持明院統から豊仁（いわゆる光明天皇。一三二一～一三八〇）を擁立する。この豊仁の下に北朝が開かれる。一方、尊治は京を追われ、吉野に南朝を開く。こうして京と吉野のそれぞれに朝廷が並立することとなり、南北朝の対立が始まる。

歴史記述においては、尊治以降の皇位継承を如何に捉えるかが争点となり、取り得る立場は必ずしも一つではない。例えば、尊治から義良（のちに憲良。いわゆる後村上天皇。一三二八～一三六八）へ皇位継承が行われたとする立場がある。これは非常に南朝寄りの立場であり、量仁と豊仁は天皇の代数から除かれることとなる。また、量仁への皇位継承が行われた後に尊治が重祚したとする立場もあり得る。この場合、豊仁の即位を認めるか否かを焦点に、さらに立場が分かれることになる。

このほかにも様々な立場があり得るが、具体例に即して見て行きたい。

林羅山は「本朝王代系図大綱」において後醍醐天皇の在位期間を一三年とする。これは尊治から量仁へ皇位が継承されたものと見なし、なおかつ尊治の重祚を認めぬ立場である。また、林羅山は尊治以後の南朝各帝を全く天皇として認めておらず、義良が辛うじて「吉野殿」として「本朝王代系図大綱」に名前を連ねているものの、天皇の代数からは除かれている。さらに、義良以後については「本朝王代系図大綱」から存在さえ抹消されている。

林羅山の意図は北朝の尊重にあるものと推察される。林鵞峯が徳川光圀に語ったように、皇統に疑問を挟むような歴史記述は厳に慎まねばならない。特に、南北朝の動乱は当時にあって比較的近い過去であり、その取り扱いには細心の注意を要したに違いない。

しかし、このような問題を考慮したとしても、林羅山の方針はあまりに単純である。果断に過ぎるあまり、いっそ軽率とさえ言える。「本朝王代系図大綱」に従えば、尊治による量仁廃位から足利尊氏による豊仁擁立まで皇位の空白期間が出来る。この間、三年にわたり天皇が不在となる。

もちろん、国史において天皇不在の例は存在する。とりわけ、葛城による称制は著名な例と言えよう。寶女王（いわゆる皇極天皇。重祚して斉明天皇）崩御の後、葛城は皇太子のまま政務を執った。このように、即位を避けて皇太子のまま政務を執ることを称制と言う。では、林羅山はこの称制の時期を葛城の在位年数から除いているのかと言えば、そうではない。林羅山は葛城による称制の期間を在位年数に含めている。

南北朝期の例と葛城の称制期間の例を参照すると、林羅山の方針には齟齬があるように見える。その齟齬は矛盾と形容するほど大きなものではなく、決定的な瑕となるには至らない。精々、林羅山の方針が果断に過ぎるあまり波紋を生じ、その余波が他の箇所に及んだという程度であろう。しかし、部分的に見れば小さな齟齬に過ぎずとも、積もり重なれば史書の価値を損なう凹凸となり得る。

修史事業の監督者として、林羅山には慎重さが欠けていたと言わざるを得ない。だが、それだけに単純明快な魅力に富むとも言える。

一方、林鵞峯は非常に慎重であり、それが故に歴史記述も晦渋なものとなっている。時系列順に見て行こう。林鵞峯は、量仁の践祚をもって南北両朝の対立が開始したものとする。

　後醍醐天皇南朝
　光厳天皇北朝
　壬申二年、北朝正慶元年二月東使長井高冬入洛、到六波羅、諭先帝遠狩之事。高冬年猶壯、然累世顯達於鎌倉、故當大事専對之選。（国書刊行会版「本朝通鑑」後醍醐天皇紀）

元弘の乱が失敗に終わり、尊治の流罪が決定した箇所である。長井高冬は後に足利尊氏に従い、北朝方についた長井挙冬（一三一四～一三四七）である。先帝とは、もちろん尊治を指し、新帝である量仁に対応する称号である。この旨はすでに述べた。

前年の量仁践祚を受け、年が改まった所で南北両帝が掲示される。すでに量仁が北条高時に擁立されているため、尊治は廃位されていると見る向きもあろう。ところが、林鵞峯はこれを容れず、むしろ尊治を先に掲げる。つまり、林鵞峯は南朝の正統性を主張しているのである。

さらに、林鵞峯は建武の新政開始以前から尊治を先帝ではなく天皇と表記する。[46]隠岐に流された尊治は脱出すると、船上山で挙兵する。この時点から尊治は先帝ではなく、天皇となる。これもまた、林鵞峯が南朝支持を婉曲に表明している証拠と言える。

ところが、肝心要の建武の新政から林鵞峯の歴史記述は難解さを増す。尊治が量仁への譲位を拒み、倒幕後も自身の廃位を否定したことは周知の通り。ましてや、林鵞峯は船上山の挙兵から尊治を当時唯一の「天皇」として描いた。であるならば、林鵞峯に尊治の復位を記す必要などないはずである。それにも関わらず、林鵞峯は尊治の復位に敢えて言及する。(47) もし尊治の復位に言及するのならば、量仁の廃位に触れて然るべきであるが、これには言及がない。さらに、巻を改めた「後醍醐天皇紀三」冒頭部分を参照すると、「重祚」の二字が見える。(48) これでは尊治が一度退位したことになり、量仁在位時の尊治の位置づけに矛盾が生じる。

結局、当時尊治は天皇であったのか、それとも上皇であったのか。「本朝通鑑」の記述からは読み取りがたい。「本朝通鑑」の記事は二つの要素を内包する。それは南朝への支持と北朝への配慮であり、両者は相矛盾する関係にある。したがって、本節のように該当箇所だけを引用すれば、その矛盾を認識することは容易である。ところが、そこへ編年体の史書に特有の性質が作用して、矛盾を矛盾として認識しがたくしている。特有の性質とは、記事が時系列順に配置されているため、情報の検索性に乏しいということである。二つの要素が膨大な情報の海に埋没しているため、そこから関係する記事だけを抜き出すことが困難になっている。しかも、林鵞峯は二つの要素を巧みに互い違いに配置することで、読み手によって両様に理解できるようにしている。

林鵞峯が「資治通鑑」に固執した理由はここにある。「本朝通鑑」は「通鑑綱目」ではなく「資治通鑑」を典としなければならなかった。もし林鵞峯が綱目体を採用していたならば、「本朝通鑑」にこのような仕掛けを組み込むことは出来なかったであろう。綱目体の長所とは、記事の大綱と細目を視覚的に分離することで、読み手の情報検索を補助する点にある。その高い検索性に頼った読み方をされれば、林鵞峯の仕掛けが白日の下に曝されてしまう。

「本朝通鑑」は晦渋な性格の史書と言える。また、「本朝通鑑」は矛盾した要素を内包し、読み手次第で異なる読み方が可能な史書である。それ故に、林鵞峯が修史事業の監督者として慎重に取り組んだことが見て取れると共に、林羅山との対比が鮮やかに表れている。

## 小　結

最後に、林羅山と林鵞峯の差異について整理し、比較検討の結果に考察を加えたい。

まず、修史事業で挙げた成果という点から言えば、両者は明確な差がある。林羅山は事業を完遂できず、途絶させてしまった。のちに、林鵞峯はその理由として様々な要因を挙げるが、幕府側から停止命令が出たわけでもない以上、林羅山の方から手を引いたと見なすのが妥当であろう。一方で、林鵞峯は「本朝編年録」の失敗を踏まえて修史事業を完成させた。

次に、修史事業のために敷いた体制についても、両者は明確に異なる。林羅山は安定した体制の構築に失敗した。林鵞峯・林讀耕齋の起用は既定路線であったに違いないが、その後に計算が狂い、途中から門人を起用し、自身が筆を執ることさえあった。また、林讀耕齋の病弱や自身の老衰あるいは門人の管理不行き届きなど、ネガティブな要素に事欠かない。これに幕府側の支援不足も絡み、「本朝編年録」の編纂が軌道に乗ることは遂になかった。一方、林鵞峯は「本朝通鑑」の編纂開始初期から計画的かつ組織的に事業を推進した。実働部隊の監督者として「本朝通鑑」編纂の方針を早期に提案し、幕府上層部と条件闘争を行う傍ら私塾を改組し、門人を能力に応じて挙用することで、修史事業を完遂するための体制を構築した。

続いて、名分論や正統論に関する認識について言えば、両者の間に格別の差はない。君臣の別や君主の正偽を厳密に判定した場合、国史において如何なる問題が出来するのか。林羅山と林鵞峯には、容易に想像できたであろう。征夷大将軍とは、天皇から授かる職に他ならない。故に、「本朝編年録」や「本朝通鑑」に天皇の正統性を揺るがすような記述などあり得るはずもなかった。なぜならば、もしそのような記述があれば、天皇に任じられた征夷大将軍の職をも否定することになるからである。林鵞峯と徳川光圀の対話はそれを伝えて余蘊がない。ある程度の見識を持つ人物ならば同じ結論に至るのである。したがって、問題は認識ではなく、実践にあった。

さらに、歴史記述の方法について言えば、両者は大きく異なる。林羅山の歴史記述からも慎重な態度が見て取れるが、林鵞峯はそれに輪をかけて慎重な態度であった。決して単純に見えなかった林羅山の歴史記述も、林鵞峯と比べれば軽率といわざるを得ない。

林羅山は壬申の乱の例で正統について巻末で自説を述べた。また、林羅山は「本朝王代系図大綱」において尊治の在位年数を一三年としたが、これでは建武の新政の間に尊治は在位していなかったことになる。一体、林羅山は建武の新政を如何に記述するつもりだったのであろうか。この事例に接すると、林羅山にこの時代まで「本朝編年録」を編纂する気があったのかさえ疑われる。とはいえ、林羅山が北朝に対する配慮からこのような方針を採ったことは察せられる。要するに、林羅山の方法は極端なのである。それは名分論や正統論を貫徹するにせよ、政治的な配慮からそれを避けるにせよ、変わらない。

これに対して、林鵞峯は名分論や正統論に関する明確な主張を避ける。しかしながら、注意深く「本朝通鑑」

を読むと、林鵞峯がそれを放棄したわけではないと分かる。言仁の崩御に関する記述はその好例である。また、「本朝通鑑」には相矛盾する記述が盛り込まれており、それらは林鵞峯の真意を隠す機能を備えていた。林鵞峯が「通鑑綱目」ではなく「資治通鑑」を典とすることに固執した理由はここにあった。膨大な情報の海に自らの仕掛けを埋めようとしたのである。

最後に、両者の差異を総括すると、林羅山による修史事業は失敗に終わったことが当然であったと言わざるを得ない。それは事業推進のための体制が未整備であったことや、「本朝編年録」の具体的な記述が率直にすぎることから明らかである。むしろ、林羅山自身から手を引いた可能性さえある。修史事業とは、それほどまでにリスクの大きな事業だったのである。結局、林羅山は武家本位の立場から史書を編むという事業を貫徹できず、寛永末年からの編纂事業は「本朝編年録」という最後の一画を欠いたまま途絶した。「本朝編年録」編纂の途絶とは、朝廷への寄生なしには成立し得ない幕藩体制がその脆弱性を露呈した事件であると同時に、林羅山が自らの国史研究における限界を露呈した事件でもあった。林羅山に達成できなかった国史編纂は、林鵞峯の宿願となり、二〇年以上の歳月を経て完結する。林鵞峯は周到かつ慎重に事業を推し進めることで、亡父の限界を乗り越えた。

両者の差異は、まさにここに存する。林鵞峯は国史研究という点で林羅山を超えた。しかし、林鵞峯の多方面にわたる非常な配慮にも関わらず、「本朝通鑑」に下された評価は低く、それは「本朝通鑑」完成後まもなくより現在に至るまで続いている。

注

（1）内閣文庫所蔵林家旧蔵本「改元物語」「大猷公御前ニテ御裁断アツテ、仰ニ曰、年号ハ天下共ニ用ユルヿナレハ、武家ヨリ定ムヘキヿ勿論ノヿナリ」

（2）林鳳岡との対比の下、林羅山と林鵞峯の連続性を強調する研究に、前田勉「林家三代の学問・教育論」（「日本文化論叢」一三、二〇一五）がある。また、名分論や正統論に関する林鵞峯の不徹底を林羅山と比較して同情的に論じた研究としては、安川実「本朝通鑑の研究」（言叢社、一九八〇）がある。

（3）「羅山年譜」正保元年「蒙鈞命修本朝編年録。至十月先献数巻、其後随成逐巻捧之。経年至宇多紀其末未成」

（4）内閣文庫所蔵一七冊本「本朝編年録」草稿（以降、一七冊本「編年録」と略称する）第五冊末尾「本朝編年録、自神武至持統、合為四冊、是因鈞命、所新撰也。抛舎人皇子紀、提其綱、纂其要、参之旧事古事二記。（中略）今渉猟捜索、以記於某世某年某月之下、其所援引者、都七十部也。此書全成者、猶可経歳月、故先且繕写献上焉。時寛永二十一年十月十四日也」

（5）一七冊本「編年録」第一冊末尾「本朝王代系図大綱、奉鈞命撰之、即是編年録首巻也。歴代事蹟皇家族胤者、具録之於各篇也。故別記正統嫡派及顕著者、以明一部大綱也。（中略）寛永二十一年十月十四日、進呈編年録四冊、自神武至持統、時此冊亦成、故副献之」

（6）一七冊本「編年録」第十七冊末尾「本朝編年録者、夕顔巷叟応公命所撰也。自神武至持統、使向陽子閲群書以纂之。自文武至弘仁六年三月、使考槃子参諸記以集之。自其夏四月至天長十年、則叟以考槃子之所考、而纂之。毎一帙成、即繕写進呈」

（7）林鵞峯編「読耕子年譜」正保元年「既而延暦・大同紀成矣。至修弘仁紀而罹眼疾。自五月至七月不能見書。不能採筆。故編史之事廃焉。先考取其草本以修之。而其末至宇多紀而罷矣」

（8）「本朝通鑑」嵯峨天皇紀跋（国書刊行会、一九一八年）以降、国書刊行会版「本朝通鑑」と略記する。

（9）「国史館日録」（以降、「日録」と略記する）寛文六年三月一九日（続群書類従完成会、一九九八年）「凡前録自神武至持統余所編、自文武至弘仁半亡弟靖所修、共歴先考改正者也。自淳和至宇多、先考命侍史纂抄之、未遑細考者也」

(10)「宇多天皇紀」までの「本朝編年録」の成書年数については正保年中説と慶安三年説がある。詳しくは前掲安川「本朝通鑑の研究」を参照されたい。

(11)「日録」寛文四年春夏之際「忠秋曾曰、編年録成於當年、則大君之美譽也。廣之又曰、先君之所命、亡父之所編、今有是命、上下三代之美談也」

(12)「日録」寛文七年一一月一〇日「一昨日伯元談曰、七日休暇、往謁會津羽林。頻及君之事、詳聽修史之趣曰、弘文院官家之寶、當時無雙之才也。然執政未詳知其博學、可謂遺念也。且曰、本朝通鑑隨成而開板、則天下之幸也。逢執政、則可促之云云。（中略）往年與余約、可與執政議而建學校。然既歷數年、無其驗、則通鑑開板之事、亦恐爲私室之空言乎」

(13)「日録」寛文四年八月二一日「正則謂余曰、本朝風土記今亦修得否。余曰、據國法、則出雲國風土記、可以證焉。倣華制、則以大明一統志爲例。正則曰、與編年録一時合修否。余曰、風土記比編年録、則易修。使國主・郡守、各點撿其領地之山川土産等、則易於求舊記。然人物行實當時難知而已。頃日姫路拾遺亦及此事、與會津羽林談。羽林曰、今天下一統之盛事、何以加焉。拾遺語余曰、若有台命、則試修播州風土記。余曰、君雖知編輯之趣、然下文字如何。拾遺微笑」

(14)「日録」寛文二年一〇月三日「既而陳説編集條目數十件、然官事頻繁裁斷不決、歳聿暮」

(15)「日録」寛文四年春夏之際「余屢應忠清之招、剪燭打話。忠清談曰、編年録之事、何緩緩也」

(16)「日録」寛文四年春夏之際「余答曰、條數既陳、待裁斷耳。延喜以後無正史、編修不易。然官命求天下遺書殘篇、則綴隻字片言、以可成章乎。聚諸生加筆吏、則扶勞成編乎。且夫紙筆之用、亦微力之非可辨也。君其察之」

(17)「日録」寛文四年春夏之際「余曰、寛永之末、諸家系譜編集、某齢未滿三旬、爲諸生之長得成其功、是太田備牧之所知也」

(18)「日録」寛文四年春夏之際「忠清笑曰、子之所作王代一覽、大綱既備。且夫咨詢古今之事、所答如流。自非諳誦歷代、則不能如此也」

(19)「日録」寛文四年春夏之際「忠清曰、如太田備牧爲系譜之奉行之例、可擇其人以爲奉行」

(20)「日録」寛文四年八月二一日「尚庸及余登營、先是尚庸既與閣老有所議定、而召余曰、二男及友元・伯元之外、在門生、則狛高庸・伊庭春貞可加焉。其餘筆吏八人、可賜月俸、使子配其録、隨意可用之。若夫量其淺深、以分其俸、而増一二人、亦可如子之意云云。余以諸生之少故、有不平之色」

(21)「日録」寛文四年八月二一日「余答曰、系譜編輯之時、預事者三十餘人、傭書者三十餘人。此度之勞、大於前度、而其徒不及其半、譬猶以寡兵攻堅城。余精力盡此而死、若幸成功、則官家之餘光也」

(22)「日録」寛文四年八月二一日「忠清以爲戲言而莞爾。余又曰、是非戲談、實是余之微志也。忠秋從容曰、弘文院近來氣宇健強、於文字之事、則何不成之有之哉。尚庸及在座數輩、見余顏色、無不驚焉。余亦不言而退」

(23)「日録」寛文四年八月二二日（翌日、余赴忠清第。告諭曰、昨日之言、不太過乎。余曰、不憚權勢、有不禮之慮、言而無益、非不後悔。忠清曰、吐露心中、則勝阿諛者。莫介於懷。余謝其懇意」

(24)「日録」寛文四年八月二二日）「忠清欣然曰、自今有欲公言、則先可密告余云云。既而又告曰、此事果成功否。余曰、某命不終、則雖有遲速之異、可歷歳月而成。若不幸而沒、則男信等可繼成之。信等雖嗜文字、無馴倭學、故頗有未熟之慮。某一人存、則可成功。某一人不存、則雖可多衆、難終功乎。今欲益諸生者、願其速成也。若不咎其遲、則勞煩不必厭焉。公議既決、余不復言」

(25)「日録」寛文四年八月二一日「忠清曰、吾必不捨子、無勞思慮」

(26)「日録」寛文四年一〇月朔日「余携信・常・友元・伯元登城。四老列坐、尚庸在側。正則示諭二男二元曰、可從弘文院、預編年輯録事。正則又諭寺社奉行井上河内守正利・加加爪甲斐守直澄、告諸國寺社、求延喜以後公家武家舊記、二人乃傳達之」

(27)「日録」寛文四年一〇月二〇日「及晩尚庸寄書曰、諸老臣相議、欲改編編年録、號本朝通鑑、而與會津羽林・姫路拾遺談此事。皆謂、宜然。今日達台聽。命曰、可也云云」

(28)「日録」寛文四年一〇月二〇日「且今般新造長寮側、可立厨所、以賜晩炊料、使預事者飲食云云。由是今朝赴忍岡、示諭官吏、又諸生月俸事亦既定」

(29)「日録」寛文四年一〇月二三日「凡今般預事者、信・常・友元・伯元、可分配紀年草之、受余總裁、稱此四人曰撰者。

高庸・春貞等、別受月俸、可曰諸生。安成・重晴稱侍史。又此度新參者五人、可曰筆吏。又春信侍者三人、可曰小生。安成以下總十人、分配官俸、清隆以労事故、雖不預書寫事、請尚庸分官俸。此外傭書十四人定其料、從其寫紙之數、可有料、且與日支料。此等皆尚庸受諸老之旨、所定也。厨所事悉使清隆掌之、但傭書者以與日支之故、不可入厨所云云。祐晴以調護勝澄故、辭爲侍史。然以其翰墨超尋常、在勝澄宅有暇、則可預浄書事、是亦非余私命之、與尚庸議所定也」

(30)「日録」寛文四年一〇月二四日「狛庸來、清書條例。此條例頃日所作也。起筆之日、爲示滿座也」

(31)「日録」寛文四年一〇月晦日

(32)担当の割り振りは、林鵞峯長男の林梅洞が昌泰から久寿まで、人見友元（一六三八～一六九六）が保元から文保まで、坂井伯元（一六三〇～一七〇三）が元応から正長まで、林鵞峯次男の林鳳岡が永享から慶長一六年までであった。

(33)人見友元については、寛文七年八月一三日から寛文八年五月二九日にかけてが、坂井伯元については、寛文八年六月一二日から寛文九年四月二六日にかけてが、林鳳岡については、寛文九年五月二日から寛文一〇年七月二八日にかけてが、それぞれ草稿改定が行われた時期である。

(34)「鵞峯文集」巻第八七「本朝通鑑序」

(35)「日録」寛文四年一〇月二四日「前録草藁書体不正、為傭書難解。作和字書式使庸書之。前録　先考既浄書献上、在　営中。罹丁酉之災、其草藁遺在余及勝澄宅。故此度起筆之日、使傭者先写一通而定書式、而後可浄書。旧本二十五巻、改其表題記本朝通鑑、分為四十巻」

(36)「日録」寛文四年一一月二八日「余以兼約故赴水戸參議邸。及秉燭詣參議、無他客唯道設・生順候次座而已。參議曰、今度通鑑編輯、為国為家為後世、文物盛時何以加之、珍重珍重、其編輯之趣如何。余具陳之」

(37)「日録」寛文五年一〇月六日「今世無着眼之人。此書成之日、読之可評論者、水戸相公而已」

(38)「日録」寛文四年一一月二八日「参議曰、通鑑之名固重、伊賀守頗志文字之効也。余曰、此非所望。執政窺台命決之。然其発言者伊賀守志也。然世人或以温公・文公之例、於我輩為太過、余於馬・朱二公不可企望焉。然元明之間所修称通鑑者多、且朝鮮亦有通鑑。彼等何必以馬・朱二公自比乎。唯是当時相応之才、倣先輩例記実事則善悪自知、以為勧懲則此亦通鑑而已。所謂拠事直書、其義自見者也。然凡称通鑑者文段有議論。此度不有教命則不加議論、非無遺恨。然編修功成則倣胡氏管見之例、聊擬范氏唐鑑之例、表出件件、雖議論之、亦不為難乎」

(39)「日録」寛文六年六月六日「友元草寿永二年。至安徳西狩・後鳥羽践祚段、有所咨詢事。安徳為嫡、然為外族被擁、在西海。後鳥羽為庶、然為祖皇被立、在京師。此等可有分別、然不可輙決之。今度所修、称安徳為帝、則後鳥羽可称新帝。称安徳為先帝、則後鳥羽可称帝。此如則軽重之微意見。今唯称先帝・新帝、則彼此無軽重、而直書義自見乎」

(40)「鵞峯文集」巻第八七「続本朝通鑑序」「唯冀歴乙夜之英覧、列官倉之品数也。（中略）若夫一字褒貶、勧善懲悪、則非所企望。然拠事直書、其義自見、則豈其不為後代之鑑戒哉。由是観之、則治世之盛事、洪業之余烈、不在茲哉」

(41)国書刊行会版「本朝通鑑」「本朝通鑑凡例」第八条「一　寿永・元暦、東西有二帝、自暦応至明徳、南北両統、是本朝大変也。是亦非可妄決正偏。故聊寓倣意於各篇耳」、国書刊行会版「本朝通鑑」「本朝通鑑凡例」第九条「一　安和以来至治暦、国政多、是出自藤氏。延久至久寿多、是上皇之政也。保元以後政権移於武家、此是時勢之変、拠事直書、義自見、而勧懲之意、亦在其中」

(42)一七冊本「編年録」第五冊「立大友皇子、為皇太子」

(43)内閣文庫所蔵林家旧蔵写本「懐風藻」「會壬申年之亂、天命不遂、時年二十五」

(44)内閣文庫所蔵林家旧蔵写本「懐風藻」「年甫弱冠、拝太政大臣、總百揆以試之。皇子博學多通、有文武材幹、始親萬機、羣下畏服、莫不粛然。年二十三、立爲皇太子」

(45)国書刊行会版「本朝通鑑」「本朝通鑑凡例」

(46)国書刊行会版「本朝通鑑」「後醍醐天皇紀二南朝・光厳天皇附北朝」「乙卯、天皇發船上」

(47)国書刊行会版「本朝通鑑」「後醍醐天皇紀二南朝・光厳天皇附北朝」「秋七月、壬辰朔、甲午、護良皇子、自大和國志貴到八幡。天皇復位、既踰月、護良猶在大和國志貴」

(48)国書刊行会版「本朝通鑑」「後醍醐天皇紀三重祚」

# 結　論

以上の二篇九章での考察に基づいて、林羅山の学問形成とその特質、そしてそれらの展望などを簡潔に述べたい。

前篇では、古典の注釈や整理に着目して林羅山の学問形成やその特質を論じた。

古典注釈において、清原家は従来行われていた注に新たな注を加増して併用する方針を採択した。それは経書のみならず、兵書に関しても同様であった。その後も、この方針は受け継がれ、清原家の抄物は詳細化・複雑化すると共に肥大化した。清原家の抄物においては、情報の蓄積が量的な拡大という直截的な形で表れたのである。

また古書校定において、清原宣賢は劣悪な明版の流入を承けてテキストの改正を望んだ。ただし、清原宣賢によるテキストの改正は善くも悪くも偏にその慧眼に支えられていた。清原宣賢が改正した個所を検討すれば、なぜテキストの改正を望んだのか、意図を察することは容易である。しかし、清原宣賢の改正にはその判断を裏付ける必然的な理由は存在しない。清原宣賢は彼一流の識見で、伝本に全く存在しない本文を作り上げてしまった。清原宣賢の慧眼は臆断を齎したのである。

これに対して、林羅山は清原家の抄物を恣意的であると批判して自らは専ら特定の注に依拠する傍ら、より良いテキストを選択して底本に全面的に依拠した。つまり、量的な蓄積を一旦リセットし、シンプルな方針を採択したのである。林羅山と清原宣賢の差異は量的なものではなく、質的なものであった。であればこそ、林羅山は恣意的注釈や行き過ぎた活校による臆断を犯すことを免れた。

林羅山と清原家との比較を通じて明らかとなったことは、林羅山の学問形成が優れて自覚的なことである。林羅山は四書の注釈を行う上で新注を利用するが、これは一に清原家の限界を認識していればこそ可能な選択であった。

しかし、林羅山は依拠した注を盲目的に信じることはなく、また新注以外を切り捨てることも決してしなかった。むしろ、結果的に採用した注と自余の注とを、最終的な結論を下す以前には全く同等に扱う傾向さえ見受けられた。

林羅山の「大学」注釈書間の比較検討を通じて明らかとなったことは、しばしば古注が検討の俎上に載せられると共に、朱熹が必ずしも古注を拾わない箇所で古注が採用されることであった。それだけに、林羅山が新注を経伝に向き合う上で取り得る選択肢の一つとして採用したに過ぎず、新注の古注に対する特権的な価値を認めていたわけではないと察せられるのである。

さらに、林羅山は頻りに程朱尊重を唱えるものの、その「大学」解釈は「大学章句」や「大学或問」だけで完結するものではなかった。むしろ、それは宋・元・明の儒学の展開を自身で整理した成果を踏まえていた。「大學諺解」こそ、儒学の整理にかける林羅山の苦闘を現在に伝える資料に他ならない。万暦二〇年代以降に刊行された書物の読解を通して、林羅山は王守仁や林兆恩への理解を深め、かつ自身で経書に向き合った上で、高遠を嫌う態度でもって宋から明に至る儒学を整理したのである。

後篇では、視野を広げて編纂事業やそれを可能にした林羅山の学問上の特質を論じた。

林羅山は五山文学への批判を通じて、博を志向した。ところが、子供たちのために設けたカリキュラムの検討を通じて明らかとなったことは、むしろ五山文学の根強い影響力であった。しかし一方で、五山僧が重んじた唐宋詩文の学が、経学の尊重という傾向によって相対化されたことも確かであった。

この結果を承け、「寛永諸家系図伝」の編纂開始前夜に当たる、寛永一七年に林羅山が子供たちへ与えたメッセージを検討した。そこで林羅山が主張していたのは経学の重要性であり、文と道徳の一致であった。林羅山は古文としての経書を学ぶことにより、簡易な表現に習熟し、聖人の心に触れることを重んじた。

経学の重要性と比べれば、博学の追求とは所詮第二義的な課題に過ぎない。林羅山にとっての博学とは、経学の習得を前提として、自由な判断と選択を保障する限りにおいて必要なものであり、博学それ自体に第一義的な価値など認めてはいなかった。少なくとも、林羅山においては然う意識されていた。

林羅山晩年の編纂事業を可能としたのは、その該博な知識と優れた判断力であった。この両輪の下、林羅山は自由な思考を我が物とした。しかし、その自由な思考は自家の繁栄と徳川幕府への奉仕に費やされた。

林羅山の目的が自家の繁栄と徳川幕府への奉仕にあるならば、林羅山の著述が徳川幕府の動向と符合するのも当然の事であった。寛永一〇年代後半からの編纂事業を通じて、林羅山は徳川幕府主導で新たな秩序を打ち立てるための構想を提示した。その好例が「本朝神社考」である。

林羅山は「本朝神社考」上巻において二二社という枠組みを利用し、その枠組み内部の序列を操作することで、主家である徳川氏に宗教的権威を付与しようと試みた。また、一見すると無関係な徳川幕府の宗教政策と「本朝神社考」の内容は、その実密接に連動していた。

しかし、その構想は天皇の存在を前提とするものであった。さもなければ、天皇に任じられた征夷大将軍の存在を否定することとなる。「本朝編年録」編纂の途絶は、朝廷への寄生なしには成立しない幕藩体制の脆弱性の露呈であると同時に、林羅山の限界の露呈でもあった。

本書では、ここまで思想内容それ自体の検討を意図的に避けてきたが、それには相応の理由がある。本書の目的は論理と修辞を駆使して有閑階級の空虚な遊戯に耽ることではないからである。既に荻生徂徠が喝破した通り、理とは定準無き者である。(1) 理など融通無礙であり、如何様にでも言いつのることが出来る。本書の目的は、然様な徒花を咲かせることではない。

しかし、今や機は熟した。二篇九章の検討を通じて、ようやく林羅山による思索の内容を云云する準備が整ったのである。よって、林羅山の思索について少しばかり触れたい。その際に相応しい材料は、やはり「大學諺解」であろう。林羅山は「大学」の注釈書を通じて、自らの学問の本質を次代に伝えようとした。そして、林羅山は「大学」の核心部分を「致知在格物」に見た。(2) であれば、この五字を林羅山が如何に把握していたのかが、その思索の根本と見て差し支えあるまい。

第四章で確認した通り、「格物」を「窮理」と捉える見解を、林羅山は是とした。ならば、「物」や「理」とは何であろうか。かつて、朱熹は「物、猶事也」と述べた。林羅山はこれを踏まえて「物アレハ、即チ事アリ」と承け、さらに一隅を挙げて「物」と「事」に選り分けて見せる。(3)「事物」とは森羅万象に他ならず、「理」とは「事物」が存在する時には必ず存在する何者かに他ならない。(4)「理」は万物に宿り、(5)「理」が無い「事物」など有り得ない。(6) この「事物」の「理」を考究することが「格物」や「窮理」であり、(7) その方法は多岐にわたる。(8) ならば、「致知」とは如何なる営為を指すのであろうか。それは、心の妙なる作用を発揮することである。(9) 林羅山が「致知」の「知」字を「良知」と解することは、第四章で触れた。この心の不可思議な働き＝「良知」があればこそ、人は善悪を弁えることが出来る(10)。ただし、「良知」を発揮するには「事物」の「理」を窮める必要がある(11)。人の心が如何に霊妙な働きを持つとしても、それだけでは善悪の弁別は出来ない。「事物」が、まさにそうであるべき法則とそうである根拠を把握していなければならない。だからこそ、「良知」の発揮は偏に「理」の考究に懸かっている(12)。これが「致知在格物」の意味である。

要するに「致知在格物」とは、善悪の判断を行う上で「理」に精通する必要を説く文言なのである。少なくとも、林羅山は斯くの如く理解していた。

ところが、この「理」とは個別の問題に際して一義的に規定し得るものでは決してない。例えば、林羅山は孝を挙げて「理」について説明する(13)。しかし、父母に如何に仕えるべきか、実際に選択した方針を支える根拠は如何、という問題への答えは人の数だけ存在しよう。もちろん、実際に父母へ孝行する場合、選択される所作や言動とその根拠の振幅が無限に存在するはずもない。少なくとも、常識に照らして考えれば、それはあり得べからざる妄想である。むしろ、少数の例外を除けば、孝行の裏面は幾つかの類型へと収束するであろう。しかし問題は、正しくその例外の存在を許す点、すなわち可能性の有無にあり、蓋然性の高低にはない。

つまり、「理」とは如何なる詭弁をも肯定する根拠となり得る概念なのである。そして、「理」の斯かる性質を縦横無尽に利用した者こそ、林羅山に他ならない。

定準なき理に惹かれ、振り回されぬために、ここで一例を挙げよう。林羅山は慶安三年の書簡において蘇軾の詩集に言及する。それは「卵」字と「卯」字の誤字に関するものである。石川丈山が誤字の存在について尋ねる(14)

と、林羅山はこれに応じてテキストの比較を試みる。(15)結果として、林羅山は石川丈山の推定を容れ、誤字の存在を蓋然性が高いと認める。(16)「卵」字とすべき箇所が「卯」字と誤っているという見立てである。ところが、林羅山は続けて「卵」字と「卯」字のいずれでも当該箇所の詩句解釈が成立すると説く(17)のである。

明らかに、林羅山は「卯」字を「卵」字の誤字と認識している。そして、その認識を支える根拠は校勘という実証的な方法である。それにも関わらず、林羅山はこれを擲って融通無礙な詩句解釈の可能性に言及する。

たとえ、「卯」字が誤字であるとしても、林羅山には関係ない。正しい本文が「卯」字と「卵」字のいずれであろうとも、林羅山は詩句を尤もらしく解釈できる。この意味で、「卯」字と「卵」字に優劣など存在しない。ただ、その時々によって、都合の良い文字を採用して解釈すればよいのである。それならば、最終的に下される判断に果たして如何なる特権的な優越を認め得ようか。

事程左様に、理とは折り撓め易いものであるが、林羅山はまかり間違ってもそのようなことを揚言しない。ただ、現実に遭遇する様々な状況の中で理を利用するのみである。より蓋然性の高い選択肢に照準を定めながらも、同時に他の可能性を視界に収め、状況に応じて適当な選択をする。

何より、斯かる態度の発露こそが、前篇四章を通じて検討してきた林羅山による古典注釈書ではなかったか。「大学」解釈において、林羅山は古注・新注・明代の注を併記し、宋から明に至る儒学の整理・総合を試みた。「大學諺解」の博引旁証と「三略諺解」や「大學和字抄」の簡潔ぶりは、林羅山の多年にわたる「格物」の成果に他ならない。

しかし、「理」が融通無碍な概念であればあるほど、否が応にも「致知」の重要性が増す。「致知」とは林羅山においては「致良知」であり、「良知」とは心の霊妙なる働きであった。空理空論の際限なき暴走を免れるために、林羅山は心による抑制を求めたのである。[18]ところが、この心もまた形がなく、五感で認識することは出来ない。そして、人間は屢々自分の本心さえも偽る。

であるならば、何に拠って物事の是非や善悪を判断すればよいのであろうか。それは経書である。林羅山が息子たちへ経書を学ぶよう再三にわたり諭した理由は、正にここにある。そして、林羅山の学問の特質が経学にある所以も、ここにある。

林羅山が理を適宜利用した背景には、経書への絶対の信頼があった。逆説を弄するようではあるが、斯くの如く考えれば得心が行こう。つまり、林羅山の一見融通無碍で信念に欠ける態度は、決して動かぬ確信があればこそ取り得る、学問上の特質が齎した賜物であった。

いま少し、林羅山に齎された賜物、すなわち理を融通無碍に利用する態度を眺めてみたい。それは神道への理気論の適用という問題である。[19]

林羅山の理当心地神道が、理こそ心の本体に他ならないという主張の下に提唱された神道であることは、夙に宇野茂彦が指摘している。[20]宇野茂彦の前後にも理当心地神道へ言及した先行研究は存在するが、いずれも隔靴搔痒の感がある。

林羅山が試みたことは、要するに記紀神話に対する理気論の適用であり、それ以上でもそれ以下でもない。ローカルな神話をグローバルな方法で説明しただけのことである。林羅山が兼ねて太伯皇祖説を唱え、天孫降臨を大陸人の渡来に比定したのも同様である。ただ、説明の方法に選択の余地があると、林羅山が考えていたと分かる一事例に過ぎない。であればこそ、二つの説明方法に上下はない。

もっとも、林羅山が彼なりに神道を説き得た、少なくとも自身では然う考えていたであろうことも想像に難くない。(21)林羅山は国常立を太極に比定する一方で、(22)伊弉諾と伊弉冉を陰陽に、(23)句句乃馳・軻遇突智・埴安姫・金山彦・罔象女を五行に比定する。(24)これに従えば、神は森羅万象および万人の心に理として宿り、また森羅万象を気として形成することになる。要するに、天地の生成と存在は神の御業に他ならない。林羅山にとって、かくの如き辻褄合わせなど、自家薬籠中の物であった。

様々なタームを理と気に配当するだけに、理当心地神道は自然・社会・人事などの諸問題を包括し、またそれらを継ぎ目なく連続的に説く。実例を以て示すならば、それは左の通りである。

天ハ上ニアリ。地ハ下ニアリ。日ハ東ヨリ出テ西ニ入ル。ツイニ北ヨリ出ル事モナク、南ヨリ出ル事モナシ。夏アタ、カニ冬サムク、水ハヒヤ、カニ火ハアツシ。鳥ハソラヲトヒ、ケタモノハ地ヲハシリ、魚ハ水ニヲヨク。草木ノタネヲマケハ、ソレ、、ノ物ヲ生ス。人間モ又カクノコトシ。善ヲシリテヲコナイ、悪ヲシリテセス。君ニ忠アリ、父ニ孝アリ。タカキイヤシキノシナヲシル。昔ヨリ末代ニイタルマテ、イツレカマコトナラサラン。コレヲ神道ノ實理トイフ。(「神道傳授抄」神道之實理)

「神道ノ實理」の名の下に、天地の運行や鳥獣草木の生態あるいは善悪や人間社会の階級秩序が、時間を超越した真実として肯定的に記述される。林羅山において、人間に尊卑があることは、太陽が東から登り西に沈むことと同様に自明の真理なのである。(25)さらに、事は自然や社会の現実態のみに留まらない。人間の是非善悪の判断(26)に至るまで、神が背後で支えていない問題はない。

しかし、この秩序観は、断じて幕藩体制擁護のためのイデオロギーや体制教学などというものではない。なぜならば、民衆の教化や啓蒙などという細々たる問題は、林羅山の職務ではないからである。林羅山が自らの学問の核心を記した「大學諺解」は、あくまでも後継者育成を目的としており、決して出版されることはなかった。また、「大學和字抄」は徳川将軍家に二度にわたり献上されたが、現在では島原図書館肥前島原松平文庫に孤本として伝わるのみである。逆に、伝本豊富な整版本「本朝神社考」の不備は蔽い難い。

林羅山の著述が将軍家を中心とする上級武士への献上を目的としたように、この秩序観もまた極めて限られた人間のために構想されたと考えて然るべきである。それはイデオロギーや体制教学などではなく、むしろ幕府上層部にのみ明かされた、国家経営のためのグランドデザインとして限定的に理解されなくてはならない。

そして、この自然・社会・人事を包括する、秩序の頂点に君臨する者こそ天皇に他ならない。

神代ノハシメ、國常立尊ヨリイサナキノ尊マテヲ天神七代トス。天照大神ヨリ鸕草葺不合マテヲ地神五代トス。合テ十二代也。此内十代メノ皇孫瓊々杵尊、はしめて天くたり、秋津洲の主となり給ふ。今に至るまて、代々ノ帝王ハ其御子孫也。帝王御即位の儀式ハ、皇孫天クタリ玉フ義ヲカタトルトイヘリ。（「神道傳授抄」皇孫降臨之事）

林羅山は太伯皇祖説などおくびにも出さず、神代以来途切れることなく続く、皇統の連綿たるを説く。林羅山の秩序構想は天皇の存在を前提とした。「寛永諸家系図伝」編纂の折、豊臣秀吉の如き成り上がり者に氏姓など配当しようがないと論難する者がいた。これに対して林羅山は、日本人は遡ればみな神の子孫であるから問題ないと強弁した。(27) かくの如き論法は、天皇と記紀神話という背景がなければ、断じて成立しない。全くもって、天皇の存在に寄り掛かった議論である。

まことに、天皇の存在は林羅山にとっての幸いであり、徳川幕府にとっての幸いであった。

「本朝編年録」においても幕府首脳陣からは、皇統の無窮を説いて国体を明徴し、君臣の別を説いて正偽を弁別することを期待されたに違いない。しかし、林羅山は決して然うしなかった。なぜならば、実際には皇統は幾度となく脅かされ、位も流動的に移行したからである。

経書への絶対の信頼の下、林羅山は理を巧みに操る人であった。林羅山が言うところの判断力とは、あれほど重んじた経書の記述を、時に否定することさえ是認するものであった。しかし、彼にさえ、皇統の推移をとりつくろうことは叶わなかった。林羅山の限界はここに存する。

そして、歴史編纂とは、その矛盾や否定を孕みながら自身に課せられた職務を果たす林羅山の姿勢とは、異なる資質を要求していたのである。

総じて、林羅山の古典研究は彼が生きた時代を反映し、過渡期的な性格が強い。六経の尊重や新注に依拠した四書解釈、底本の形態に配慮した本文校定など、林羅山の古典研究は崎門や古学派へ通じる可能性を有する。しかし、林羅山が体現していた時代性のために、その可能性は可能性のままとなった。最も舶来書に触れたであろう林羅山が、その一生を読書に捧げたのであってみれば、その結果は当然と言える。

しかし、肯定的に評価すれば、林羅山は今後の指針を示し土台作りに徹したとも言えよう。林羅山は中世における学術の蓄積を踏まえつつも断ち切り、舶来する書物の価値を見定めて次序すると共に、程朱の尊重という基本的な方針のもとに総合した。朱熹本人への回帰や、先王の道への回帰も、林羅山による地均しを経た後でこそ輝く。

林羅山が同時代の中国理解を総括したからこそ、山崎闇斎（一六一九～一六八二）も伊藤仁斎も、あるいは荻生徂徠も、さらに過去へと探求を進めることが出来たのである。

寛永末年以降の編纂事業についても、同様である。安井小太郎は林羅山の学問として国史研究における功績を強調した。確かに、林羅山はその博識を以て多数の編纂事業を主管した。その業績は徳川幕府による国家経営の一翼を担うものであり、決して軽んじられてはなるまい。

しかし、林羅山における博学とは、あくまでも第二義的なものに過ぎず、国史研究もその該博な知識全体の中でのごく僅かな部分を占めるに過ぎなかった。また、肝心の編纂事業自体も「本朝編年録」という最後の一画を欠き、長い停滞を余儀なくされた。

これら林羅山の限界を乗り越え、林家の学風をより深め、より先鋭化した者こそ林鵞峯に他ならない。しかしながら、その学風を支える林鵞峯の資質は、林羅山のそれとは異なるものであった。

「本朝通鑑」編纂において、林鵞峯は編年体というスタイルを極めて自覚的に選択した。それは、南朝の尊重と北朝への配慮という、自らが抱え込んだ矛盾を巧みに隠し、縫合するための方策であった。林鵞峯の斯かる傾向は、若き日の「対策」からも垣間見える。

第六章で検討した林鵞峯の「対策」は、経書の出典をよく踏まえており、林羅山の経書の記述を否定することさえ厭わぬ豪胆な答弁と異なる、丁寧な作りとなっていた。結果的に、林羅山の叱咤激励を被ることとなったが、その作文としての完成度は、決して低いものとも思われない。

林羅山もまた、決して迂闊粗漏な学者ではなかった。しかし、林鵞峯には、林羅山以上の、慎重さや細やかさがあった。だからこそ、林鵞峯は父が成し遂げられたなかった仕事を完結させることができた。

林羅山の代に途絶えた「本朝編年録」を「本朝通鑑」として完成させた者は林鵞峯その人であった。古典研究と国史研究の両輪から成る林家の学風が完成するには、林鵞峯という後継者の登場を俟ったのである。

注

（1）荻生徂徠「弁名」理気人欲五則「理者、無定準者也」

（2）「大學諺解」格物補伝「大学ノ始ノ教ヘニ、人ヲシテ格物致知セシムルナリ。始ノ教ヘトハ、先ツ第一ノ教ヘトイフ義ナリ」

（3）「大學諺解」経一章「天地ハ物ナリ、其功用ハ事ナリ。日月ハ物ナリ、光明ハ事ナリ。水火ハ物ナリ、炎潤ハ事ナリ。人ニオイテイハヽ、君臣父子ハ、物ナリ、忠孝ハ事ナリ。耳目ハ物ナリ、見聞ハ事ナリ。口舌手足ハ物ナリ、言動ハ事ナリ。器ニツイテイハヽ、舟車ハ物ナリ、運行ハ事ナリ。故ニ物ヲ事ナリトス。但事ハ形ナシ、物ハ形アリ」

（4）「大學諺解」経一章「天地ノ間、一物アレハ、一事アリ、必一理アリ。故ニ物理トイヒ、事理ト云、事々物々ノ理ヲ、キワメイタシテ、其至極ノ所ニ至ルヲ、格物ト云也」

（5）「大學諺解」経一章「萬物各一理ヲ具シテ、萬理一本ナレハ、類ヲオシテ通スルナリ。又天何故ニカ高キ、地何故ニカ深キト思フテ、其高深ナルユヘハ、如何トシルヘシ。又父母ニ孝ヲスルハ、イカンシテカヨカラン、イカンカツカヘン、イカンカヤシナハント、キワメ盡シテ、シルヘシ。又知ヲ致スノカンヨウハ、至善ノアルトコロヲシルヘシ。父ハ慈ニ止リ、子ハ孝ニ止ルノ類ナリ。コレヲツトメズシテ、ヒロク萬物ノ理ヲ見ントセハ、大軍遠ク出テ、歸ルトコロナキカコトクナラン。ミタリニ廣フウシテ、身ニツヽマヤカナラサルタトヘナリ。又一草一木コト〳〵ク皆理アリ、ヨク察スヘシ」

（6）「大學諺解」経一章「天地ノ大ナルモ、古今ノ變モ、一微塵ノ少ナルモ、一瞬息ノ間モ、此理ヲ外ニスルコトアタハス」

（7）「大學諺解」経一章「物理ヲ窮テ至ルハ、格物ナリ」

（8）「大學諺解」経一章「或ハ書ヲヨミ、道ヲ講シ、或ハ古今ノ人物論シテ、是非ヲワキマヘ、或ハ物ニ交テ事ヲ行フモ、皆窮理ナリ」

（9）「大學諺解」経一章「知ハ心ノ神明、即チ心ノ霊ナリ。大全ニ、呉氏季子カ説ヲノセテ、孟子ノ良・知ヲ引テ、人生レナカラニシル良知アレトモ、ヲシヒロムルコトアタハス。コレヲ致シキワムレハ、オノツカラ良知アラハルトイヘリ」

(10)「大學諺解」経一章「知ヲ致ストキハ、善悪ヲシリ、邪正ヲ分ツコト、黒白ヲ見ルカコトン」

(11)「大學諺解」経一章「知ヲ致スコト、物ヲ格スニアリトハ、事物ノ理ヲ、キハメイタストキハ、知即チ致ルナリ。理ニ叶フモノハ善ナリ。理ニソムクモノハ、悪ナリ。善悪分明ニワカレテ、マキル、コトナシ」

(12)「大學諺解」経一章「我身心ヨリ、人倫ニ及ホシ、天地ノ運、鳥獸草木ノ類ヒニイタルマテ、物物然ルヘキ所ト、カクノコトクアラテハカナハヌユヘニト、必アルナリ。コレ則チ理ナリ」

(13)「大學諺解」経一章「父母ニ孝ヲスルハ、イカンシテカヨカラン、イカンカツカヘン、イカンカヤシナハント、キワメ盡シテ、シルヘシ」

(14)「羅山文集」巻第七「示石川丈山」「屢問、東坡詩所云、卯色・卯色、如何」

(15)「羅山文集」巻第七「示石川丈山」「案、唐本古本幷朝鮮板之東坡集、皆作卯色。唐本集解作卯色」

(16)「羅山文集」巻第七「示石川丈山」「卯・卵、字有點無點、誤寫作卯歟」

(17)「羅山文集」巻第七「示石川丈山」「今坡詩、若作卯字解之、卯酒顏色與樽酒對、而二句相應乎。(中略)若又以卯字解之、乃爲曉色・朝色之意乎」

(18)宇野茂彦「林羅山の本体論―理気から心へ―」(「斯文」一〇一、一九九二)「中年以降、羅山の問題意識は理気の相即よりも「心」に移つていつた。羅山は心によつて理気の統一が解決すると考へたやうである」

(19)林羅山の神道に関する理論的著述として、本書では「神道傳授抄」を利用したい。先行研究の中には、「神道秘伝折中俗解」を用いる例もある。しかし、「神道秘伝折中俗解」は林鵞峯による「編著書目」に記載されていない。したがって、本書では利用しない。

(20)前掲宇野「林羅山の本体論―理気から心へ―」「心地とは心の本地、すなはち心の本体の意味かと思はれる。理が心の体でありそれが神であるといふのであらう」

(21)前掲宇野「林羅山の本体論―理気から心へ―」「羅山は彼なりにその心説を完成させて、それを以て神道を説くことができたといへる」

(22)林羅山は国之常立を「神道傳授抄」において、「天地ひらくる時の神を國常立尊と申し、天神七代の第一なり。此一神分身して諸神の總體となる。たとへは天上の月は一輪にて、よろつの水に皆その影をうつすかことし。月もくたらす、水ものほらす。月の本體はもとより一なれとっも百千萬のかけあり。人の本心一にてよろつに通するも此國常立尊なり」(「神道傳授抄」一神即八百萬神)と説く。これは、太極を理一分殊という観点から説明する際の「月落萬川、處處皆圓」という比喩を踏まえる。この比喩は、楊時の弟子である陳淵が好み、陳淳も「性理字義」で引く。林羅山は内閣文庫所蔵林羅山旧蔵写本「性理字義諺解」において、この比喩を「一輪ノ月影ヲ、万水ニウツメ、皆マトカナルコトク、一太極、萬物万事ニアルナリ。太極、コノユヘニ天地万物ノ外ニ立テ、天地万物ノ中ニ行レ、万古キワマリナキサキニアリテ、万古キワマリナキノ後ヲ貫ク。古ヘヨリメカミツカタ、古ヘヲキワメテシモツカタマテニ、大抵、只是渾淪一箇ノ理、スヘテ太極トナル。此理流行メ、処々皆圓ニメ、一処モ缺タルコトナシ。若ワツカニ一処モカクルトキハ、即一偏ナレハ、是ヲ太極ト云フヘカラス。一偏ハ、マルカラサルヲ云フナリ。太極ノ本体、本ヨリ自ラマトカナリ」と説く。

(23)「神道傳授抄」陽神・陰神之事「陰陽わかれるさきを混沌といふ。一氣なり。一氣わかれて陽となり陰となる。陽の神を伊弉諾といふ。陰の神を伊弉冉といふ。此二ツの神あひまちわりてよろつの物を生す」

(24)「神道傳授抄」陽神・陰神ノウメル五行ノ神ノ名

(25) 斯かる自然的秩序を論じる際、先行研究においては多く「春鑑抄」の「上下定分の理」なる語が用いられる。しかし、この「春鑑抄」は林鵞峯による「編著書目」に見えず、且つ成立から出版に至る経緯が詳らかではない。よって、本書では用いない。

(26)「神道傳授抄」一「善をすれは我心の神にしたかふゆへに天道にかなふ。悪をすれは我心の神にそむくゆへにたちまちつみをうく。もろ〳〵の神と、人の心の神と、もとより同理なるゆへ也」

(27)「羅山文集」巻第七一「随筆七」「秀吉起自卑賤奴僕、相從者、奸民偸兒推理、與屠狗販繒之從沛公、同日之談也。何世系之有哉。(中略)若原其本、則闔國皆其遠遥之冑、與日神・月神共同胞。分其枝、則爲皇別、爲神別、來自異域者、爲蕃別、是萬多親王所既叙也。又何贅哉。夫自兄弟別者、悉從自父。故曰、從。所謂從兄弟・再從兄弟之三也。出自日神、至于今、曰千從・萬從、亦不爲不可也」

# 文献目録



## 一次文献（写本／書名画数および部首順）

「七書直解」（内閣文庫所蔵林羅山旧蔵写本）（請求記号：二九九‐〇二一四）
「七書講義」（足利学校所蔵九華自筆本）（請求記号：一〇‐五‐二）
「三略口義」（谷村文庫所蔵写本）（請求記号：八‐二一‐サ‐一貴）
「三略抄」（清家文庫所蔵写本）（請求記号：八‐二一‐サ‐一貴）
「三略秘抄」（尊経閣文庫所蔵写本）（請求記号：一‐二‐四‐外）
「三略秘抄」（清家文庫所蔵清原宣賢自筆本）（請求記号：八‐二一‐サ‐二貴）
「三略諺解」（内閣文庫所蔵林羅山旧蔵写本）（請求記号：一八九‐〇三一九）
「三略講義」（清家文庫所蔵清原宣賢自筆本）（請求記号：八‐二一‐サ‐三貴）
「大學抄」（清家文庫所蔵清原宣賢自筆本）（請求記号：一‐六六‐タ‐二貴）
「大學和字抄」（島原図書館肥前島原松平文庫所蔵写本）（請求記号：写‐一五五‐四）

「大學諺解」（内閣文庫所蔵林羅山旧蔵写本）（請求記号：一九一・〇一六一）
「大學要略」（内閣文庫所蔵林羅山旧蔵本）（請求記号：一九一・〇一五〇）
「大學章句解」（函館市立中央図書館所蔵写本）（請求記号：五六・七一・一）
「幻雲藁」（内閣文庫所蔵林羅山旧蔵写本）（請求記号：二〇五・〇一〇三）
「古文尚書」（内閣文庫所蔵林羅山旧蔵写本）（請求記号：別〇二二・〇〇〇八）
「本朝神社考」（島原図書館肥前島原松平文庫所蔵写本）（請求記号：写・四・四）
「本朝通鑑」（草稿、足利学校所蔵四〇冊本）（請求記号：四〇・二一・七）
「本朝編年録」（草稿、内閣文庫所蔵林羅山旧蔵一七冊本）（請求記号：一四一・〇〇二四）
「本朝編年録」（草稿、国立国会図書館所蔵林讀耕齋旧蔵一巻本）（請求記号：WA一七・九）
「改元物語」（内閣文庫所蔵林家旧蔵写本）（請求記号：〇四五・一三九七）
「性理字義諺解」（内閣文庫所蔵林羅山旧蔵写本）（請求記号：一九〇・〇二八七）
「東鑑」（内閣文庫所蔵黒田家献上写本）（請求記号：特一〇三・〇〇〇一）
「唐詩絶句精選」（内閣文庫所蔵林羅山旧蔵写本）（請求記号：三一九・〇〇七七）
「孫子諺解」（内閣文庫所蔵林羅山旧蔵写本）（請求記号：一九一・〇二八一）
「梅村載筆」（内閣文庫所蔵昌平坂学問所旧蔵三冊本）（請求記号：二一一・〇二〇二）
「経書要語解」（内閣文庫所蔵林家旧蔵写本）（請求記号：一九一・〇〇一三）
「禁裏政要」（内閣文庫所蔵林鵞峯旧蔵写本）（請求記号：一四五・〇一〇六）
「誉田宗廟縁起図」（内閣文庫所蔵林鵞峯旧蔵写本）（請求記号：一四三・〇〇九一）

「論語諺解」（島原図書館肥前島原松平文庫所蔵写本）（請求記号：写－一五六－三）
「論語諺解補」（島原図書館肥前島原松平文庫所蔵写本）（請求記号：写－一五六－四）
「懐風藻」（内閣文庫所蔵林家旧蔵写本）（請求記号：二〇四－〇二八三）
「駿府政事録」（内閣文庫所蔵昌平坂学問所旧蔵写本）（請求記号：一六五－〇〇三八）
「羅山林先生別集」（内閣文庫所蔵林家旧蔵写本）（請求記号：二〇五－〇一三一）

## 一次文献（木活字本／書名画数および部首順）

「七書講義」（内閣文庫所蔵林羅山旧蔵古活字本本）（請求記号：二九九－〇二一二）
「七書講義」（国立国会図書館所蔵古活字本）（請求記号：WA七－一九二）
「七書講義」（大垣市立図書館所蔵古活字本）（請求記号：二三六－C二九）
「三略秘鈔」（内閣文庫所蔵古活字本）（請求記号：一八九－〇三二一）
「日本書紀」（内閣文庫所蔵林羅山旧蔵慶長一五年古活字本）（請求記号：特一二七－〇〇〇三）
「鐫溫陵鄭孩如觀靜窩四書知新日録」（内閣文庫所蔵高野山釈迦文院旧蔵木活字本）（請求記号：二七七－〇一七四）

## 一次文献（整版本／書名画数および部首順）

「仏果圜悟禅師碧巌録」（内閣文庫所蔵林家旧蔵本）（請求記号：三一一－〇〇二一）

「元亨釈書」（内閣文庫所蔵林羅山旧蔵寛永元年跋刊本）（請求記号：一九二-〇〇〇三）
「太平記」（内閣文庫所蔵元和八年版）（請求記号：一六七-〇〇六六）
「延喜式」（内閣文庫所蔵林鵞峯旧蔵明暦三年印本）（請求記号：一七九-〇〇六九）
「武経直解」（内閣文庫所蔵寛永二〇年版）（請求記号：二九九-〇二一一）
「神皇正統記」（内閣文庫所蔵林鵞峯旧蔵慶安二年刊本）（請求記号：一三八-〇〇七二）
「梅洞林先生全集」（内閣文庫所蔵寛文八年刊本）（請求記号：二〇五-〇一七二）
「鵞峯林学士文集」（内閣文庫所蔵林家旧蔵元禄二年刊本）（請求記号：二〇五-〇一六一）
「羅山林先生文集」（内閣文庫所蔵寛文二年刊本）（請求記号：二六三-〇〇五八）
「讀耕先生全集」（内閣文庫所蔵寛文九年刊本）（請求記号：二〇五-〇一六九）

一次文献（朝鮮本／書名画数および部首順）

「七書直解」（浅野文庫所蔵朝鮮本）（請求記号：一一二）

一次文献（明版／書名画数および部首順）

「七書直解」（尊経閣文庫所蔵嘉靖一六年版）（請求記号：三〇六-一〇）
「七書直解」（尊経閣文庫所蔵嘉靖四四年版）（請求記号：三〇六-五）

「四書蒙引」（内閣文庫所蔵林羅山旧蔵嘉靖五年序刊本）（請求記号：二七七・〇〇四六）
「石倉十二代詩選」（内閣文庫所蔵林羅山旧蔵崇禎四年序刊本）（請求記号：三一九・〇〇二五）
「林子」（内閣文庫所蔵林羅山旧蔵万暦二四年序刊本）（請求記号：三一九・〇〇二五）
「唐詩解」（内閣文庫所蔵万暦四三年序刊本）（請求記号：三一九・〇一一九）
「陽明先生文粋」（内閣文庫所蔵林羅山旧蔵隆慶六年序刊本）（請求記号：三一四・〇〇一四）
「新刊唐賢三体詩註」（内閣文庫所蔵林鵞峯旧蔵弘治三年序刊本）（請求記号：三六三・〇一〇五）
「新鐫孩如鄭先生觀静窩四書知新日録」（上智大学国文学科所蔵万暦二四年刊本）
「贅箋唐詩絶句精選」（内閣文庫所蔵林家旧蔵嘉靖一三年序刊本）（請求記号：三一九・〇一一四）
「鐫温陵鄭孩如観静窩四書知新日録」（内閣文庫所蔵林羅山旧蔵万暦二四年刊本）（請求記号：二七七・〇一八九）

## 一次文献（影印本／書名画数および部首順）

「七書直解」（成化二二年版、「中国子学名著集成」七四、一九七八）
「七書直解」（解放軍出版、一九三二）
「十三経注疏」（縮印版、中華書局、一九八二）
「大学聴塵」（大東急記念文庫所蔵清原宣賢自筆本、「清原宣賢漢籍抄翻印叢書」一、汲古書院、二〇一一）
「四庫全書総目」（中華書局、一九六五）
「四書五経」（中国書店、北京、二〇〇九）

「江戸幕府役職武鑑編年集成」（東洋書林、一九九六）
「昭明文選」（中州古籍出版社、一九九〇）

## 一次文献（排印本／書名画数および部首順）

「二十四史」（縮印版、中華書局、一九九七）
「二程集」（中華書局、二〇〇八）
「四書大全校注」（武漢大学出版社、二〇一五）
「四書或問」（上海古籍出版社、二〇〇一）
「弁名」（「日本思想大系」三六、岩波書店、一九七三）
「本朝神社考」（「神道体系」論説篇「藤原惺窩・林羅山」、神道大系編纂会、一九八八）
「本朝通鑑」（国書刊行会、一九一八年）
「伝習録」（「漢籍国字解全書」一六、早稲田大学出版部、一九一一）
「朱子語類」（「朱子全書」修訂本、上海古籍出版社、二〇一〇）
「近藤正斎全集」（国書刊行会、一九〇五）
「国史館日録」（続群書類従完成会、一九九八年）
「学寮了簡書」（「荻生徂徠全集」一、みすず書房、一九七三）
「荘子鬳斎口義」（中華書局、一九九七）

「校註二十一社記」（明世堂、一九四三）
「神道大意」（「神道体系」論説篇「卜部神道」、神道大系編纂会、一九八五）
「神道傳授抄」（「神道体系」論説篇「藤原惺窩・林羅山」、神道大系編纂会、一九八八）
「荀子」（「漢文大系」一五、冨山房、一九七五）
「寛政重修諸家譜」（榮進舍出版部、一九一七）
「夢窓国師語録」（「国訳禅学大成」二三、二松堂書店、一九二九）
「徳川禁令考」（創文社、一九五九）
「慶長日件録」（続群書類従完成会、一九八一）
「韓愈文集彙校箋注」（中華書局、二〇一〇）
「職原抄講義」（明善堂、一八九六）
「藤原惺窩集」（国民精神文化研究所、一九三九）

## 二次文献（単行本／出版年順）

津田左右吉「文学に現はれたる我が国民思想の研究」（洛陽堂、一九一七）
足利衍述「鎌倉室町時代之儒教」（有明書房、一九三二）
安井小太郎「日本儒学史」（冨山房、一九三九）
肥後和男「近世思想史研究」（ふたら書房、一九四三）

尾藤正英「日本封建思想史研究」（青木書店、一九六一）
堀勇雄「林羅山」（吉川弘文館、一九六四）
和島芳男「中世の儒学」（吉川弘文館、一九六五）
川瀬一馬「増補古活字版の研究」（日本古書籍商協会、一九六七）
桑田忠親「大名と御伽衆（増補版）」（有精堂出版、一九六九）
安川実「本朝通鑑の研究」（言叢社、一九八〇）
宮地正人「天皇制の政治史的研究」（校倉書房、一九八一）
福井保「江戸幕府編纂物」（雄松堂出版、一九八三）
丸山真男「日本政治思想史研究（新装版）」（東京大学出版会、一九八三）
圭室文雄「日本仏教史　近世」（吉川弘文館、一九八七）
宇野茂彦「林羅山（附林鵞峯）」（明徳出版社、一九九二）
前田勉「近世神道と国学」（ぺりかん社、二〇〇二）
頼惟勤「頼惟勤著作集Ⅲ日本漢学論集」（汲古書院、二〇〇三）
吉田公平「中国近世の心学思想」（研文出版、二〇一二）
渡辺浩「近世日本社会と宋学（増補新装版）」（東京大学出版会、二〇一〇）
鈴木健一編「形成される教養―十七世紀日本の〈知〉」（勉誠出版、二〇一五）

## 二次文献（論文／出版年順）

宮地直一「解説」（『本朝神社考』、改造社、一九四二）
間野潜龍「明代における三教思想―特に林兆恩を中心として」（『東洋史研究』一二―一、一九五二）
柳田征司「清原宣賢自筆『三略秘抄』の本文の性格に就て」（『国語学』七五、一九六八）
金谷治「藤原惺窩の儒学思想」（『藤原惺窩　林羅山』日本思想体系二八、岩波書店、一九七五）
石田一良「林羅山の思想」（『藤原惺窩　林羅山』日本思想体系二八、岩波書店、一九七五）
村上雅孝「林羅山『大学諺解』をめぐる諸問題―近世の漢文訓読史の立場から―」（『歴史と文化』、一九八一）
村上雅孝「林羅山と手沢本正平版論語をめぐって」（『思想と文化』、一九八六）
石田一良「解題　総論」（『神道大系』論説篇『藤原惺窩・林羅山』、神道大系編纂会、一九八八）
高橋美由紀「解題　所収文献紹介」（『神道大系』論説篇『藤原惺窩・林羅山』、神道大系編纂会、一九八八）
吉田公平「朱子学・陽明学における『大学』」（『江戸の儒学『大学』受容の歴史』、思文閣出版、一九八八）
宇野茂彦「林羅山の本体論―理気から心へ―」（『斯文』一〇一、一九九二）
森瑞枝「林羅山の『本朝神社考』における『元亨釈書』の利用状況」（『神道研究集録』一一、一九九二）
佐藤錬太郎「『李氏説書』考―林兆恩『四書正義纂』との比較」（『日本中国学会報』四七、一九九五）
中村安宏「藤原惺窩と林兆恩―『大学要略』をめぐって」（『文芸研究』一三八、一九九五）
大島晃「林羅山の『文』の意識　其之一―『読書』と『文』」（『漢文學 解釋與研究』一、一九九八）
大島晃「林羅山の『書、心画也』の論―林羅山の『文』の意識（其之三）」（『漢文學 解釋與研究』四、二〇〇一）

大島晃「林羅山の「大學諺解」について―その述作の方法と姿勢」（『漢文學 解釋與研究』七、二〇〇四）
大島晃「朝鮮版晋州嘉靖刊本系統「北渓先生性理字義」五種対校略考」（『漢文学 解釈與研究』八、二〇〇五）
三浦秀一「明代科挙「性学策」史稿」（『集刊東洋学』一〇一号、中国文史哲研究会、二〇一〇）
野上潤一「林羅山『本朝神社考』と清原宣賢『日本書紀抄』：『本朝神社考』における文献批判の非在と林羅山の学問の一隅をめぐって」（『古代中世文学論考』三一、二〇一五）
前田勉「林家三代の学問・教育論」（『日本文化論叢』二三、二〇一五）
鍋島亜朱華「明末『四書』注釈書日本伝来後の受容と影響―『四書知新日録』を中心に―」（『日本漢文学研究』一一、二〇一六）

# 図表

## 1　三略に関する清原家の抄物

| 「三略」に関する清原家の抄物一覧 | 巻数冊数 | 講義の担当者 | その他 |
|---|---|---|---|
| 講義の手控え | | | |
| 尊経閣文庫所蔵「三略秘抄」 | 三巻一冊 | 清原良賢 | 後光厳院宸筆 |
| 清家文庫所蔵「三略秘抄」 | 三巻一冊 | 清原宣賢 | 清原宣賢自筆 |
| 清家文庫所蔵「三略抄」 | 三巻六冊 | 清原国賢 | |
| 講義の聞き書き | | | |
| 清家文庫所蔵「三略口義」 | 三巻一冊 | 清原宣賢 | 林宗二の聞き書き |

## 2 「三略直解」対校表　*太明は文字の出入、異同のある箇所を示す。

| | 清家文庫所蔵清原宣賢自筆「三略秘抄」 | 中国子学集成所収成化二二年版「武経直解」 | 尊経閣文庫所蔵嘉靖一六年版「武経直解」 | 尊経閣文庫所蔵嘉靖四四年版「武経直解」 | 広島市立中央図書館所蔵朝鮮版「武経直解」 | 内閣文庫所蔵林羅山旧蔵写本「武経直解」 | 解放軍出版本 |
|---|---|---|---|---|---|---|---|
| 1 | 張良**韓**信 | 張良**漢**信 | 張良**漢**信 | 張良**韓**信 | 張良**韓**信 | 張良**韓**信 | 張良**韓**信 |
| 2 | 序**以**兵法 | 序**次**兵法 | 序**次**兵法 | 序**次**兵法 | 序**次**兵法 | 序**次**兵法 | 序**次**兵法 |
| 3 | 定**着**三十五家 | 定**著**三十五家 | 定**著**三十五家 | 定**著**三十五家 | 定**著**三十五家 | 定**著**三十五家 | 定**著**三十五家 |
| 4 | 通鑑**網**目亦曰 | 通鑑**剛**目亦曰 | 通鑑**剛**目亦曰 | 通鑑**綱**目亦曰 | 通鑑**綱**目亦曰 | 通鑑**綱**目亦曰 | 通鑑**綱**目亦曰 |
| 5 | 七録云**太**公兵法 | 七録云**太**公兵法 | 七録云**太**公兵法 | 七録云**大**公兵法 | 七録云**太**公兵法 | 七録云**太**公兵法 | 七録云**太**公兵法 |
| 6 | 李靖亦云 | **唐**李靖亦云 | **唐**李靖亦云 | **唐**李靖亦云 | **唐**李靖亦云 | **唐**李靖亦云 | **唐**李靖亦云 |
| 7 | 張**子**所學 | 張**良**所學 | 張**良**所學 | 張**良**所學 | 張**良**所學 | 張**良**所學 | 張**良**所學 |
| 8 | 三略本**大公**書 | 三略本**太公**書 | 三略本**太**　一書 | 三略本**太公**書 | 三略本**太公**書 | 三略本**太公**書 | 三略本**太公**書 |
| 9 | 至今**日** | 至今**因** | 至今**因** | 至今**因** | 至今**因** | 至今**因** | 至今**因** |
| 10 | 章句文**辭**之**学** | 章句文**亂**之**学** | 章句文**辭**之**学** | 章句文**辭**之**樹** | 章句文**辭**之**学** | 章句文**辭**之**学** | 章句文**辭**之**学** |
| 11 | 曾未知**彷彿** | 曾未知**髣髴** | 曾未知**髣髴** | 曾未知**髣髴** | 曾未知**髣髴** | 曾未知**髣髴** | 曾未知**髣髴** |
| 12 | 三略**下**巻中文 | 三略**下**巻中文 | 三略**下**巻中文 | 三略**不**巻中文 | 三略**下**巻中文 | 三略**下**巻中文 | 三略**下**巻中文 |
| 13 | 是以其道**是**高 | 是以其道**足**高 | 是以其道**足**高 | 是以其道**足**高 | 是以其道**足**高 | 是以其道**足**高 | 是以其道**足**高 |
| 14 | **離**有**離**無之謂道 | **雖**有**雖**無之謂道 | **雖**有**雖**無之謂道 | **雖**有**雖**無之謂道 | **雖**有**雖**無之謂道 | **雖**有**雖**無之謂道 | **雖**有**雖**無之謂道 |
| 15 | 倶不暇論**之** | 倶不暇論**也** | 倶不暇論**也** | 倶不暇論**也** | 倶不暇論**也** | 倶不暇論**也** | 倶不暇論**也** |
| 16 | 弱者人之所助**也** | 弱者人之所助 | 弱者人之所助 | 弱者人之所助 | 弱者人之所助 | 弱者人之所助 | 弱者人之所助 |
| 17 | 強者人之所攻**也** | 強者人之所攻 | 強者人之所攻 | 強者人之所攻 | 強者人之所攻 | 強者人之所攻 | 強者人之所攻 |
| 18 | **匡**正八極 | **康**正八極 | **康**正八極 | **康**正八極 | **康**正八極 | **康**正八極 | **康**正八極 |
| 19 | 聖人存之**動**應事機 | 聖人存之**以**應事機 | 聖人存之**以**應事機 | 聖人存之**以**應事機 | 聖人存之**以**應事機 | 聖人存之**以**應事機 | 聖人存之**以**應事機 |
| 20 | 巻之不盈**坏** | 巻之不盈**杯** | 巻之不盈**杯** | 巻之不盈**杯** | 巻之不盈**杯** | 巻之不盈**杯** | 巻之不盈**杯** |
| 21 | **故**居之不以室宅 | 居之不以室宅 | 居之不以室宅 | 居之不以室宅 | 居之不以室宅 | 居之不以室宅 | 居之不以室宅 |

| | | | | | | | |
|---|---|---|---|---|---|---|---|
| 22 | 而**撫**以從赤松子遊 | 而**托**以從赤松子遊 | 而**托**以從赤松子遊 | 而**托**以從赤松子遊 | 而**托**以從赤松子遊 | 而**托**以從赤松子遊 | 而**托**以從赤松子遊 |
| 23 | 今本皆作**坏**字 | 今本皆作**坯**字 | 今本皆作**坯**字 | 今本皆作**杯**字 | 今本皆作**坯**字 | 今本皆作**坯**字 | 今本皆作**坯**字 |
| 24 | 是能弱**之** | 是能弱**也** | 是能弱**也** | 是能弱**也** | 是能弱**也** | 是能弱**也** | 是能弱**也** |
| 25 | 　媚於秦 | **求**媚於秦 | **求**媚於秦 | **求**媚於秦 | **求**媚於秦 | **求**媚於秦 | **求**媚於秦 |
| 26 | 以幸二日之安 | 以幸一日之安 | 以幸一日之安 | 以幸一日之安 | 以幸一日之安 | 以幸一日之安 | 以幸一日之安 |
| 27 | 其國　不削乎 | 其國**豈**不削乎 | 其國**豈**不削乎 | 其國**豈**不削乎 | 其國**豈**不削乎 | 其國**豈**不削乎 | 其國**豈**不削乎 |
| 28 | 敗漢兵於**渭**水 | 敗漢兵於**渭**水 | 敗漢兵於**渭**水 | 敗漢兵於**渭**水 | 敗漢兵於**睢**水 | 敗漢兵於**睢**水 | 敗漢兵於**睢**水 |
| 29 | **天**道自然 | **夫**道自然 | **天**道自然 | **天**道自然 | **天**道自然 | **天**道自然 | **天**道自然 |
| 30 | 察衆心施**旨**務 | 察衆心施**百**務 | 察衆心施**百**務 | 察衆心施**百**務 | 察衆心施**百**務 | 察衆心施**百**務 | 察衆心施**百**務 |
| 31 | 反者**廢**之 | 反者**癈**之 | 反者**癈**之 | 反者**廢**之 | 反者**癈**之 | 反者**癈**之 | 反者**廢**之 |
| 32 | 今本作施**旨**務 | 今本作施**肯**務 | 今本作施**肯**務 | 今本作施**肯**務 | 今本作施**肯**務 | 今本作施**肯**務 | 今本作施**肯**務 |
| 33 | 敵近**之**備之 | 敵近　備之 | 敵近　備之 | 敵近　備之 | 敵近　備之 | 敵近　備之 | 敵近　備之 |
| 34 | 敵**暴**綏之 | 敵**暴**綏之 | 敵**暴**綏之 | 敵**是**綏之 | 敵**暴**綏之 | 敵**暴**綏之 | 敵**暴**綏之 |
| 35 | 四**網**羅之 | 四**網**羅之 | 四**網**羅之 | 四**網**羅之 | 四**網**羅之 | 四**維**羅之 | 四**網**羅之 |
| 36 | 令士自**取** | 令士自**處** | 令士自**處** | 令士自**處** | 令士自**處** | 令士自**處** | 令士自**處** |
| 37 | 已立法章為**正** | 已立法章為**王** | 已立法章為**王** | 已立法章為**王** | 已立法章為**王** | 已立法章為**王** | 已立法章為**王** |
| 38 | 君之求**臣** | 君之求**臣** | 君之求**臣** | 君之求**民** | 君之求**臣** | 君之求**臣** | 君之求**臣** |
| 39 | 三略先**痛**養民之法 | 三略先**言**養民之法 | 三略先**言**養民之法 | 三略先**言**養民之法 | 三略先**言**養民之法 | 三略先**言**養民之法 | 三略先**言**養民之法 |
| 40 | 築墻**而**旁木以制板者 | 築墻**兩**旁木以制板者 | 築墻**兩**旁木以制板者 | 築墻**両**旁木以制板者 | 築墻**兩**旁木以制板者 | 築墻**兩**旁木以制板者 | 築墻**両**旁木以制板者 |
| 41 | 左傳僖公十年 | 左傳僖公十年 | 左傳僖公十年 | 左傳僖公十年 | 左傳僖公十年 | 左專僖公十年 | 左傳僖公十年 |
| 42 | 又木　正出者為幹 | 又木**之**正出者為幹 | 又木**之**正出者為幹 | 又木**之**正出者為幹 | 又木**之**正出者為幹 | 又木**之**正出者為幹 | 又木**之**正出者為幹 |
| 43 | 而得**鮮**設諸之死 | 而得**鱄**設諸之死 | 而得**鱄**設諸之死 | 而得**鱄**設諸之死 | 而得**鱄**設諸之死 | 而得**鱄**設諸之死 | 而得**鱄**設諸之死 |
| 44 | 敵有全**囚** | 敵有全**因** | 敵有全**因** | 敵有全**因** | 敵有全**因** | 敵有全**因** | 敵有全**因** |
| 45 | **囚**字未詳 | **因**字未詳 | **因**字未詳 | **因**字未詳 | **因**字未詳 | **因**字未詳 | **因**字未詳 |

| | | | | | | | |
|---|---|---|---|---|---|---|---|
| 46 | なし | **言吾兵有全勝則** | **言吾兵有全勝則** | **言吾兵有全勝則** | **言吾兵有全勝則** | **言吾兵有全勝則** | **言吾兵有全勝則** |
| 47 | なし | **未知是否** | **未知是否** | **未知是否** | **未知是否** | **未知是否** | **未知是否** |
| 48 | 按此是**句**踐事 | 按此是**勾**踐事 | 按此是**勾**踐事 | 按此是**勾**踐事 | 按此是**勾**踐事 | 按此是**勾**踐事 | 按此是**勾**踐事 |
| 49 | 別有以**酒**投諸河 | 別有以**湮**投諸河 | 別有以○投諸河 | 別有以**酒**投諸河 | 別有以**酒**投諸河 | 別有以**酒**投諸河 | 別有以**酒**投諸河 |
| 50 | 以其恩素蓄謀素**和**也 | 以其恩素蓄謀素**合**也 | 以其恩素蓄謀素**合**也 | 以其恩素蓄謀素**合**也 | 以其恩素蓄謀素**合**也 | 以其恩素蓄謀素**合**也 | 以其恩素蓄謀素**合**也 |
| 51 | 制勝**破**敵者衆也 | 制勝**敗**敵者衆也 | 制勝**敗**敵者衆也 | 制勝**敗**敵者衆也 | 制勝**敗**敵者衆也 | 制勝**敗**敵者衆也 | 制勝**敗**敵者衆也 |
| 52 | 攻城**則**不　抜 | 攻城　不**可**抜 | 攻城　不**可**抜 | 攻城　不**可**抜 | 攻城　不**可**抜 | 攻城　不**可**抜 | 攻城　不**可**抜 |
| 53 | **圖**邑則不廢 | **圖**邑則不廢 | **圖**邑則不廢 | **圍**邑則不廢 | **圍**邑則不廢 | **圍**邑則不廢 | **圍**邑則不廢 |
| 54 | 二者無功則士力疲**弊** | 二者無功則士力疲**敝** | 二者無功則士力疲**敝** | 二者無功則士力疲**敝** | 二者無功則士力疲**敝** | 二者無功則士力疲**敝** | 二者無功則士力疲**敝** |
| 55 | 士力疲**弊**　将孤衆特 | 士力疲**敝則**将孤衆特 | 士力疲**弊則**将孤衆特 | 士力疲**敝則**将孤衆特 | 士力疲**敝則**将孤衆特 | 士力疲**敝則**将孤衆特 | 士力疲**敝則**将孤衆特 |
| 56 | 推**惠**施**恩**士力日新 | 推**恩**施**惠**士力日新 | 推**惠**施**恩**士力日新 | 推**惠**施**恩**士力日新 | 推**惠**施**恩**士力日新 | 推**惠**施**恩**士力日新 | 推**惠**施**恩**士力日新 |
| 57 | 而燕所以勝**之** | 而燕所以勝**也** | 而燕所以勝**也** | 而燕所以勝**也** | 而燕所以勝**也** | 而燕所以勝**也** | 而燕所以勝**也** |
| 58 | 攻伐　致乱 | 攻伐**則**致乱 | 攻伐**則**致乱 | 攻伐**則**致乱 | 攻伐**則**致乱 | 攻伐**則**致乱 | 攻伐**則**致乱 |
| 59 | 能**静** | 能**淨** | 能**淨** | 能**淨** | 能**淨** | 能**淨** | 能**淨** |
| 60 | 負薪**之言**廊廟之語 | 負薪　　廊廟之語 | 負薪　　廊廟之語 | 負薪　　廊廟之語 | 負薪　　廊廟之語 | 負薪　　廊廟之語 | 負薪　　廊廟之語 |
| 61 | 将無勇則**吏士**恐 | 将無勇則**士卒**恐 | 将無勇則**士卒**恐 | 将無勇則**士卒**恐 | 将無勇則**士卒**恐 | 将無勇則**士卒**恐 | 将無勇則**士卒**恐 |
| 62 | 慮**也**勇也 | 慮**也**勇也 | 慮**也**勇也 | 慮**者**勇也 | 慮**也**勇也 | 慮**也**勇也 | 慮**也**勇也 |
| 63 | 軍無財**則**士不來 | 軍無財　士不來 | 軍無財　士不來 | 軍無財　士不來 | 軍無財　士不來 | 軍無財　士不來 | 軍無財　士不來 |
| 64 | 故礼而後悔者士不**徃** | 故礼而後悔者士不**止** | 故礼而後悔者士不**止** | 故礼而後悔者士不**止** | 故礼而後悔者士不**止** | 故礼而後悔者士不**止** | 故礼而後悔者士不**止** |
| 65 | 止**因**韻今從 | 止**用**韻今從**之** | 止**用**韻今從**之** | 止**用**韻今從**之** | 止**用**韻今從**之** | 止**用**韻今從**之** | 止用韻今從之 |
| 66 | 以寡**勝**衆者恩也 | 以寡**勝**衆者恩也 | 以寡**勝**衆者恩也 | 以寡　衆者恩也 | 以寡**勝**衆者恩也 | 以寡**勝**衆者恩也 | 以寡**勝**衆者恩也 |
| 67 | 以弱勝強者民 | 以弱勝強者民**也** | 以弱勝強者民**也** | 以弱勝強者民**也** | 以弱勝強者民**也** | 以弱勝強者民**也** | 以弱勝強者民**也** |
| 68 | **視**其倉庫 | **視**其倉庫 | **視**其倉庫 | **示**其倉庫 | **視**其倉庫 | **視**其倉庫 | **視**其倉庫 |
| 69 | 度其**糧**食 | 度其**粮**食 | 度其**粮**食 | 度其**粮**食 | 度其**粮**食 | 度其**粮**食 | 度其**粮**食 |

| | | | | | | | |
|---|---|---|---|---|---|---|---|
| 70 | 運**糧**者虚也 | 運**粮**者虚也 | 運**粮**者虚也 | 運**粮**者虚也 | 運**粮**者虚也 | 運**粮**者虚也 | 運**粮**者虚也 |
| 71 | **民**有飢色 | **士**有飢色 | **士**有飢色 | **士**有飢色 | **士**有飢色 | **士**有飢色 | **士**有飢色 |
| 72 | 樵**蕕**後爨師不宿飽 | 樵**蘇**後爨師不宿飽 | 樵**蘇**後爨師不宿飽 | 樵**蘇**後爨師不宿飽 | 樵**蘇**後爨師不宿飽 | 樵**蘇**後爨師不宿飽 | 樵**蘇**後爨師不宿飽 |
| 73 | 夫運**糧百**里 | 夫運**粮千**里 | 夫運**粮千**里 | 夫運**粮千**里 | 夫運**粮千**里 | 夫運**粮千**里 | 夫運**粮千**里 |
| 74 | 是**謂**國虚 | 是　國虚 | 是　國虚 | 是　國虚 | 是　國虚 | 是　國虚 | 是　國虚 |
| 75 | 上既　千里恐百**字** | 上既**云**千里恐百**字** | 上既**云**千里恐百**字** | 上既**云**千里恐百**里** | 上既**云**千里恐百**字** | 上既**云**千里恐百**字** | 上既**云**千里恐百**字** |
| 76 | **背**公立私同位相訕 | **皆**公立私同位相訕 | **背**公立私同位相訕 | **背**公立私同位相訕 | **背**公立私同位相訕 | **背**公立私同位相訕 | **背**公立私同位相訕 |
| 77 | 尊卑相**苦** | 尊卑相**若** | 尊卑相**若** | 尊卑相**若** | 尊卑相**若** | 尊卑相**若** | 尊卑相**若** |
| 78 | 故主察異言乃**覩**其萌 | 故主察異言乃**覩**其萌 | 故主察異言乃**都**其萌 | 故主察異言乃**都**其萌 | 故主察異言乃**覩**其萌 | 故主察異言乃**覩**其萌 | 故主察異言乃**覩**其萌 |
| 79 | 姦雄乃**遯** | 姦雄乃**遯** | 姦雄乃**遯** | 奸雄乃**遯** | 姦雄乃**遁** | 姦雄乃**遁** | 姦雄乃**遯** |
| 80 | 主任舊齒萬事　理 | 生任舊齒萬事**乃**理 | 生任舊齒萬事**乃**理 | 生任舊齒萬事**乃**理 | 主任舊齒萬事　理 | 主任舊齒萬事　理 | 主任舊齒萬事　理 |
| 81 | 主聘**嚴**穴　乃得實 | 主聘**嚴**穴**士**乃得實 | 主聘**嚴**穴**士**乃得實 | 主聘**嚴**穴**士**乃得實 | 主聘**巖**穴**士**乃得實 | 主聘**巖**穴**士**乃得實 | 主聘**巖**穴**士**乃得實 |
| 82 | 而　戒**彼**十禍 | 而　戒**被**十禍 | 而　戒**被**十禍 | 而**而**戒**彼**十禍 | 而　戒**彼**十禍 | 而　戒**彼**十禍 | 而　戒**彼**十禍 |
| 83 | 雖**有**甲兵之備 | 雖　甲兵之備 | 雖　甲兵之備 | 雖　甲兵之備 | 雖　甲兵之備 | 雖　甲兵之備 | 雖　甲兵之備 |
| 84 | 無**闘戰**之患 | 無**闘戰**之患 | 無**闘戰**之患 | 無**戰闘**之患 | 無**闘戰**之患 | 無**闘戰**之患 | 無**闘戰**之患 |
| 85 | 智者不為**闇**主謀 | 智者不為**闇**主謀 | 智者不為**闇**主謀 | 智者不為**暗**主謀 | 智者不為**闇**主謀 | 智者不為**闇**主謀 | 智者不為**闇**主謀 |
| 86 | 無德則　叛 | 無德則**臣**叛 | 無德則**士**叛 | 無德則**臣**叛 | 無德則**臣**叛 | 無德則**臣**叛 | 無德則**臣**叛 |
| 87 | 無**威**則国弱 | 無**威**則国弱 | 無**威**則国弱 | 無**威**則国弱 | 無**威**則国弱 | 無**威**則国弱 | 無**成**則国弱 |
| 88 | 德同勢敵**則**無以相傾 | 德同勢敵　無以相傾 | 德同勢敵　無以相傾 | 德同勢敵　無以相傾 | 德同勢敵　無以相傾 | 德同勢敵　無以相傾 | 德同勢敵　無以相傾 |
| 89 | 賢**者**法地 | 賢**人**法地 | 賢**人**法地 | 賢**人**法地 | 賢**人**法地 | 賢**人**法地 | 賢**人**法地 |
| 90 | 事**之**不師古 | 事　不師古 | 事　不師古 | 事　不師古 | 事　不師古 | 事　不師古 | 事　不師古 |
| 91 | **着**成敗 | **著**成敗 | **著**成敗 | **著**成敗 | **著**成敗 | **著**成敗 | **著**成敗 |
| 92 | 至中巻**末** | 至中巻**末** | 至中巻**末** | 至中巻**末** | 至中巻**末** | 至中巻**末** | 至中巻**末** |
| 93 | 美色珎玩以**説**其心 | 美色珎玩以**悦**其心 | 美色珎玩以**悦**其心 | 美色珎玩以**悦**其心 | 美色珎玩以**悦**其心 | 美色珎玩以**悦**其心 | 美色珎玩以**悦**其心 |

| | | | | | | | |
|---|---|---|---|---|---|---|---|
| 94 | **威權**一與而不可卒移 | **權威**一與而不可卒移 | **權威**一與而不可卒移 | **權威**一與而不可卒移 | **權威**一與而不可卒移 | **權威**一與而不可卒移 | **權威**一與而不可卒移 |
| 95 | 故**世**主秘焉 | 故**勢**主秘焉 | 故**勢**主秘焉 | 故**勢**主秘焉 | 故**勢**主秘焉 | 故**勢**主秘焉 | 故**勢**主秘焉 |
| 96 | 則**享**天下之樂 | 則**享**天下之樂 | 則**享**天下之樂 | 則**享**天下之樂 | 則**享**天下之樂 | 則**享**天下之樂 | 則**享**天下之樂 |
| 97 | 澤及昆**蟲** | 澤及昆**虫** | 澤及昆**虫** | 澤及昆**只** | 澤及昆**虫** | 澤及昆**虫** | 澤及昆**虫** |
| 98 | 人君欲**求**賢致聖 | 人君欲**求**賢致聖 | 人君欲**求**賢致聖 | 人君欲**大**賢致聖 | 人君欲**求**賢致聖 | 人君欲**求**賢致聖 | 人君欲**求**賢致聖 |
| 99 | 乖 | 乖**者亡滅之微兆** | 乖**者亡滅之微兆** | 乖**者亡滅之微兆** | 乖**者亡滅之微兆** | 乖**者亡滅之微兆** | 乖**者亡滅之微兆** |
| 100 | 微子去　殷亡 | 微子去**而**殷亡 | 微子去**直**殷亡 | 微子去**而**殷亡 | 微子去**而**殷亡 | 微子去**而**殷亡 | 微子去**而**殷亡 |
| 101 | 能　其有者安 | 能**有**其有者安 | 能**有**其有者安 | 能**有**其有者安 | 能**有**其有者安 | 能**有**其有者安 | 能**有**其有者安 |
| 102 | 討賊報**讎**義之决也 | 討賊報**讎**義之决也 | 討賊報**路**義之决也 | 討賊報**讐**義之决也 | 討賊報**讎**義之决也 | 討賊報**讎**義之决也 | 討賊報**讎**義之决也 |
| 103 | 得己得人德之**路**也 | 得己得人德之**路**也 | 得己得人德之**讎**也 | 得己得人德之**路**也 | 得己得人德之**路**也 | 得己得人德之**路**也 | 得己得人德之**路**也 |
| 104 | 奉而行之名**云**政 | 奉而行之名**曰**政 | 奉而行之名**曰**政 | 奉而行之名**曰**政 | 奉而行之名**曰**政 | 奉而行之名**曰**政 | 奉而行之名**曰**政 |
| 105 | **夫**命失則令不行 | **天**命失則令不行 | **夫**命失則令不行 | **夫**命失則令不行 | **夫**命失則令不行 | **夫**命失則令不行 | **夫**命失則令不行 |
| 106 | 令不行則政不**正** | 令不行則政不**立** | 令不行則政不**立** | 令不行則政不**立** | 令不行則政不**立** | 令不行則政不**立** | 令不行則政不**立** |
| 107 | 政不**正**則道不通 | 政不**立**則道不通 | 政不**立**則道不通 | 政不**立**則道不通 | 政不**立**則道不通 | 政不**立**則道不通 | 政不**立**則道不通 |
| 108 | 是以明**主**舍近而取遠 | 是以明**君**舍近而取遠 | 是以明**君**舍近而取遠 | 是以明**君**舍近而取遠 | 是以明**君**舍近而取遠 | 是以明**君**舍近而取遠 | 是以明**君**舍近而取遠 |
| 109 | 雖有聖**王**不能致其治 | 雖有聖**主**不能致其治 | 雖有聖**主**不能致其治 | 雖有聖**主**不能致其治 | 雖有聖**主**不能致其治 | 雖有聖**主**不能致其治 | 雖有聖**主**不能致其治 |
| 110 | 必觀其所以　致焉 | 必觀其所以**而**致焉 | 必觀其所以**而**致焉 | 必觀其所以**而**致焉 | 必觀其所以**而**致焉 | 必觀其所以**而**致焉 | 必觀其所以**而**致焉 |
| 111 | **而**後士可致而名可保 | **然**後士可致而名可保 | **然**後士可致而名可保 | **然**後士可致而名可保 | **然**後士可致而名可保 | **然**後士可致而名可保 | **然**後士可致而名可保 |
| 112 | 雖貧不食乱邦之**禄** | 雖貧不食乱邦之**粟** | 雖貧不食乱邦之**粟** | 雖貧不食乱邦之**粟** | 雖貧不食乱邦之**粟** | 雖貧不食乱邦之**粟** | 雖貧不食乱邦之**粟** |
| 113 | 必有發・《ママ》之機 | 必有發**動**之機 | 必有發**動**之機 | 必有發**動**之機 | 必有發**動**之機 | 必有發**動**之機 | 必有發**動**之機 |
| 114 | 如伊尹傅説躬**耕板**築 | 如伊尹傅説躬**耘版**築 | 如伊尹傅説躬**耘版**築 | 如伊尹傅説躬**耘版**築 | 如伊尹傅説躬**耘版**築 | 如伊尹傅説躬**耘版**築 | 如伊尹傅説躬**耕版**築 |
| 115 | 是以其道**是**高 | 是以其道**足**高 | 是以其道**足**高 | 是以其道**足**高 | 是以其道**足**高 | 是以其道**足**高 | 是以其道**足**高 |
| 116 | 聖**王**之用兵 | 聖**王**之用兵 | 聖**王**之用兵 | 聖**王**之用兵 | 聖**王**之用兵 | 聖**王**（**人**）之用兵 | 聖**王**之用兵 |
| 117 | 臨不測而擠欲**墮** | 臨不測而擠欲**墜** | 臨不測而擠欲**墜** | 臨不測而擠欲**墜** | 臨不測而擠欲**墜** | 臨不測而擠欲**墜** | 臨不測而擠欲**墜** |

| | | | | | | | |
|---|---|---|---|---|---|---|---|
| 118 | 故君子**者**常**畏**懼 | 故君子　常　懼 | 故君子　常　懼 | 故君子　常　惧 | 故君子　常　惧 | 故君子　常　惧 | 故君子　常　惧 |
| 119 | 賢**臣**内則邪臣外 | 賢**臣**内則邪臣外 | 賢**臣**内則邪臣外 | 賢**臣**内則邪臣外 | 賢**臣**内則邪臣外 | 賢**臣**（**入**）内則邪臣外 | 賢**臣**内則邪臣外 |
| 120 | 屏之　外 | 屏之**於**外 | 屏之**於**外 | 屏之**於**外 | 屏之**於**外 | 屏之**於**外 | 屏之**於**外 |
| 121 | 邪臣楊畏章惇**恭**卞 | 邪臣楊畏章惇**蔡**卞 | 邪臣楊畏章惇　卞 | 邪臣楊畏章惇**蔡**卞 | 邪臣楊畏章惇**蔡**卞 | 邪臣楊畏章惇**蔡**卞 | 邪臣楊畏章惇**蔡**卞 |
| 122 | 呂惠　張商英等 | 呂惠**卿**張商英等 | 呂惠**卿**張商英等 | 呂惠**卿**張商英等 | 呂惠**卿**張商英等 | 呂惠**卿**張商英等 | 呂惠**卿**張商英等 |
| 123 | 正臣范純**臣**以下 | 正臣范純**仁**以下 | 正臣范純**仁**以下 | 正臣范純**仁**以下 | 正臣范純**仁**以下 | 正臣范純**仁**以下 | 正臣范純**仁**以下 |
| 124 | 劉摯**梁燾** | 劉摯**梁燾** | 劉摯**梁燾呂** | 劉摯**埰**　呂 | 劉摯**梁燾** | 劉摯**梁燾** | 劉摯**梁燾** |
| 125 | 利一害万国　思散 | 利一害万国**乃**思散 | 利一害万国**乃**思散 | 利一害万国**乃**思散 | 利一害万国**乃**思散 | 利一害万国**乃**思散 | 利一害万国**乃**思散 |
| 126 | 去一利万政乃不乱**也** | 去一利万政乃不乱 | 去一利万政乃不乱 | 去一利万政乃不乱 | 去一利万政乃不乱 | 去一利万政乃不乱 | 去一利万政乃不乱 |

## 3 「知新日録」対校表

＊太明は文字の出入、異同のある箇所を示す。

| | 内閣文庫所蔵「大學諺解」 | 内閣文庫所蔵明版「知新日録」 | 上智大学国文学科所蔵明版「知新日録」 | 内閣文庫所蔵木活字本「知新日録」 |
|---|---|---|---|---|
| 1 | **夫**司徒敷五教 | **夫**司徒敷五教 | **夫**司徒敷五教 | **天**司徒敷五教 |
| 2 | 直温寛栗剛無虐**簡**無傲 | 直温寛栗剛無虐**簡**無傲 | 直温寛栗剛無虐**簡**無傲 | 直温寛栗剛無虐**訓**無傲 |
| 3 | 樂正**順**詩書禮樂以作士 | 樂正**順**詩書禮樂以作士 | 樂正**順**詩書禮樂以作士 | 樂正**簡**詩書禮樂以作士 |
| 4 | 俊者才過**衆**人之稱 | 俊者才過**衆**人之稱 | 俊者才過**千**人之稱 | 俊者才過**衆**人之稱 |
| 5 | 又由司徒**聲**之學乎 | 又由司徒**聲**之學乎 | 又由司徒**升**之學乎 | 又由司徒**聲**之學乎 |
| 6 | 孰為**太**學也 | 孰為**太**學也 | 孰為**大**學也 | 孰為**太**學也 |
| 7 | 然則小學大學之**設**何謂 | 然則小學大學之**設**何謂 | 然則小學大學之**説**何謂 | 然則小學大學之**設**何謂 |
| 8 | 如農圃醫卜**歷**象干支之類 | 如農圃醫卜**歷**象干支之類 | 如農圃醫卜**暦**象干支之類 | 如農圃醫卜**歷**象干支之類 |
| 9 | 非若小道可觀君子不由者 | 非若小道可觀君子不由者 | 非若小道可觀君子不由者也 | 非若小道可觀君子不由者 |
| 10 | 其視天下**猶**一家 | 其視天下**猶**一家 | 其視天下　一家 | 其視天下**猶**一家 |
| 11 | 是其一體之仁　雖小人之心 | 是其一體之仁　雖小人之心 | 是其一體之仁**也**雖小人之心 | 是其一體之仁　雖小人之心 |
| 12 | 親民**乃**所以明其明徳也 | 親民**乃**所以明其明徳也 | 親民**乃**所以明其明徳也 | 親民**及**所以明其明徳也 |
| 13 | **吾之父以及人之父與天下人之父** | **吾之父以及人之父與天下人之父** | 無 | **吾之父以及人之父與天下人之父** |
| 14 | 是故謂之良知是**則**天命之性 | 是故謂之良知是**乃**天命之性 | 是故謂之良知是**乃**天命之性 | 是故謂之良知是**乃**天命之性 |
| 15 | 夫是之謂格書言格**于**上下格于文祖 | 夫是之謂格書言格**于**上下格于文祖 | 夫是之謂格書言格**于**上下格于文祖 | 夫是之謂格書言格**子**上下格于文祖 |
| 16 | 真性湛然斬**釿**截鐵 | 真性湛然斬**釘**截鐵 | 真性湛然斬**釘**截鐵 | 真性湛然斬**釘**截鐵 |
| 17 | 以啓后世之蔽**耶** | 以啓后世之蔽**耶** | 以啓后世之蔽**耶** | 以啓后世之蔽**即** |

| | | | | |
|---|---|---|---|---|
| 18 | 盖**大**學格物之説自與係辭窮理 | 盖**大**學格物之説自與係辭窮理 | 盖**大**學格物之説自與係辭窮理 | 羔**之**學格物之説自與係辭窮理 |
| 19 | 聲色感触皆**屬**之物 | 聲色感触皆**屬**之物 | 聲色感触皆**屬**之物 | 聲色感触皆**居**之物 |
| 20 | **已**非可去々其物之累也 | **已**非可去々其物之累也 | **已**非可去々其物之累也 | **乙**非可去々其物之累也 |
| 21 | 通考載**董**文靖公槐更定大學 | 通考載**董**文靖公槐更定大學本 | 通考載**重**文靖公槐更定大學本 | 通考載**董**文靖公槐更定大學本 |
| 22 | 置**聽**訟吾猶人也之右 | 置**聽**訟吾猶人也之右 | 置〇**听**訟吾猶人也之右 | 置**聽**訟吾猶人也之右 |
| 23 | 蔡虗**齋**氏則提物有本末一條 | 蔡虗**齋**氏則提物有本末一條 | 蔡虗〇（**擦れ**）氏則提物有本末一條 | 蔡虗**齋**氏則提物有本末一條 |
| 24 | 格**物訓解茲**從朱先生 | 格**物訓解茲**從朱先生 | 格〇〇〇〇（**破損**）從朱先生 | 格**物訓解茲**從朱先生 |
| 25 | 鄭端**簡**古言内 | 鄭端**簡**古言内 | 鄭端〇**观**古言内 | 鄭端**簡**古言内 |
| 26 | 載大學**石**經本以物本末 | 載大學**石**經本以物本末 | 載大學**石**經本以物本末 | 載大學**右**經本以物本末 |
| 27 | 物有本末之**物余觀石**經 | 物有本末之**物餘觀石**經 | 物有本末之**物餘觀石**經 | 物有本末之〇**扨餘觀右**經 |
| 28 | 康誥之德即**太**甲之明命也 | 康誥之德即**大**甲之明命也 | 康誥之德即**太**甲之明命也 | 康誥之德即**大**甲之明命也 |
| 29 | 歴古**聖**賢無不自明其德也 | 歴古**聖**賢無不自明其德也 | 歴古**圣**賢無不自明其德也 | 歴古**聖**賢無不自明其德也 |
| 30 | 纔一有所**忿懥**不得其正 | 纔一有所**心便不得其正了**不得其正 | 纔一有所**心便不得其正了**不得其正 | 纔一有所**心便不得其正了**不得其正 |
| 31 | 莫認**作**用之所行 | 莫認**作**用之所行 | 莫認**作**用之所行 | 莫認**体**用之所行 |
| 32 | 身**有**所之身非誤 | 身**有**所之身非誤 | 身**有**所之身非誤 | 身**身**所之身非誤 |
| 33 | 雖亦出**于**人情而非天理之所宜有 | 雖亦出**于**人情而非天理之所宜有 | 雖亦出**於**人情而非天理之所宜有 | 雖亦出**于**人情而非天理之所宜有 |
| 34 | 古人立教**重有**大旨 | 古人立教**重在**大旨 | 古人立教〇（**破損**）在大旨 | 古人立教**重在**大旨 |
| 35 | **機**弩上**機**也 | **機**弩上**機**也 | **机**弩上**机**也 | **機**弩上**機**也 |
| 36 | **機**在手至近由我一揆 | **機**在手至近由我一揆 | **机**在手至近由我一揆 | **機**在手至近由我一揆 |

| | | | | |
|---|---|---|---|---|
| 37 | 其**機**如此句最可玩味 | 其**機**如此句最可玩味 | 其**机**如此句最可玩味 | 其**機**如此句最可玩味 |
| 38 | **鄭**申甫曰刑法也 | 申甫曰刑法也 | 申甫曰刑法也 | 申甫曰刑法也 |
| 39 | 所悪於上**此**條是畫出絜矩 | 所悪於上　條是畫出絜矩 | 所悪於上　條是畫出絜矩 | 所悪於上　條是畫出絜矩 |
| 40 | 先慎者不**于**得衆得国上于徳上着力 | 先慎者不**于**得衆得国上于徳上着力 | 先慎者不**於**得衆得国上於徳上着力 | 先慎者不**于**得衆得国上于徳上着力 |
| 41 | 無 | **云争闘其民而施之** | **云争闘其民而施之** | **云争闘其民而施之** |
| 42 | 無 | **以刼奪之教然與曰非也** | **以刼奪之教然與曰非也** | **以刼奪之教然與曰非也** |
| 43 | 謂争民之財而先施其奪**于**民也 | 謂争民之財而先施其奪**于**民也 | 謂争民之財而先施其奪**於**民也 | 謂争民之財而先施其奪**于**民也 |
| 44 | 民豈不以奪報我**哉** | 民豈不以奪報我**乎** | 民豈不以奪報我**乎** | 民豈不以奪報我**乎** |
| 45 | **故下節**即**云**貨悖而云云 | **故下文**即**曰**貨悖而云云 | **故下文**即**曰**貨悖而云云 | **文下故**即**曰**貨悖而云云 |
| 46 | 修肆放**于**礼法 | 修肆放**于**礼法 | 修肆放**於**礼法 | 修肆放**于**礼法 |
| 47 | 自私自**利**只暁得箇我更不受別人 | 自私自**利**只暁得箇我更不受別人 | 自私自**別**只暁得箇我更不受別人 | 自私自**利**只暁得箇我更不受別人 |

## 4 「大學諺解」・「知新日録」・「陽明文粋」・「陽明文録」対校表

| | | |
|---|---|---|
| | 大学問 | |
| 四書知新日録 | 大學諺解 | 陽明先生文粋 |
| 是乃天命之性 | 是則天命之性 | 是乃天命之性 |
| 自然靈覺者也 | 自然灵覺者也 | 自然靈昭明覺者也 |
| 正其不正以歸於正也 | 正其不正以歸於正也 | 正其不正以歸於正之謂也 |
| 無有乎虧鈌障蔽 | 無有乎虧鈌障蔽 | 無有虧鈌障蔽 |
| | 答顧東橋 | |
| 四書知新日録 | 大學諺解 | 陽明先生文録 |
| 而心之虚靈明覔謂之良知 | 而心之虚灵明覚謂之良知 | 而心之虚靈明覺即所謂本然之良知也 |
| 無 | 無 | 其虚靈明覺之良知 |
| 意之所動必有其物 | 意之所動必有其物 | 意之所用必有其物 |
| 無 | 無 | 意用於讀書即讀書為一物 |
| 無 | 無 | 意用於聴訟即聴訟為一物 |
| 然格于文祖必純孝誠敬 | 然格于文祖必純孝誠敬 | 然格於文祖必純孝誠敬 |
| 有苗之頑實以文徳誕敷 | 有苗之頑實以文徳誕敷 | 有苗之訟實以文徳誕敷 |
| 又安知不以正字爲訓 | 又安知不以正字為訓 | 又安知其不以正字爲訓 |
| 而以至字爲義乎 | 而以至字為義乎 | 而必以至字爲義乎 |
| 是其用功之要全在窮字 | 是其用功之要全在窮字 | 是其用功之要全在一窮字 |
| 而曰致知在至物其可通乎 | 而曰致知在至物其可通乎 | 而直曰致知在至物其可通乎 |
| 則聖人何不曰致知在窮理 | 則聖人何不曰致知在窮理 | 則聖人何不直曰致知在窮理 |
| 以啓后世之蔽耶 | 以啓后世之蔽耶 | 以啓後世之蔽邪 |
| 無 | 無 | 非惟不得格物之旨并窮理之義而失之矣 |
| 無 | 無 | 此後世之學 |
| 而聖学益以淺晦者 | 而聖学益以浅晦者 | 而聖学益以殘晦者 |
| 無 | 無 | 吾子盖亦未免承沿積習則見以爲於道 |
| 無 | 無 | 未相脗合不爲過矣 |

# 5 「示恕靖」対策リスト

| No. | 問題 |
|---|---|
| 1 | 風雷弗述雷風必變 |
| 2 | 三皇五帝 |
| 3 | 堯舉舜 |
| 4 | 鯀殛死禹嗣興 |
| 5 | 武王聘夷齊 |
| 6 | 復卦 |
| 7 | 獄訟 |
| 8 | 伊尹放太甲 |
| 9 | 傳説無父母 |
| 10 | 管仲 |
| 11 | 晏嬰 |
| 12 | 臨事而懼好謀而成 |
| 13 | 軍旅之事未之學也 |
| 14 | 典謨訓誥誓命 |
| 15 | 風賦比興雅頌 |
| 16 | 獲麟 |
| 17 | 龍脯 |
| 18 | 意必固我 |

| No. | 問題 |
|---|---|
| 33 | 孝經 |
| 34 | 小學 |
| 35 | 太極 |
| 36 | 邵子易學 |
| 37 | 人心道心 |
| 38 | 鑿智私智 |
| 39 | 簡狄姜嫄 |
| 40 | 周八士 |
| 41 | 四凶 |
| 42 | 不取同姓 |
| 43 | 堯水湯旱 |
| 44 | 周公 |
| 45 | 性 |
| 46 | 理 |
| 47 | 羿浞 |
| 48 | 微子 |
| 49 | 孔子之歎 |
| 50 | 鳶飛魚躍 |

| No. | 問題 |
|---|---|
| 65 | 河源 |
| 66 | 春秋閏不書 |
| 67 | 土階茅茨 |
| 68 | 許由 |
| 69 | 三仁 |
| 70 | 孔孟一揆 |
| 71 | 祭祀鬼神 |
| ※ | 論語 |
| 72 | 周公之禱 |
| 73 | 易象 |
| 74 | 泰伯箕子 |
| 75 | 紅紫之服 |
| 76 | 歌哭不同日 |
| 77 | 喩義喩利 |
| 78 | 易簀結纓 |
| 79 | 漆雕曾點閔損 |
| 80 | 凱風蓼里 |
| 81 | 復讎 |

| No. | 問題 |
|---|---|
| 96 | 梅酸 |
| 97 | 玄黄 |
| 98 | 何人斯 |
| 99 | 芣苢 |
| 100 | 鄭衛（巳日乃孚） |
| 101 | 帝乙 |
| 102 | 巳日乃孚（鄭衛） |
| 103 | 陽貨 |
| 104 | 貨財 |
| 105 | 利 |
| 106 | 河圖洛書 |
| 107 | 易理數 |
| 108 | 三月不違仁 |
| 109 | 桓公子糾 |
| 110 | 荊公詩説 |
| 111 | 顏孔之退 |
| 112 | 雲龍風虎 |
| 113 | 君陳 |

| | |
|---|---|
| 19 | 顏子亞聖 |
| 20 | 參賜一貫 |
| ※ | 易字義 |
| 21 | 心理 |
| 22 | 理気 |
| 23 | 孟子説仁義 |
| 24 | 仁之至義之盡 |
| 25 | 周孔之過 |
| 26 | 聖人有所不知 |
| 27 | 秦風 |
| 28 | 秦誓 |
| 29 | 牛耕 |
| 30 | 騎戰 |
| 31 | 千乘 |
| 32 | 禘 |

| | |
|---|---|
| 51 | 孔子之食 |
| 52 | 顏子之孝 |
| 53 | 名之權輿 |
| 54 | 製字之始 |
| 55 | 黃帝以來年數 |
| 56 | 稷契世系 |
| 57 | 伯夷無後 |
| 58 | 太公不被稱于孔子 |
| 59 | 敬 |
| 60 | 執中 |
| 61 | 匪鑒如鏡 |
| 62 | 心之出入 |
| ※ | 關雎 |
| 63 | 左公穀 |
| 64 | 四仲中星 |

| | |
|---|---|
| 82 | 文房四友 |
| 83 | 玩物喪志 |
| 84 | 好古反古 |
| 85 | 匡人桓魋 |
| 86 | 五徳 |
| 87 | 即位 |
| 88 | 水火陰陽 |
| 89 | 仁非知覺 |
| 90 | 君父（僕議） |
| 91 | 所生所養（蕭綜） |
| 92 | 克巳由巳 |
| 93 | 屢空 |
| 94 | 蘭 |
| 95 | 梅 |

| | |
|---|---|
| 114 | 鴻鴈 |
| 115 | 敘事繁省 |
| 116 | 山更幽 |
| 117 | 評詩色香 |
| 118 | 巫猿衡雁 |
| 119 | 春夜花月 |
| 120 | 馬上續夢 |
| 121 | 君復梅詩 |
| 122 | 簡齋墨梅 |
| 123 | 華嚴餅餌 |
| 124 | 太伯 |
| 125 | 孔子浮海 |
| 126 | 逸書 |
| 127 | 王仁論語 |

## 5　二十二社序列表

| 二十二社序列表 | | | | |
|---|---|---|---|---|
| | 「二十一社記」 | 「神道大意」 | 「本朝神社考」（巻頭目録） | 「本朝神社考」（実際の内容） |
| | 伊勢 | 伊勢 | 伊勢 | 伊勢 |
| | 石清水 | 石清水 | 石清水 | 外宮 |
| | 賀茂 | 賀茂 | 春日 | 齋宮 |
| | 松尾 | 松尾 | 大和 | 八幡 |
| | 平野 | 平野 | 大神 | 石清水 |
| | 稲荷 | 稲荷 | 賀茂 | 鶴岡（誉田） |
| | 春日 | 春日 | 松尾 | 春日大明神 |
| | 大神 | 大原野 | 稲荷 | 春日四所大明神 |
| | 大和 | 大神 | 平野 | 藤家 |
| | 石上 | 石上 | 大原野 | 三輪 |
| | 広瀬 | 大和 | 吉田 | 賀茂 |
| | 龍田 | 広瀬 | 石上 | 斎院司 |
| | 大原野 | 龍田 | 廣瀬 | 松尾 |
| | 吉田 | 住吉 | 龍田 | 稲荷 |
| | 住吉 | 日吉 | 住吉 | 平野 |
| | 日吉 | 梅宮 | 日吉 | 大原野 |
| | 広田 | 吉田 | 梅宮 | 吉田 |
| | 梅宮 | 広田 | 廣田 | 石上 |

| | | | | | | | | |
|---|---|---|---|---|---|---|---|---|
| 祇園 | 北野 | 丹生川上 | 貴布禰 | | | | | |
| 祇園 | 北野 | 丹生川上 | 貴布禰 | | | | | |
| 祇園 | 北野 | 丹生 | 貴船 | | | | | |
| 廣瀬・龍田 | 住吉 | 日吉 | 梅宮 | 廣田 | 祇園 | 北野 | 丹生明神 | 貴布禰 |

## 6 「本朝編年録」および「本朝通鑑」の草稿一覧

| 「本朝編年録」および「本朝通鑑」の草稿一覧 | 巻冊 | 収録範囲 | 形態 | その他 |
|---|---|---|---|---|
| 「本朝編年録」草稿 | | | | |
| 内閣文庫所蔵本 | 一六巻一七冊 | 「神武天皇紀」から「淳和天皇紀」及び「本朝王代系図大綱」 | 冊子体 | 「江雲渭樹」印 |
| 国立国会図書館所蔵本 | 一巻一冊 | 「仁明天皇紀上」 | 冊子体 | 「読耕斎之家蔵」印 |
| 「本朝通鑑」草稿 | | | | |
| 足利学校所蔵本 | 五五巻（一五巻分を欠く）四〇冊 | 「後白河天皇紀」から「後宇多天皇紀」まで | 冊子体 | 巻子本を冊子体に綴じ直した痕跡 |

# あとがき

本書は、平成二九年度二松学舎大学大学院文学研究科に提出した博士（日本漢学）の学位請求論文「林羅山の学問形成とその特質――古典注釈書と編纂事業を中心に」をもとに、加筆修正したものである。多くの部分は、既に発表されている。

初出は左の通り。

第一章「古典を読むという行為の一展開――抄物と諺解の比較検討を通じて――」（『日本漢文学研究』第一〇号、二〇一五年）

第二章「林羅山の『大学』解釈をめぐって――『大學諺解』と『大學和字抄』の比較検討を通して見た林羅山の朱子学――」（『日本漢文学研究』第一一号、二〇一六年）

第四章「藤原惺窩と林羅山の交渉再考――『知新日録』受容を考慮に入れて」（『日本中国学会報』第七〇集、二〇一八年）

第七章および第八章「徳川幕府の宗教政策と『本朝神社考』との連動について――島原図書館肥前島原松平

文庫本に着目して」（『日本漢文学研究』第一四号、二〇一九年予定）

第九章「林家の学術と歴史書の編纂」（『第三七回国際日本文学研究集会会議録』、二〇一四年）

このほか、第三章は「林羅山と清原宣賢の校勘学——『三略直解』をめぐって」という題目で次世代研究発表会（二〇一七年七月八日、於二松学舎大学）にて発表済みである。第五章および第六章については、「『示恕靖』文と『西風涙露』——羅山から鵞峯へ——」という題目で第五七回東洋文化談話会発表大会（二〇一二年一一月一三日、於無窮会講堂）にて発表したものを修正し、二〇一三年に二松学舎大学大学院文学研究科へ提出した修士論文「『示恕靖』文及び『西風涙露』から探る林羅山の学と教育——林鵞峯の視点を考慮に入れて——」がベースとなっている。

ここで、本書における凡例らしきものを提示しておきたい。らしきもの、と断ったのは、明快かつ黒白を見るが如き性質のものではないからである。

一、資料の引用に当たり、漢字についてはなるべく底本に近い字体を採用し、仮名については現行の字体を採用した。

一、資料に施された返り点・添え仮名・音訓合符については適宜省略したが、前篇で利用した清原家の抄物や林羅山の諺解あるいは林羅山による書き入れ本などの資料については、資料の様子を出来るだけ忠実に再現できるように記した。

一、資料に施された句読点については、基本的には底本の通りとした。ただし、句読の別が明確でない場合、文意によって適宜判断した。なお、かな抄のように元来句読点が施されていない場合については、資料の形態を尊重して敢えて句読点を加えなかった。
一、資料の引用に当たり、誤字脱字の類も訂正せずに引用した。
一、先行研究や引用資料の掲示に当たり、『　』（二重かぎかっこ）は用いないかった。ただし、「　」（かぎかっこ）の内部でさらに「　」を用いる必要が生じた場合については例外とした。
一、紀年法については、まず元号を用いて表記し、然る後に（　）（まるかっこ）内部に西暦を掲げた。
一、人名の表記については、極力姓氏と諱の組み合わせで表記した。ただし、本邦の神々、天皇、皇親と僧侶および以下の人物については、この限りではない。
藤原惺窩、松永貞徳、林羅山、林左門、林鵞峯、林讀耕齋、林梅洞、林鳳岡、石川丈山、管得庵、野間三竹、坂井伯元、山崎闇斎、伊藤仁斎、荻生徂徠。

あわせて、本書の索引についても、一言を何し、凡例に代えたい。本書では、本邦の神々、天皇、皇親について、種々の問題が出来しないように、表記に配慮してきた。しかし、それ故に却って、読み難い文面となっている箇所もあろうかと思う。よって、索引については、情報の検索性を重んじた配列を行った。かつ、博ではなく、簡を尊ぶこととした。ただし、本書では資料の引用をクドい程に行っているため、一部引用資料にのみ見える語も採集している。また、これに付帯して、引用資料内で使われる異称を（　）（まるかっこ）内に示した。諒解されたい。

林羅山という人物を、著者が明確に意識するようになったのは、平成二〇年度、立教大学文学部日本文学科に卒業論文を提出した後のことであった。卒業論文は、依田利用という昌平坂学問所付の儒者の著述「韓非子校注」を、太田全斎「韓非子翼毳」や津田鳳卿「韓子解詁」あるいは蒲坂青荘「増讀韓非子」などと比較したものであった。当時から、単調な作業は苦でなかった。しかし、比較検討の結果が何を意味するのか、皆目見当もつかなかった。徳川時代後期の様々な要素が出揃っている頃から、時代を遡る必要性があると感じ、林羅山に目をつけた。

平成二二年、二松学舎大学大学院文学研究科中国学専攻博士前期課程へ入学した。なんとなれば、故大島晃先生が二松学舎大学大学院で講じられていたからである。カリキュラムのなかに日本漢学コースが設置されていたことも、二松学舎大学の魅力であった。日本の学術史を研究対象とする際に、既存の枠組みは却って足枷になるのではないか、という直感があった。また、日本漢学という看板を掲げているのは、二松学舎大学だけであった。二松学舎大学大学院では、主査と副査で二人の先生に指導を仰ぐこととなっている。著者は、町泉寿郎先生に主査となって頂き、大島先生に副査となって頂いた。大学院では、大島先生から大まかな研究方針に関わることをご指導いただき、具体的な問題で町先生にご迷惑をお掛けすること、度々であった。

結局、博士前期課程の二年間は、ただ右往左往していただけであったが、内藤耻叟「江戸文学志略」を読んだことと、修士論文で林羅山と林鵞峯の差異という問題を扱ったことは、本書の叙述に生きている。

平成二四年、博士後期課程に進んで、四書註釈書研究会に入り、清原家の抄物を読む機会を得たのは、まさしく転機であった。四書註釈書研究会では、清原宣賢本人か、それに限りなく近い、優良なテキストを用いるという方針を掲げていた。本書は、この姿勢に学ぶことなしでは書き得なかった。メンバーには、戸川芳郎先生を始めとして、長尾直茂先生や瀧康秀先生、また河野貴美子先生もおられた。

四書註釈書研究会で一次資料の触り方を学ぶ一方で、博士後期課程に入ってからは、後輩の加畑聡子さんと共に、町先生や先輩の清水信子先生の資料調査に同行する機会も頂いた。町先生の周囲には、やはり先輩の川邉雄大先生を始めとして、頭ではなく手足や体全体を使って研究する人が多かった。

平成二七年、二松学舎大学では研究プロジェクト「近代日本の『知』の形成と漢学」が文部科学省私立大学戦略的研究基盤形成支援事業（SRF）に採択され、著者も研究助手として参加することになった。この頃から、博士論文を書かなければならないと意識するようになったが、同じ年の一二月一日、大島晃先生が逝去された。苦しいことばかりでなく、嬉しいこともあった。例えば、牧角悦子先生に副査となって頂けるよう依頼し、快諾を頂いたことには、非常に安堵したように記憶している。また、二松学舎大学大学院では、博士（日本漢学）という学位を新たに設け、その第一号がどうやら自分になりそうだと耳にした。日本漢学を求めて二松学舎に来たのであるから、もとより望む所であった。この新たな学位を取得するために、単位を余分にとる必要が生まれた。そのため、長らくご無沙汰していた小島康敬先生の講義を聞く機会を得た。

博士論文の審査には、町先生（主査）と牧角先生（副査）のほか、稲田篤信先生（副査）と市來津由彦先生（副査）に加わって頂いた。審査は、思っていたような渋滞をみなかった。ただ、稲田先生からは難しい宿題を出され、今でも十分に答えられていない。

林羅山について研究しようと決めてから、もう一〇年になるが、林羅山に対する研究者の注目は集まるばかりである。かつて大島先生は「あの時期に最も書物に触れることのできた林羅山の読書の質を知りたい」と仰っていた。現在の研究動向は、その眼力の鋭さを裏付ける方向に進んでいる。人・物・金・情報の移動が激化している現代の状況を、すなわちグローバリズムが浸透した状況を反省する際に、その萌芽期である一六世紀末から一七世紀前半の様子を知ることは重要であるに違いない。林羅山に対する国内外の研究者の興味も、これに端を発するものであろう。本書は、こういった問題に対する回答を用意したわけではないが、今後の研究の礎となれば、これ以上の幸いはない。

この間、国立公文書館、島原図書館、上智大学国文学研究室、前田育徳会、広島市立図書館、大垣市立図書館には資料の閲覧・撮影等に関して格別のご高配を賜った。改めて感謝申し上げる。

そして、日頃からご指導いただくのみならず、今回の出版の仲介をして下さった町泉寿郎先生、出版を快く引き受けて下さった研文出版の山本實社長に厚く御礼申し上げる。本書の文字表記は、著者の個人的なこだわりのために、新字体と旧字体が入り混じったキメラの如き様相を呈している。しかし、それはあくまでも著者が自己の主張を押し通した結果であって、研文出版に落ち度は一切ない。

最後に、不肖の息子を気長に見守ってくれた両親に感謝する。

平成三〇年一一月四日

神奈川県大和市の自宅にて

武田祐樹

# 索　引

## サ　行

## タ　行

## ナ　行



## ハ　行

## マ　行



## ヤ　行



## ラ　行

## ワ　行

武田　祐樹（たけだ　ゆうき）
一九八六年　神奈川県生まれ
二松學舍大学ＳＲＦ（文部科学省私立大学戦略的研究基盤形成支援事業）研究員
博士（日本漢学）

林羅山の学問形成とその特質
——古典注釈書と編纂事業——

二〇一九年一月二五日　第一版第一刷印刷
二〇一九年二月　五日　第一版第一刷発行

定価［本体五八〇〇円＋税］

著　者　武　田　祐　樹
発行者　山　本　　實
発行所　研文出版（山本書店出版部）
〒101-0051
東京都千代田区神田神保町二-七
TEL03（3261）9337
FAX03（3261）6276
印　刷　モリモト印刷
製　本　塙　製　本



ISBN 978-4-87636-442-8